전기사용 · 공급 · 변경 · 해지

분쟁시 법률적해법과 판례

편저 한상현

법문북스

—

전기사용 · 공급 · 변경 · 해지

분쟁시 법률적해법과 판례

편저 한상현

 법문북스

머리말

-집필을 하면서

일상생활에서 전기는 **빼놓을** 수 없는 필수적인 요소이다. 필수적인 요소인 만큼 전기사업법은 전기사용자의 이익을 보호하고 있으며 한국전력공사법은 한국전력공사 설립을 통해 전력수급의 안정을 도모하고 있다. 사실상 전기공급의 독점적 지위를 보장받고 있는 한국전력공사는 전기공급약관을 통해 대다수 국민들에게 전기를 공급하고 있으나, 전기공급의 근거가 되는 전기공급약관에 대한 구체적인 해설서는 아직까지 없는 실정이다. 일상생활에서의 전기의 중요성을 고려한다면 전기공급약관에 대한 구체적인 해설서는 무엇보다 필요할 것이기에, 실무 경험을 바탕으로 전기공급약관을 설명하고 법률적 분쟁이 많은 전기사용 신청·공급·변경·해지 등의 문제점과 판례를 수록하여 발간하게 되었다.

이 책은 독자들이 쉽게 필요한 부분을 찾아볼 수 있도록 전기공급약관 조항 순서대로 서술하였고, 전기공급약관 중 '전기요금 파트'는 법리적 해석보다 계산적·기술적인 요소가 대부분인 점을 고려하여 생략하였으며, '전기사용신청·변경·해지 파트'를 위주로 야기될 수 있는 법적 쟁점을 주로 다루어 보았다. 특히 하급심을 비롯한 다양한 판례를 설시하여 전기공급약관에서 그간 다루어졌던 법적 쟁점을 실무적 관점에서 설명하려고 노력하였다. 이를 통해 독자들에게 전기사용계약 실무에 있어 조금이나마 도움이 되었으면 하는 기대를 가져본다.

－감사의 말씀

언제나 든든한 버팀목이 되어주신 아버지, 어머니와 하나뿐인 동생 상준이, 재롱둥이 소윤이, 제수씨 그리고 주말부부를 하면서도 늘 남편을 응원해준 아내 윤희와 아직 엄마 뱃속에 있는 튼튼이에게 이 자리를 빌어 사랑과 감사함을 전하고 싶다. 또 격려를 아끼지 않으셨던 장인어른, 장모님과 용기를 북돋아준 균기, 석남, 우재, 윤진, 의룡, 인석, 정렬, 종민, 종호, 진호에게 감사함을 전한다. 끝으로, 이 책이 제작되기까지 물심양면으로 도움을 주신 법문북스, 법률미디어 관계자분들께 진심으로 감사드린다.

2018. 11.
변호사 한상현

목 차

제1장 전기의 사용신청, 계약 체결·변경 및 해지

제2장 전기사용계약의 기준

제3장 전기의 공급방법 및 공사

제4장 전기사용에 따른 협력

제5장 전기사용의 안전

제6장 계약종별

제1장

전기의 사용신청,
계약의 체결·변경 및 해지

제1장 전기의 사용신청, 계약의 체결·변경 및 해지

Ⅰ. 전기사용신청

전기공급약관 제8조 (전기사용신청)

① 고객이 새로 전기를 사용하고자 하거나 전기사용의 변경을 하고자 할 경우(이하 "전기사용신청"이라 합니다)에는 미리 이 약관을 승낙해야 합니다.

② 전기사용신청은 한전이 정한 신청서(별지 1호 서식)에 필요한 사항을 기재하여 전기사용자 명의로 신청해야 합니다. 이 경우 고객은 한전을 방문하거나 우편, 팩시밀리, 인터넷 등을 이용하여 신청할 수 있습니다. 다만, 세칙에서 별도로 정하는 경우에는 전화 또는 구두로 신청할 수 있습니다.

③ 소유자가 아닌 사용자 명의로 전기사용을 신청하거나 변경하고자 할 경우에는 소유자의 동의를 받고, 제79조(요금의 보증)에 따라 전기요금에 대한 보증을 해야 합니다.

1. 개설(槪說)

(1) 문서신청

전기사용자가 새로 전기를 사용하거나 기존 전기사용계약의 내용을 변경하고자 하는 경우 '전기사용신청서', '전기사용계약 변경신청서'를 작성해야 한다.(전기사용신청서(전기공급약관 별지 1-1호 및 1-2호 서식)는 전기사용계약 변경신청서(동 약관 별지 1-3호 서식)의 내용을 포함하고 있기 때문에('전기사용신청서 작성방법' '제13조'가 신설, 증설, 일부해지, 공급방식 변경 등에도 동 서식이 사용될 수 있음을 규정함), 전기사용신청서로 전기사용계약 **변경신청 역시 가능하다.**) 그러나 계약전력 5KW 이하의 고객이 전기사용계약자 변경신청을 하는 경우 등 전기공급약관 시행세칙상의 일정한 사유가 있다면, 전화 또는 구두로도 전기사용계약 변경신청이 가능하다.

[전기공급약관 시행세칙 제4조 제2항]
약관 제8조(전기사용신청) 제2항 단서의 세칙에서 별도로 정하는 경우란 다음 각 호의 어느 하나에 해당하는 경우를 말한다.
  1. 약관 제81조(전력사용의 휴지 등) 제1항에 해당하는 고객 중 저압으로 공급받는 고객의 휴지 또는 재공급
  2. 주택용 저압전력 고객·계약전력 5KW이하 고객·주거용 심야전력(갑) 고객의 전기사용계약자 변경. 다만, 사용자별 요금구분 청구는 제외
  3. 전기사용장소의 지번 정정 또는 지불장소 변경
  4. 건물 철거에 따른 전기사용계약 해지
  5. 전기계기의 재봉인 및 시험
  6. 인입선 정비 또는 교체

전기사용신청은 원칙적으로 별지 서식 작성을 통해 이루어진다. 별지 1호 서식의 '신청구분'란에는 전기공급약관 시행세칙 제4조 제1항의 '전기사용신청' 내용이 기재되어야 한다.

[전기공급약관 시행세칙 제4조 제1항]
약관 제8조(전기사용신청)의 "전기 사용신청"이란 다음 각 호의 어느 하나에 해당하는 경우를 말한다.
  1. 신규 전기사용(이하 "신설"이라 한다)
  2. 계약전력 증가(이하 "증설"이라 한다)
  3. 전기의 공급방식 또는 공급전압의 변경
  4. 전기사용계약단위의 합병 또는 분할
  5. 공급선로 또는 수급지점의 변경
  6. 고객의 희망에 따른 인입선 위치변경
  7. 증설없는 계약종별의 변경
  8. 증설없는 전기계기의 교환
  9. 전기사용계약 해지(계약전력 감소 포함)
  10. 전기계기의 재봉인 및 시험
  11. 전기사용계약자 변경 및 주소 변경
  12. 전기사용계약 해지 후 재사용
  13. 휴지 또는 재사용
  14. 그밖의 전기사용계약 변경

'신청구분'란의 기재가 생략되었다면 계약체결의 경위와 계약서 기재내용 등을 통해 전기사용신청 내용이 무엇인지 파악될 수 있다. **(예컨대, 실무상 전기사용신청서의 '신청구분'란에 명확한 기재 없지만 종전의 전기사용신청서보다 증설된 계약전력을 표기한 경우 전기공급약관 시행세칙 제4조 제1항 제2호의 '계약전력 증가'로 볼 수 있다)**

(2) 사용자 명의 신청

구 전기공급약관(1995. 6. 1 시행)은 전기사용신청을 소유자 명의로 하도록 규정되었으나, 실제 사용자와 전기사용계약 명의자가 불일치하는 문제가 있어 현재는 전기사용자가 자신의 명의로 전기사용신청을 하도록 개정되었다.

(3) 소유자 동의와 보증

전기사용계약은 전기사용자의 명의로 체결된다. 그런데 전기사용장소(건물, 토지 등)의 소유자와 실제 전기사용자(임차인, 전세권자 등)가 다른 경우, 소유자는 전기사용자의 전기사용으로 소유권 행사가 제한될 수 있다. 따라서 전기공급약관은 소유자와 사용자가 다른 경우 전기사용신청시 소유권자의 동의를 얻도록 규정하고 있다.**(전기사용신청서(별지 1호 서식) 하단에는 소유자 동의란이 별도로 마련되어 있다)**

또한 소유자와 사용자가 다를 경우 사용자는 전기공급약관 제79조에 따라 향후 자신이 납부할 전기요금에 대해 보증 조치를 취해야 한다. 다만, 주택용전력 고객, 계약전력 20KW이하 고객 등은 보증대상에서 제외된다.

[전기공급약관 제79조 제1항]

한전은 다음 중의 하나에 해당하는 고객에게 수급개시, 재사용 또는 공급계속의 조건으로 예상월액 요금의 3개월분(요금납부 실적이 있는 경우에는 최근 1년이내의 기간 중 보증설정일로부터 가까운 정상가동월 기준으로 산정한 3개월분 요금)에 상당하는 금액을 기준으로 보증조치를 요구할 수 있습니다. 다만, 제56조(주택용전력) 제1항 제1호에 해당하는 고객에게는 특별히 필요하다고 인정되는 경우를 제외하고는 보증조치를 요구하지 않습니다.

1.~2. (생략)

3. 제8조(전기사용신청) 제3항에 따라 소유자가 아닌 사용자 명의로 전기사용을 신청하는 고객. 이 경우 주택용전력 고객, 계약전력 50kW 이하 개인고객, 계약전력 20kW 이하 법인고객 및 세칙에서 정한 신용이 우수한 개인고객은 제외합니다.

4. (생략)

한편, 개정 전기공급약관(2018. 1. 1. 시행)은 이사, 설비변동 등의 사유로 전기사용계약의 해지, 계약전력의 일부 감소가 명백히 예상되는 경우, 전기사용자가 소유자 동의 없이 전기사용계약을 해지할 수 있도록 규정하였다.

[전기공급약관 제13조 제3항]

이사, 설비변동 등으로 전기사용계약의 해지 또는 계약전력 일부를 감소시키는 사유가 명확할 경우 제8조 제3항에도 불구하고 전기사용자는 소유자의 동의 없이 전기사용계약의 해지를 신청할 수 있습니다.

따라서 소유자의 부재로 해지동의를 얻을 수 없거나 소유자가 악의적으로 해지동의를 하지 않는 경우에도 전기사용자는 전기사용계약을 해지할 수 있게 되었다.

2. 법적쟁점(法的爭點)

(1) 계약 당사자

전기공급약관 제8조 제2항은 전기사용자가 전기사용신청을 하도록 규정하고 있다. 그런데 다수의 소유자와 다수의 전기사용자가 있는 상가, 아파트는 대부분 한 동(棟)의 건물 전체를 1전기사용장소·1전기사용계약단위로 하여 전기(고압)를 공급 받고 있기 때문에, 전기사용계약의 계약당사자를 누구로 해야 하는지 문제 된다(이하 아래의 각 항에서 상세히 기술하였다).

[전기공급약관 시행세칙 제10조의 2 제1항 제2호 나목]
고압으로 공급하는 경우에는 1전기사용장소 전체를 1전기사용계약단위로 할 수 있다. 다만, 고객이 희망하고 기술적으로 공급이 가능한 경우 독립된 각 호를 1전기사용계약단위로 하고 공동설비 전체에 대하여 1전기사용계약단위로 할 수 있다.

1) 집합건물

① 집합건물의 소유 및 관리에 관한 법률

집합건물의 소유 및 관리에 관한 법률(이하 '집합건물법')이 적용되는 건물은 오피스텔, 상가건물 등과 같이 구분소유가 가능한 건물이다.**(집합건물법이 적용이 되는 건물은 ① 구조상·이용상 독립성과 ② 건물소유자의 구분소유의사가 객관적으로 표시된 구분행위를 필요로 한다. 여기서 구분행위는 집합건축물대장에 집합건축물로 등록하거나 구분건물로 등기하는 행위를 말한다. 나아가 건축허가를 신청하거나 분양계약을 체결하는 행위도 구분소유의사가 객관적으로 표시되었다고 볼 수 있기 때문에 구분행위라 볼 수 있다(대법원 2013. 1. 17. 선고 2010다71578 판결 참조))**

한편, 공동주택(아파트 등)의 경우 종전 하급심은 의무관리대상인 공동주택(① 300세대 이상의 공동주택이거나 ② 150세대 이상이면서 승강기가 설치된 공동주택 또는 ③ 중앙집중식 난방방식(지역난방방식 포함)인 공동주택)에만 공동주택관리법이 적용된다고 보았다.

[서울남부지방법원 2013. 12. 12. 선고 2013나50775 판결 (항소기각 확정)]

주택법 및 주택법 시행령에 의하면, 주택법이 적용되는 '대통령령이 정하는 공동주택'이라 함은 '300세대 이상의 공동주택 또는 세대수가 150세대 이상으로서 승강기가 설치된 공동주택 또는 세대수가 150세대 이상으로서 중앙집중식 난방방식의 공동주택 등'을 말하는 바, 이 사건 건물 중 공동주택은 140세대에 불과하여 주택법의 적용대상이 아니므로, 피고(A입주자대표회의)가 비록 이사건 건물 중 지상 9층부터 36층까지의 아파트 104세대의 입주자들에 의하여 구성된 자치·관리기구이기는 하나 주택법상의 입주자대표회의로 볼 수는 없다.

그 결과, 비의무관리대상인 공동주택은 집합건물법이 적용될 수 밖에 없었다. 그러나 최근 대법원은 비의무관리대상 공동주택에도 공동주택관리법이 적용되어야 한다고 판시하여 집합건물법과 공동주택관리법의 관계를 정리하였다.(아래 판례 참조)

서울고등법원 2017. 3. 31.선고 2016나2050304판결(상고기각 확정)

피고(A아파트 입주자대표회의)는 서울 노원구 A아파트(이하 '이 사건 아파트'라고 한다) 115세대의 라인별 대표자들로 구성된 비법인 사단이다. 원고(甲)는 2006. 4. 20. 위 아파트 0동 0호에 주민등록을 마친 입주자이다.....(중략).....을 5호증의 기재에 변론 전체의 취지를 종합하면 이 사건 아파트는 주택으로 쓰는 층수가 5개층 이상인 주택인 사실이 인정된다. 위 인정사실에 앞서 본 관련 법령의 내용을 종합하면, 이 사건 아파트는 구 '건축법 시행령' [별표1]의 2. 가.항 및 구 '주택법 시행령' 제2조 제1항에 따라 구 '주택법'이 정한 공동주택에 해당하여, 구 '주택법 시행령' 제51조 제1항에 따라 입주자대표회의에서 관리규약의 개정안 제안을 의결하고, 위 제안에 관하여 구 '주택법 시행령' 제57조 제2,3항에 따라 전체 입주자등의 과반수가 찬성하는 방법으로 관리규약을 개정할 수 있다고 할 것이므로, 이 사건 아파트의 관리규약 개정에 관하여 구분소유자와 의결권의 3/4의 찬성을 요구하는 집합건물법 제29조 제1항의 적용을 받지 않는다고 할 것이다.

② 공용부분의 관리방법 및 계약 당사자

공용부분은 여러 개의 전유부분으로 통하는 복도, 계단, 그 밖에 구
분소유자 전원 또는 일부의 공용에 제공되는 건물부분을 말한다.**(집
합건물법 제3조 제1항)**
집합건물의 경우, 전기사용 희망고객이 전기사용신청을 하면 공용부
분(전기·기계실 등)에 수전설비가 설치되기 때문에 전기사용신청은
공용부분의 관리(사용·수익)와 연관이 있다.

[대법원 2010. 2. 25. 선고 2008다73809 판결]
이 사건 건물의 지하 2층 전기·기계실은 집합건물에 있어서 구조상 구분소유
자 전원의 공용에 제공되는 부분으로서 공용부분에 해당한다고 할 것인바, 피고
들이 공용부분인 위 전기·기계실에 그들의 사우나 영업을 위해 필요한 이 사건
각 시설물을 별도로 설치한 것은 집합건물의 공용부분을 그 용도에 따라 사용하
는 것에 불과한 것으로 볼 수는 없고, 그 시설물 설치장소를 배타적으로 점유·
사용하는 것으로 보아야 할 것이며, 따라서 이 사건 각 시설물의 설치는 공용부
분의 변경 내지 관리에 관한 사항에 해당하여 집합건물법 제15조 제1항 또는
제16조 제1항 의 규정에 의한 이 사건 건물 구분소유자들의 적법한 집회결의에
의한 동의가 필요하다고 할 것인데……(중략)……피고들이 이 사건 각 시설물을
설치함에 있어 집합건물법에 따른 이 사건 건물 구분소유자들의 동의를 얻을 수
없었다고 볼 수 없고, 나아가 이 사건 각 시설물 설치 이후 이 사건 건물의 구
분소유자들이 그에 관하여 별다른 이의를 제기한 바 없다는 사정만으로는 구분
소유자들이 묵시적으로 그 시설물 설치에 동의한 것으로 보기도 어렵다고 할 것
이다. 원심판결에는 상고이유로 주장하는 바와 같은 집합건물법의 해석에 관한
법리오해나 채증법칙 위반 등의 위법이 없다.

나아가 기존의 전기사용신청 내용을 변경하는 것 역시 공용부분 관
리방법의 변경에 해당되므로, 전기사용신청 및 변경은 집합건물법상
의 공용부분 관리방법 요건을 갖추어야 한다. 공용부분의 관리방법
은 구분소유자의 과반수 및 의결권의 과반수로써 관리단집회 결의
로 결정된다.**(집합건물법 제16조 제1항 및 제38조 제1항)**

또한 관리인은 구분소유자가 10인 이상인 경우 관리단을 대표하고
관리단의 사무를 집행하기 위해 반드시 선임되어야 한다.**(집합건물법
제24조 제1항)**

따라서 관리단집회에서 전기사용계약에 관한 결의를 하였다면 관리인은 이를 근거로 하여(의사록 첨부) 관리단 명의로 새로운 전기사용계약을 체결하거나 변경계약을 체결할 수 있다.**(관리인이 자신의 명의로 전기사용계약을 체결하였다 하더라도 관리단집회 결의 의사록이 첨부된 이상, 관리인은 개인 사용자의 지위가 아닌 관리단을 대표·대리하여 전기사용계약을 체결한 것으로 보아야 한다. 따라서 이 경우 역시 관리단이 전기사용계약의 당사자이다.)** 또한 관리단집회 결의로 선정된 건물관리업체 역시 자신의 명의로 전기사용계약 및 변경계약을 체결할 수 있다. 한편, 관리단집회를 개최하기 어려운 경우, 구분소유자의 5분의 4 이상 및 의결권의 5분의 4 이상의 서면 동의를 얻어 관리인집회 결의를 대체할 수 있다.**(집합건물법 제41조 제1항)**

참고로, 실무상 고압 이상으로 전기를 공급받는 고객의 경우 관리단집회 결의를 얻어 선정된 대표자 명의 또는 건물관리업체 명의로 전기신청이 이뤄지고 있다.

③ 집합건물 일부의 구조 변경

집합건물의 일부 층 구분소유자들이 그 층에 대한 대부분의 격벽이나 구분시설을 철거하였다면, 종전의 집합건물은 구분시설 철거로 인해 집합건물로서의 성격을 잃게 되는지 문제된다. 이에 대하여 아래 대법원 판례는 격벽이나 구분시설이 철거된 부분과 구조상·이용상 독립성이 있는 나머지 부분은 전체로서 집합건물법의 적용대상이 된다고 보았다. 따라서 격벽이나 구분시설이 철거된 부분의 관리방법은 민법 제265조**(민법 제265조: 공유물의 관리에 관한 사항은 공유자의 지분의 과반수로써 결정한다. 그러나 보존행위는 각자가 할 수 있다.)**에 따라 공유자 지분 과반수 동의를 얻어 관리할 수 있되, 철거된 부분을 포함한 건물전체에 관한 관리방법은 집합건물법이 적용될 수 있다.

대법원 2013. 3. 28. 선고 2012다4985 판결

집합건물법 시행 당시 구분건물로 등기된 건물이 구조상의 독립성을 상실하여 같은 법 제1조의 규정에 부합하지 아니함에 따라 그 건물에 구분소유권이 성립될 수 없는 경우에는 그 등기명의자는 그 건물이 속하는 1동의 건물의 공유자가 될 뿐이다(1984.4.10.법률 제3725호로 제정된 집합건물법 부칙 제5조 참조). 마찬가지로 구분건물로 등기된 1동의 건물 중의 일부에 해당하는 구분건물들 사이에서 구조상의 구분이 소멸되는 경우에 그 구분건물에 해당하는 일부 건물부분은 종전 구분건물 등기명의자의 공유로 된다 할 것이지만(대법원 2006.8.25.선고2006다16499판결 등 참조), 한편 구조상의 독립성이 상실되지 아니한 나머지 구분건물들의 구분소유권은 그대로 유지됨에 따라 위 일부 건물 부분은 나머지 구분건물들과 독립되는 구조를 이룬다고 할 것이고 또한 집합건물 중 일부 구분건물에 대한 공유도 당연히 허용됨에 비추어 보면, 위 일부 건물 부분과 나머지 구분건물들로 구성된 1동의 건물 전체는 집합건물법의 적용대상이 될 수 있다고 봄이 상당하다.....위와 같은 원고의 구성 경위, 회칙 및 관리규약의 내용, 원고가 행해 온 관리업무 등의 사정을 앞서 본 법리에 비추어 보면, (1) 이 사건 상가의 소유자들은 이 사건 상가의 현황 및 구분소유 상태 등을 참작하여 최소한 층별로 구분될 수 있다는 고려에서 층별로 구분소유권자 내지는 공유지분권자를 분리하여 운영위원회를 두고 건물을 관리하여 오다가이 사건 상가의 통합관리를 위해서 원고를 구성하게 된 것으로 보이고, (2) 앞서 본 바와 같이 이 사건 저층 부분의 경우에는 다른 구분건물들과 달리 공유관계에 있는데 위와 같이 층별로 구분될 수 있음을 고려하여 공유지분권자들 사이에서는 그와 같은 구분의사 아래층별 공유관계를 대표하는 층별 대표자를 정한 것으로 볼 수 있어 위에서 본 공유인 구분건물에서의 의결권 행사를 정한 집합건물법의 취지에 부합되며, 또한 3층 내지 5층 부분의 경우에도 층별로 선정된 대표자들에 의하여 원고를 구성하는 방식의 관리가 이루어진 것으로 볼 수 있으므로, (3) 당초 층별로 구분해서 이 사건 상가를 관리하고 있던 이 사건 상가의 구분소유권자 및 공유지분권자들에 의하여 정하여진 층별 대표자들의 합의에 따라 회칙 및 관리규약을 정하여 이 사건 상가의 관리방법을 조직화하는 것도 구분소유권자 및 공유지분권자의 총의가 실질적으로 반영된 것으로 볼 수 있다. 따라서 원심의 인정 사실과 같이 층별 대표자들이 층별 구분소유권자나 공유지분권자들에 의해 선출되었거나 그들의 동의를 얻어 층별 대표자가 되었다면,위와 같은 절차를 거쳐 구성되어 이 사건 상가에 관한 관리업무를 담당하는 원고는 이 사건 상가의 유지보수를 비롯한 관리에 관한 업무를 수행할 권한이 있다고 봄이 상당하다.

2) 공동주택

① 공동주택관리법

적용대상

공동주택관리법이 적용될 수 있는 공동주택은 아파트, 연립주택, 다세대주택과 주상복합건축물 등이다.

[공동주택관리법 시행령 제2조]
공동주택관리법(이하 "법"이라 한다) 제2조제1항 제2호에 따른 의무관리대상 공동주택의 범위는 다음 각 호와 같다.
  1. 300세대 이상의 공동주택
  2. 150세대 이상으로서 승강기가 설치된 공동주택
  3. 150세대 이상으로서 중앙집중식 난방방식(지역난방방식을 포함한다)의 공동주택
  4. 「건축법」 제11조에 따른 건축허가를 받아 주택 외의 시설과 주택을 동일건축물로 건축한 건축물로서 주택이 150세대 이상인 건축물

종전 하급심의 경우 의무관리대상 공동주택(① 300세대 이상의 공동주택이거나 ② 150세대 이상이면서 승강기가 설치된 공동주택 또는 ③ 중앙집중식 난방방식(지역난방방식 포함)인 공동주택)에만 공동주택관리법이 적용된다고 보았다.

[서울남부지방법원 2013. 12. 12. 선고 2013나50775 판결 (항소기각 확정)]
주택법 및 주택법 시행령에 의하면, 주택법이 적용되는 '대통령령이 정하는 공동주택'이라 함은 '300세대 이상의 공동주택 또는 세대수가 150세대 이상으로서 승강기가 설치된 공동주택 또는 세대수가 150세대 이상으로서 중앙집중식 난방방식의 공동주택 등'을 말하는 바, 이 사건 건물 중 공동주택은 140세대에 불과하여 주택법의 적용대상이 아니므로, 피고(A입주자대표회의)가 비록 이사건 건물 중 지상 9층부터 36층까지의 아파트 104세대의 입주자들에 의하여 구성된 자치·관리기구이기는 하나 주택법상의 입주자대표회의로 볼 수는 없다.

그러나 최근 대법원은 비의무관리대상 공동주택에도 공동주택관리법이 적용되어야 한다고 판시하였다(**아래 판례 참조**). 한편, 공동주택관리법이 적용되는 공동주택은 해당 공동주택을 전문적으로 관리하는 자를 두고 자치 의결기구를 의무적으로 구성하여야 하는 등 일

정한 의무가 부과된다.(공동주택관리법 제2조 제1항 제2호)

서울고등법원 2017. 3. 31.선고 2016나2050304판결(상고기각 확정)

피고(A아파트 입주자대표회의)는 서울 노원구 A아파트(이하 '이 사건 아파트'라고 한다) 115세대의 라인별 대표자들로 구성된 비법인사단이다. 원고(甲)는 2006. 4. 20. 위 아파트 0동 0호에 주민등록을 마친 입주자이다......(중략).....을 5호증의 기재에 변론 전체의 취지를 종합하면 이 사건 아파트는 주택으로 쓰는 층수가 5개층 이상인 주택인 사실이 인정된다. 위 인정사실에 앞서 본 관련 법령의 내용을 종합하면, 이 사건 아파트는 구 '건축법 시행령' [별표1]의 2. 가.항 및 구 '주택법 시행령' 제2조 제1항에 따라 구 '주택법'이 정한 공동주택에 해당하여, 구 '주택법 시행령' 제51조 제1항에 따라 입주자대표회의에서 관리규약의 개정안 제안을 의결하고, 위 제안에 관하여 구 '주택법 시행령' 제57조 제2,3항에 따라 전체 입주자등의 과반수가 찬성하는 방법으로 관리규약을 개정할 수 있다고 할 것이므로, 이 사건 아파트의 관리규약 개정에 관하여 구분소유자와 의결권의 3/4의 찬성을 요구하는 집합건물법 제29조 제1항의 적용을 받지 않는다고 할 것이다.

관리방법의 결정

입주자등(입주자와 사용자)은(**공동주택관리법 제2조 제1항 제5호: "입주자"란 공동주택의 소유자 또는 소유자를 대리하는 배우자 및 직계존비속(直系尊卑屬)을 말한다. 공동주택관리법 제2조 제1항 제6호: "사용자"란 공동주택을 임차하여 사용하는 사람(임대주택의 임차인은 제외한다) 등을 말한다. 공동주택관리법 제2조 제1항 제7호: "입주자등"이란 입주자와 사용자를 말한다.**) 공동주택의 관리방법을 결정할 수 있으며, 공동주택의 관리방법은 자치관리와 위탁관리가 있다.(**공동주택관리법 제5조 제1항: 입주자등은 의무관리대상 공동주택을 제6조제1항에 따라 자치관리하거나 제7조제1항에 따라 주택관리업자에게 위탁하여 관리하여야 한다.**) 관리방법의 결정은 입주자대표회의의 의결로 제안하고 전체 입주자등의 과반수 찬성을 얻거나 전체 입주자등의 10분의 1 이상이 제안하고 전체 입주자등의 과반수가 찬성하는 방법으로 이루어진다.(**공동주택관리법 시행령 제3조**)

입주자대표회의

입주자대표회의는 입주자등이 선출한 동별대표자로 구성되며 4명 이상으로 구성된다. 입주자대표회의는 관리규약, 관리비, 시설의 운영에 관한 사항 등을 의결사항으로 하며 구성원 과반수의 찬성으로 의결한다.**(공동주택관리법 시행령 제14조)** 이와 같이 구성된 입주자대표회의의 법적 성격은 비법인 사단으로서 소송상 당사자능력을 가진다.

[대법원 1991. 4. 23. 선고 91다4478 판결]

구주택건설촉진법 제38조 제4항 및 구공동주택관리령 제7조 각호의 1에 해당하는 공동주택의 입주자가 법 제38조 제7항과 령 제10조 제1항에 따라서 구성한 입주자대표회의는, 단체로서의 조직을 갖추고 의사결정기관과 대표자가 있을뿐만 아니라, 또현실적으로도 자치관리기구를 지휘. 감독하는 등 공동주택의 관리업무를 수행하고 있으므로, 특별한 다른 사정이 없는 한, 법인 아닌 사단으로서 당사자능력을 가지고 있는 것으로 보아야 할 것이다.

관리주체

의무관리대상 공동주택을 관리하는 자는 반드시 주택관리사 또는 주택관리사보를 관리사무소장으로 배치하여야한다.**(공동주택관리법 제64조 제1항)**

공동주택관리법상 공동주택의 '관리주체'는 관리사무소장(자치관리의 경우), 공동주택을 건설한 사업주체, 주택관리업자, 임대사업자이며, **(공동주택관리법 제2조 제10호)**

관리주체는 관리비 및 사용료의 징수와 공과금 등의 납부대행 등의 업무를 수행한다.**(공동주택관리법 제63조 제1항)**

특히 의무관리대상 공동주택의 경우, 입주자등(입주자와 사용자)은 '관리비'를 관리주체에게 납부하여야 하며 관리주체는 입주자등을 대행하여 '전기료'를 납부할 수 있다.**(공동주택관리법 제23조 및 동법 시행령 제23조 제3항)**

전기사용계약의 계약 명의자(당사자)

실무상 고압 이상(以上)으로 전기를 공급받는 공동주택(아파트 등)의 경우, 대부분 입주자대표회의 명의 또는 주택관리업자 명의로 전기사용계약이 체결된다.

그런데 최근 대법원은 한전의 착오로 미청구되거나 미납된 전기요금에 대하여 입주자대표회의가 이를 징수하거나 납부해야 할 의무는 없다고 판시(判示)하였다. 따라서 한전은 한전의 착오로 미청구·미납된 전기요금에 대해 입주자대표회의(전기사용계약의 명의자)가 아닌, 미납한 입주자등을 상대로 직접 납부청구를 하여야 한다.

대전고등법원 2007. 11. 22. 선고 2007나3870 판결(상고기각 확정)

이 사건 공급계약의 내용 및 성격, 나아가 그에 기하여 피고(A입주자대표회의)가 원고(한전)에 대하여 부담하는 의무에 관하여 살피건대, 먼저 주택법시행령 제58조 제3항은 "관리주체는 입주자 등이 납부하는 전기료(공동으로 사용되는 시설의 전기료를 포함한다) 등의 사용료를 입주자 등을 대행하여 그 사용료 등을 받을 자에게 납부할 수 있다"고 규정하고 있다. 한편 갑1, 갑3-2, 3, 갑12, 을11, 12의 각 기재에 변론 전체의 취지를 보태어 보면, ① 피고(A입주자대표회의)의 관리규약 제46조는 "주택법시행령 제58조에 따라 입주자 등의 편의를 위하여 관리주체가 징수권자를 대행하여 세대별로 설치된 계량기에 의해 계량된 전기사용량을 산정하는 경우 그 전기요금은 원고(한전)의 전기공급에 관한 규정 또는 그에 관한 계약서에 의하여 산정한다"고, 제76조는 "관리주체는 입주자 등이 관리비 등을 체납한 경우 독촉장 발부, 명단공개, 경고문 부착 등의 조치를 취할 수 있다. 관리주체가 독촉장을 발부한 후에도 관리비에 포함된 사용료 등을 체납한 세대에 대하여는 전기 공급중단의 조치를 취할 수 있다"고 각 규정하고 있는 사실.....(중략).....③.....(중략).....이 사건 아파트와 같은 아파트 단지에 대한 전기공급은, 그 입주자대표회의와 사이에 1개의 전기공급계약을 체결한 다음 입주자대표회의가 관리비에 전기요금을 포함시켜 징수하고 이를 원고(한전)에게 납부하는 방식으로 이루어지는 것이 전국 공통인 사실.....위 인정사실을 종합하면, 원래는 원고(한전)가 이 사건 아파트의 입주자 등과 전기공급계약을 체결한 다음, 그에 따라 원고(한전)가 전기를 공급하고 입주자 등이 자신들이 사용한 전기요금(공동전기료 포함)을 납부하여야 할 것이나, 그와 같이 할 경우 각 세대별로 다수의 전기공급계약을 체결하여야 할 뿐만 아니라 공용부분 전기요금에 대하여도 별도의 계약을 체결하여야 하고, 전기계량기의 검침이나 전기요금의 징수과정이 지나치게 복잡하게 되어

사회적으로 불필요한 자원의 낭비가 유발될 수 있으므로, 마침 피고(A입주자대표회의)와 같은 아파트의 관리주체가 일반관리비 등을 각 세대로부터 매월 징수하면서 전기요금이나 수도요금과 같은 사용료도 관리비와 함께 징수,납부하면 편리하다는 점을 고려하여, 이 사건 아파트의 관리주체인 피고(A입주자대표회의)가 입주자 등을 대표하여 원고(한전)와 사이에 이 사건 전기공급계약을 체결하고, 그에 따라 피고(A입주자대표회의)는 전기계량기의 검침이나 전기요금의 징수업무를 대행하고, 원고(한전)는 피고(A입주자대표회의)에게 이에 대한 수수료를 지급하여 온 것이라고 볼 것이다. 그렇다면, 이 사건 공급계약에 기하여 피고(A입주자대표회의)가 원고(한전)에게 부담하는 의무는, 매월 이 사건 아파트 전체가 사용하는 전기사용량과 그 중에서 오수정화설비에 사용되는 전기사용량 및 각 세대별 전기사용량을 통보하여 주고, 이를 기초로 원고(한전)가 각 세대별 전기요금을 산출하여 통보하면, 전기요금을 입주자 등으로부터 징수하여 원고(한전)에게 납부할 의무, 3개월 이상 전기요금을 납부하지 않는 입주자 등이 있을 경우 이를 원고(한전)에게 알려서 단전조치와 같은 대응조치를 취할 수 있도록 하여 줄 의무, 그와 같은 단전조치가 취해질 때까지의 전기요금을 납부할 의무뿐이라고 할 것이므로, 원고(한전)가 이 사건에서 구하는, 전기사용량 산출과정에서의 착오로 미청구, 미납된 전기요금에 대하여는 피고(A입주자대표회의)에게 징수 내지 납부 의무가 있다고 할 수 없다.

위 판례에도 불구하고 아직 실무상 고압으로 전기를 공급받는 공동주택에 대해 개별 세대가 아닌 입주자대표회의 명의로 전기사용계약이 체결되고 있다.(2018. 1. 1. 시행 전기공급약관 시행세칙은 고압으로 전기를 공급받는 공동주택의 경우에도 각 세대가 직접 한전과 개별적인 전기사용계약을 체결할 수도록 개정되었다(전기공급약관 시행세칙 제10조의 2 제1항 제2호 나목 단서)) 이 경우 관리사무소장(관리주체·입주자대표회의의 업무수행자) 또는 입주자대표회의 회장 등은 입주자대표회의의 대리인 또는 대표자 지위에서 한전과 전기사용계약을 체결한다. 따라서 입주자대표회의 명의로 전기사용계약을 체결하기 위해서는 이들에게 적법한 계약체결권한이 있어야 한다. 만약 입주자대표회의 회장 지위나 관리사무소장 지위와 관련된 분쟁이 있다면, 관련 소송 결과를 확인하여 계약체결권한 유무를 확인하여야 한다.(다만, 한전은 사법기관(司法機關)이 아니기 때문에 명백한 하자가 없다면, 원칙적으로 전기사용신청자가 제출한 서류에 근거하여 적법한 전기사용신청자를 판단할 수 밖에 없다) 또한 관리사무소장(자치관리의 경우, 자치관리기구의 대표자로서 관리사무소장이 반드시 선임되어야 한다(공동주택관리법 제6조 제1항))은 입주자대표회의의 업무를 집행하는 자에 불과하므로 입주자대표회의가 부담하는 각종 의무를 대신 이행할 필요가 없다.(아래 판례 참조)

대법원 2015. 1. 29. 선고 2014다62657판결

위와 같은 구 주택법령의 체계 및 내용과 더불어.....(중략).....② 구 주택법령과 그에 따른 관리규약에서 관리주체인 관리사무소장으로 하여금 그 명의로 공동주택의 관리업무에 관한 계약을 체결하도록 하는 등 일정 부분 관리업무의 독자성을 부여한 것은, 주택관리사 또는 주택관리사보의 자격을 가진 전문가인 관리사무소장에 의한 업무집행을 통하여 입주자대표회의 내부의 난맥상을 극복하고 공동주택의 적정한 관리를 도모하기 위한 취지일 뿐.....(중략).....입주자대표회의의 업무집행기관에 해당할 뿐 권리·의무의 귀속주체로 볼 수 없다.

한전이 착오로 제때 청구하지 않아 미납된 전기요금을 이후 다시 청구하는 경우, 전기사용자가 한전의 과실 등을 이유로 전기요금의 감액을 요구하는 것이 가능한지 문제된다. 이에 대해 대법원은 한전이 전기사용계약상의 권리를 청구하는 것인 이상, 한전의 과실 등을 이유로 청구금액을 감액하는 것은 어렵다고 판시하였다.(아래 판례 참조)

대법원 2016. 12. 1. 선고 2016다240543 판결

원고(주식회사A)와 피고(한전)가 체결한 전기공급계약에 적용되는 전기공급약관 제76조 제1항에서 피고(한전)가 전기요금을 잘못 계산하였을 경우 다시 계산한 요금과 잘못 계산한 요금의 차액을 추가로 청구하는 절차를 정하고 있고, 피고(한전)의 착오로 인한 경우에는 요금이 감면될 수 있다는 조항을 두고 있지 않다.....(중략).....원고(주식회사A)가 잘못 부과된 전기요금을 신뢰하였다고 하더라도, 이는 원고(주식회사A)가 피고(한전)의 불법행위와 그로 인한 손해를 주장·증명하여 그에 따른 권리를 행사할 때 고려할 사정이라고 보이고, 원고(주식회사A)와 피고(한전)가 체결한 전기공급계약의 내용이 변경된다고 볼 사정에 해당하지 않는다.....(중략).....원심이 인정한 사정만으로는 피고(한전)가 원고(주식회사A)에게 유효하게 성립한 전기공급계약에 따른 전기요금을 청구하는 것이 신의성실의 원칙이나 형평의 원칙에 반하여 허용될 수 없어 그 전기요금을 감액할 수 있다고 보기 어렵다. 그런데도 그 판시와 같은 이유만으로

원고(주식회사A)가 피고(한전)에게 지급할 이 사건 기간 동안의 추가 전기요
금채무를 1/2로 감액함이 상당하다고 한 원심의 판단에는 신의성실의 원칙에
관한 법리를 오해하여 판결 결과에 영향을 미친 잘못이 있다.

동일한 아파트에 대해 A입주자대표회의와 B입주자대표회의가 서로
적법하다고 다투는 사례가 실무상 종종 발생한다. 이 경우 적법한
입주자대표회의는 공동주택관리법 제14조의 적법한 절차를 거쳐 설
립된 입주자대표회의만을 의미한다. 따라서 A입주자대표회의가 과
세관청으로부터 고유번호증을 발급 받았지만 아직 공동주택관리법
상의 적법한 절차를 거쳐 설립되었다는 사실을 입증하지 못하였다
면, A입주자대표회의를 적법한 입주자대표회의로 볼 수는 없다. 왜
냐하면 고유번호증 발급으로 사법상 법률효과가 발생하는 것은 아
니기 때문이다.(아래 판례 참조)

서울행정법원 2015. 4. 3. 선고 2014구합20148 판결(소각하 판결)

소득세법 제168조 제5항 제2호는......이러한 규정에 근거한 과세관청의 고유번
호 등록은 과세관청 내부의 행위로서 과세관청으로 하여금 과세자료의 효율적
처리 및 소득공제 사후 검증 등을 하려는데 제도의 취지가 있고, 고유번호 등
록에 의해 그 단체에 민법 기타 특별법에 의하여 법인격이 부여되거나 고유번
호증 기재 사항에 관한 사법상의 법률효과가 발생하는 것은 아니다.

※ 비록 소각하 판결이나, 고유번호 등록에 관한 판시내용은 그 의미가 있다.

② 대규모점포 등

유통산업발전법
유통산업발전법의 적용 대상인 대규모점포, 준대규모점포는 매장면
적, 운영주체 등을 기준으로 구분된다. 흔히 우리가 말하는 홈플러
스, 백화점, 롯데슈퍼 등이 이에 해당한다.

[유통산업발전법 [별표] 대규모점포의 종류(제2조 제3호 관련)]

1. 대형마트
   대통령령으로 정하는 용역의 제공장소(이하 "용역의 제공장소"라 한다)를 제

외한 매장면적의 합계가 3천제곱미터 이상인 점포의 집단으로서 식품·가전
및 생활용품을 중심으로 점원의 도움 없이 소비자에게 소매하는 점포의 집단

2. 전문점
용역의 제공장소를 제외한 매장면적의 합계가 3천제곱미터 이상인 점포의 집
단으로서 의류·가전 또는 가정용품 등 특정 품목에 특화한 점포의 집단

3. 백화점
용역의 제공장소를 제외한 매장면적의 합계가 3천제곱미터 이상인 점포의 집
단으로서 다양한 상품을 구매할 수 있도록 현대적 판매시설과 소비자 편익시
설이 설치된 점포로서 직영의 비율이 30퍼센트 이상인 점포의 집단

4. 쇼핑센터
용역의 제공장소를 제외한 매장면적의 합계가 3천제곱미터 이상인 점포의 집
단으로서 다수의 대규모점포 또는 소매점포와 각종 편의시설이 일체적으로 설
치된 점포로서 직영 또는 임대의 형태로 운영되는 점포의 집단

5. 복합쇼핑몰
용역의 제공장소를 제외한 매장면적의 합계가 3천제곱미터 이상인 점포의 집
단으로서 쇼핑, 오락 및 업무 기능 등이 한 곳에 집적되고, 문화·관광 시설로
서의 역할을 하며, 1개의 업체가 개발·관리 및 운영하는 점포의 집단

6. 그 밖의 대규모점포
제1호부터 제5호까지의 규정에 해당하지 아니하는 점포의 집단으로서 다음 각
목의 어느 하나에 해당하는 것
가. 용역의 제공장소를 제외한 매장면적의 합계가 3천제곱미터 이상인 점포의
집단
나. 용역의 제공장소를 포함하여 매장면적의 합계가 3천제곱미터 이상인 점포의
집단으로서 용역의 제공장소를 제외한 매장면적의 합계가 전체 매장면적의
100분의 50 이상을 차지하는 점포의 집단. 다만, 시장·군수 또는 구청장
이 지역경제의 활성화를 위하여 필요하다고 인정하는 경우에 는 매장면적의
100분의 10의 범위에서 용역의 제공장소를 제외한 매장의 면적 비
율을 조정할 수 있다.

[유통산업발전법 제2조 제4호]

"준대규모점포"란 다음 각 목의 어느 하나에 해당하는 점포로서 대통령령으로
정하는 것을 말한다.
가. 대규모점포를 경영하는 회사 또는 그 계열회사(「독점규제 및 공정거래에 관한
법률」에 따른 계열회사를 말한다)가 직영하는 점포
나. 「독점규제 및 공정거래에 관한 법률」에 따른 상호출자제한기업집단의 계열회
사가 직영하는 점포
다. 가목 및 나목의 회사 또는 계열회사가 제6호가목에 따른 직영점형 체인사업
및 같은 호 나목에 따른 프랜차이즈형 체인사업의 형태로 운영하는 점포

관리방법·관리주체 및 계약 당사자

대규모점포·전통상업보존구역내 준대규모점포(이하 '대규모점포등')를 개설하려는 자는 유통산업발전법상의 개설등록을 마쳐야 한다. 등록을 마친 대규모점포등의 개설자(이하 '대규모점포등개설자')는 "매장이 분양되기 전"까지 대규모점포등을 유지·관리하기 위하여 필요한 업무를 수행한다.

[유통산업발전법 제12조 제1항]

"매장이 분양된 경우" '매장면적의 2분의 1 이상을 직영하는 자 등'은 관할지자체장에게 신고한 후 대규모점포등개설자의 업무를 수행한다.

[유통산업발전법 제12조 제2항]

매장이 분양된 대규모점포 및 등록 준대규모점포에서는 다음 각 호의 어느 하나에 해당하는 자가 제1항 각 호의 업무를 수행한다.
1. 매장면적의 2분의 1 이상을 직영하는 자가 있는 경우에는 그 직영하는 자
2. 매장면적의 2분의 1 이상을 직영하는 자가 없는 경우에는 다음 각 목의 어느 하나에 해당하는 자
  가. 입점상인(入店商人) 3분의 2 이상이 동의하여 설립한 「민법」또는 「상법」에 따른 법인
  나. 입점상인 3분의 2 이상이 동의하여 설립한 「중소기업협동조합법」 제3조제1항제1호에 따른 협동조합(이하 "협동조합"이라 한다) 또는 같은 항 제2호에 따른 사업협동조합(이하 "사업조합"이라 한다)
  다. 입점상인 3분의 2 이상이 동의하여 조직한 자치관리단체. 이 경우 6개월 이내에 가목 또는 나목에 따른 법인·협동조합 또는 사업조합의 자격을 갖추어야 한다.
  라. 가목부터 다목까지의 어느 하나에 해당하는 자가 없는 경우에는 입점상인 2분의 1 이상이 동의하여 지정하는 자. 이 경우 6개월 이내에 가목 또는 나목에 따른 법인·협동조합 또는 사업조합을 설립하여야 한다.

[유통산업발전법 제12조 제3항]

제2항에 따라 대규모점포등개설자의 업무를 수행하는 자는 산업통상자원부령으로 정하는 바에 따라 특별자치시장·시장·군수·구청장에게 신고를 하여야 한다. 신고한 사항을 변경하려는 경우에도 또한 같다.

따라서 매장이 분양되기 전에는 대규모점포등개설자가, 분양된 이후에는 '매장면적의 2분의 1 이상을 직영하는 자 등'이 대규모점포등

의 유지·관리를 위해 전기사용계약을 체결하는 것이 바람직하다.(이 경우 개인의 지위가 아닌 매장 전체를 대표하여 한전과 전기사용계약을 체결한 것이다)

(2) 소유자 명의의 전기사용신청

전기사용계약의 명의자는 전기요금의 납부의무를 부담한다. 따라서 건물 소유자가 자신의 명의로 전기사용신청을 하였다면, 실제 전기 사용자가 임차인이더라도 계약 명의자인 소유자만이 한전에 대해 전기요금 납부의무를 부담한다(아래 판례 참조). 다만, 이 경우 실제 전기사용자인 임차인 등은 한전이 아닌 소유자에게 전기요금 상당 액을 부당이득으로써 반환해야 한다.

서울중앙지방법원 2008. 12. 12. 선고 2008나14649 판결(대법원 2009다 12382 상고기각 확정)

원고(한전)와 전기공급계약을 체결한 당사자가 피고(甲)인 이상, 가사 이 사건 건물을 실제로는 乙, 丙가(이) 사용하였더라도, 피고(甲)가 乙,丙에게 원고(한 전)가 부과한 전기요금의 지급을 구하는 것은 별론으로 하고, 원고(한전)에게 전기요금을 지급할 의무는 피고(甲)에게 있다고 할 것이다.

서울중앙지방법원 2016. 7. 13. 선고 2015나71251(본소), 2015나71268 (반소) (확정)

원고(甲)는......(중략).....피고(한전)의 검침원이 이 사건 건물 용도를 쉽게 알 수 있었음에도 불구하고 12년 동안 아무런 이의를 제기하지 않은 점에 비추어 볼 때, 민법 제532조에 따라 원고(甲)와 피고(한전) 사이에는 원고(甲)가 산 업용 전력을 사용하는 것에 관하여 의사실현에 의한 계약이 성립한 것으로 보 아야 한다. 그럼에도 피고(한전)가 2009. 6.부터 2014. 5.까지의 전기공급약 관위반에 따른 위약금으로 15,853,460원의 지급을 구하고 있으므로, 위 채무 가 존재하지 아니함을 확인하는 판결을 구한다.....(중략).....민법 제532조에 따른 '의사실현에 의한 계약 성립'이 이루어지려면 승낙의 의사표시로 인정되 는 사실이 있었는지 여부를 따지기에 앞서 승낙의 통지가 필요하지 않다는 청 약자의 특별한 의사표시가 있었거나 승낙의 통지를 필요로 하지 않는 관습이 있어야 하는데(대법원 2005. 7. 28. 선고 2005다21487 판결 참조), 그러한 점을 인정할 아무런 자료가 없어 이 주장 역시 더 나아가 살필 필요 없이 이유 없다.

※ 본 판례는 의사실현에 의한 계약성립에 관한 것으로 계약종별 변경에 관한 것이지만, 계약 당사자 변경에 대해서도 적용될 수 있다.

(3) 전기사용계약서가 없는 경우

전기사용계약서를 작성하지 않았거나 분실한 경우 전기사용계약의 성립시기가 문제된다. 이에 대하여 판례는 전기사용자가 전기사용신청 또는 변경신청을 한 후 한전이 전기요금을 청구하였다면, 전기요금을 청구할 무렵에 전기사용계약이 체결된 것으로 보아야 한다고 판시하였다.

서울고등법원 2015. 3. 27. 선고 2014나2024721 판결 (2015다213193 상고기각 확정)

살피건대, 비록 명시적으로 전기사용계약서가 작성되지는 아니하였으나, ① 구 주택법(2013. 3. 23. 법률 제11690호로 개정되기 전의 것) 제2조 제14호 가목, 제43조 제4항, 제55조 제2항에 의하면, 공동주택의 관리사무소장은 공동주택의 관리주체로서 입주자대표회의에 의하여 선임되어 입주자대표회의가 의결하는 공동주택의 운영·관리 등에 관한 업무를 집행할 권한을 가지고 있는 점, ② 이 사건 아파트 관리사무소장이 2010. 4. 13. 원고(한전)에게 피고(A입주자대표회의)의 고유번호증 사본을 첨부하여 이 사건 고객명 변경 요청서를 발송한 점, ③ 원고(한전)가 이 사건 고객명 변경 요청서를 받은 후 이 사건 아파트의 2010년 4월분 전기요금부터는 피고(A입주자대표회의)에게 이를 청구하였고, 이에 대하여 피고(A입주자대표회의)가 별다른 이의 없이 원고(한전)에게 이 사건 아파트의 전기요금을 납부하여 온 점 등을 종합할 때, 이 사건 아파트 관리사무소장이 2010. 4. 13. 원고(한전)에게 이 사건 고객명 변경 요청서를 발송하고, 이에 대하여 원고(한전)가 피고(A입주자대표회의)에게 이 사건 아파트의 2010년 4월분 전기요금을 청구할 무렵에 이 사건 쟁점 전기사용계약이 체결된 것으로 봄이 상당하다.

(4) 소유자의 동의

전기사용자는 본인 명의(사용자 명의)로 전기사용신청을 해야 한다.(**전기공급약관 제8조 제2항**)

그런데 임차인(전기사용자)과 건물 소유자(전기사용장소의 소유자)가 다른 경우, 자칫 임차인의 전기사용으로 건물 소유자의 소유권 행사가 방해될 우려가 있다. 따라서 전기공급약관 제8조 제3항은 이러한 경우 소유자의 동의를 받도록 함으로써 향후 발생될 수 있는 분쟁을 미연에 방지하고 있다. 그런데 다수의 구분소유자가 존재하는 집합건물 등의 경우에는 위 약관 조항에서 말하는 소유자의 동의를 누구로부터 받아야 하는지 문제된다.

1) 집합건물

집합건물법상 관리인이 선임되어 있는 경우, 관리인은 집합건물법 또는 규약으로 위임된 사항을 수행하며 그 외의 사항은 관리단 집회의 결의를 통해 해당 업무를 수행한다.(**집합건물법 제24조 제1항 및 제31조**)

따라서 관리규약에서 관리인에게 전기사용계약에 관한 권한을 부여한 경우, 전기공급약관 제8조 제3항의 소유자 동의는 관리인으로부터 받아야 한다. 그러나 관리규약에서 별도로 관리인에게 전기사용계약에 관한 권한을 위임하지 않았다면 관리단 집회의 보통 결의를 얻거나 구분소유자의 5분의 4 이상 및 의결권의 5분의 4 이상의 서면 동의를 얻어야만 전기공급약관 제8조 제3항의 소유자 동의를 얻은 것으로 볼 수 있다.(**집합건물법 제38조 제1항 및 제41조 제1항**)

2) 신탁법상 신탁

전기공급약관 제8조 제3항의 소유자 동의와 관련하여, '소유자' 의미에 대한 전기공급약관상의 별도 규정은 없으므로, '소유자'는 민법과(민법 제186조: 부동산에 관한 법률행위로 인한 물권의 득실변경은 등기하여야 그 효력이 생긴다) 판례의 법리에 따라 판단되어야 한다. 그런데 신탁법상 부동산 신탁의 경우 부동산 소유권은 대내·대외적으로 수탁자에게 이전되므로, 동 약관 조항상의 소유자 동의는 수탁자의 동의를 뜻한다.(아래 판례 참조)

대법원 2008. 3. 13. 선고 2007다54276 판결

신탁법상의 신탁은 신탁설정자(위탁자)와 신탁을 인수하는 자(수탁자)의 특별한 신임관계에 기하여 위탁자가 특정의 재산권을 수탁자에게 이전하거나 기타의 처분을 하고 수탁자로 하여금 일정한 자(수익자)의 이익을 위하여 또는 특정의 목적을 위하여 그 재산권을 관리, 처분하게 하는 법률관계를 말하고, 신탁계약에 의하여 재산권이 수탁자에게 이전된 경우 그 신탁재산은 수탁자에게 절대적으로 이전하므로, 이 사건 신탁계약을 체결하면서 수탁자인 원고가 위탁자 겸 수익자와의 사이에 "수탁자의 권한은 등기부상 소유권 관리 및 보전에 한정되므로 그 이외의 실질적인 관리, 보전 업무 일체는 우선수익자의 책임하에 수익자가 주관하여 관리한다"고 특약하였다고 하더라도, 원고는 우선수익자나 수익자에 대한 관계에서 위와 같은 특약에 따른 제한을 부담할 뿐이고 제3자인 피고에 대한 관계에서는 완전한 소유권을 행사할 수 있다. 같은 취지에서, 위와 같은 특약이 있었음을 들어 원고의 이 사건 철거 등의 청구에 응할 수 없다는 피고의 주장을 배척한 원심판결은 정당한 것으로 수긍되고, 거기에 판결 결과에 영향을 미친 신탁법상의 신탁행위에 관한 법리오해, 심리미진 등의 위법이 없다.

※ 본 판결은 소유권에 기한 방해배제청구권(건물철거 및 인도청구)에 관한 내용이다.

한편, 신탁법상의 신탁계약은 대개 "수탁자의 권한은 등부상의 소유권 관리 및 보전에 한정되고, 그 이외의 실질적인 관리, 보전업무 일체는 우선수익자의 책임 하에 수익자가 주관하여 관리한다"라는 취지의 특약사항을 마련하고 있다. 따라서 수익자가 위 특약사항을 내세워 전기사용계약에 관한 권한은 위탁 부동산의 실질적인 관리에 해당되기 때문에 수익자 자신의 동의를 받아야 한다고 주장할 수 있다. 그러나 당사자간 합의를 통해 수익자가 전기사용계약에 관한 권한을 명백하게 가지고 있는 경우가 아니라면, 전기공급약관 제8조 제3항의 소유자 동의는 문리해석(文理解釋)에 따라 수익자가 아닌 수탁자의 동의를 의미한다고 보아야 한다.

3) 대규모점포등(유통산업발전법과 집합건물법의 관계)

대규모점포등개설자는 '대규모점포등'을 유지·관리하기 위하여 필요한 업무를 수행한다.**(유통산업발전법 제12조 제1항)**

그런데 '대규모점포등'이면서 동시에 집합건물에 해당하는 경우 해당 건물에 대한 대규모점포등의 개설등록 취소로 더이상 대규모점포등개설자가 존재하지 않는다면, 집합건물법상의 관리단 또는 관리단이 선임한 관리인이 건물의 관리권(전기료, 관리비 납부청구 등)을 행사할 수 있다**(아래 판례 참조)**. 따라서 이 경우 전기공급약관 제8조 제3항의 소유자 동의는 관리인(관리규약에 따라 관리인이 전기사용계약에 관한 권한이 부여된 경우) 또는 관리단(관리단 집회결의)으로부터 받아야 한다.**(집합건물법 제31조 및 제38조 제1항)**

서울동부지방법원 2013나23916판결 (대법원 2014다200862 상고기각 확정)

유통산업발전법은 구분소유자 전원으로 당연 설립되는 집합건물법상의 관리단이 아닌 입점상인들에 의해서 설립되는 대규모점포관리자에게 대규모점포의 유지·관리에 관한 일반적인 권한을 부여하면서도, '구분소유와 관련된 사항'에 관하여는 구분소유자단체인 관리단에 의해서 설정된 규약 또는 관리단 집회의 결의 등 집합건물법의 규정에 따르도록 함으로써 대규모점포의 관리에 있어서 구분소유자와 입점상인 사이의 이해관계를 조절하고 있다. 따라서 유통산업발전법의 입법 취지 및 집합건물법과의 관계를 고려하면 대규모점포관리자의 업무에서 제외되는 '구분소유와 관련된 사항'이라 함은 대규모점포의 유지·관리 업무 중 그 업무를 대규모점포개설자 내지 대규모점포관리자에게 허용하면 점포 소유자들의소유권 행사와 충돌이 되거나 구분소유자들의 소유권을 침해할 우려가 있는 사항이라고 해석함이 타당하고, 위와 같은 법리에 비추어 볼 때 대규모점포관리자가 대규모점포의 구분 소유자들이나 그들로부터 임차하여 대규모

점포의 매장을 운영하고 있는 상인들을 상대로 대규모점포의 유지·관리에 드는 비용인 관리비를 부과·징수하는 업무는 점포소유자들의 소유권 행사와 충돌되거나 구분소유자들의 소유권을 침해할 우려가 있는 '구분소유와 관련된 사항'이라기보다는 대규모점포의 운영 및 그 공동시설의 사용을 통한 상거래질서의 확립, 소비자의 보호 및 편익증진에 관련된 사항으로서 대규모점포 본래의 유지·관리를 위하여 필요한 업무에 속하는 것이라고 봄이 상당하다(대법원 2011. 10. 13. 선고 2007다83427 판결 참조). 그리고 대규모점포 개설자의 업무를 수행할 지위를 상실한 자는 관리비를 부과·징수할 권한이 없다(대법원 2011. 10. 27. 선고 2008다7802 판결 참조).....(중략).....따라서 구 유통산업발전법이 시행되기 이전에 시장개설자에 대한 시장개설 허가가 취소되는 경우에도 시장개설자는 구분소유자들로부터 관리비를 부과·징수할 권한이 없다.....(중략).....따라서 A주식회사가 위 시장개설 허가가 취소된 1994. 10. 7. 시장개설자의 지위를 상실하였으므로 원고(주식회사B)는 A주식회사로부터 이 사건 건물에 관한 관리권을 양수하였더라도 시장개설자의 지위에서 관리비를 부과·징수할 권한은 없다 할 것이다. 나아가 원고(주식회사B)가 집합건물법에서 정한 관리단의 위임을 받은 적법한 관리인이라는 점을 인정할 만한 증거가 없는 이상.....(중략).....원고(주식회사B)가 피고(甲)에 대하여 이 사건 건물에 대한 관리비를 부과·징수할 권한을 가진다고 보기 어렵고, 달리 이를 인정할 증거가 없다.

4) 미등기 부동산

전기공급약관 제8조 제3항의 소유자는 민법 제186조(소유권이전등기 경료) 및 판례에 따라 판단되어야 한다. 따라서 건물 등의 매수인이 잔금을 지급하였으나 아직 소유권이전등기를 경료받지 못한 경우, 소유자는 여전히 매도인이므로 전기사용자(소유자≠전기사용자)는 매도인의 동의를 얻어 전기사용신청 및 변경신청을 할 수 있다.(아래 판례 참조)(그러나, 매도인·매수인 간의 매매거래계약상 특별한 분쟁이 없다면, 전기사용자가 매수인으로부터 소유자의 동의를 받는다고 해도 크게 문제되지는 않을 것이다)

대법원 1996. 6. 14. 선고 94다53006 판결

미등기 무허가건물의 양수인이라 할지라도 그 소유권이전등기를 경료받지 않는 한 건물에 대한 소유권을 취득할 수 없고, 그러한 건물의 취득자에게 소유권에 준하는 관습상의 물권이 있다고 볼 수 없다.

5) 유치권자의 전기사용신청

유치권자가 전기사용신청을 하는 경우, 유치물의 소유자(채무자)와 유치물의 전기사용신청자는 다르므로 원칙적으로 전기공급약관 제8조 제3항의 소유자 동의를 얻어야 한다. 그런데 유치권자는 채권을 변제받을 때까지 유치물의 반환을 거부할 수 있을 뿐이고,**(민법 제320조 제1항)** 유치물의 보존을 위해 필요한 것이 아니라면 채무자의 승낙없이 유치물의 사용·대여·담보제공도 할 수 없다. 이를 위반한다면 채무자가 유치권의 소멸을 청구할 수도 있다.**(민법 제324조 제2항 및 제3항)** 따라서 유치물의 보존을 위해 전기사용이 필요한 경우 유치권자는 전기사용계약을 체결할 수 있다. 이 경우 건물 등의 소유자(채무자)와 전기사용자(유치권자)가 다르기 때문에, 원칙적으로 전기공급약관 제8조 제3항의 소유자 동의(채무자의 동의)가 필요하다. 그러나 민법 제324조 제2항 단서는 유치물의 보존을 위한 행위에 채무자의 승낙을 요하지 않고 있으므로, 유치물의 보존을 위한 전기사용신청이 명백한 경우(예컨대, 겨울철 한파로 건물의 대규모 동파방지를 위해 전기사용이 필요한 경우 등등)라면 동 약관 조항의 소유자 동의는 필요하지 않다고 보아야 한다.

(5) 변경된 전기공급약관의 구속력

전기공급약관 제8조 제1항은 전기사용자가 새로 전기사용신청을 하거나 변경신청을 하는 경우 미리 전기공급약관을 승낙해야 한다고 규정하고 있다.**(보통약관이 계약 내용에 포함되기 위해서는 당사자 사이에 약관의 내용을 계약의 내용으로 포함시키기로 하는 합의가 있어야 한다(대법원 99다68027 판결 참조) 따라서 전기사용계약에 전기공급약관의 내용이 포함되기 위해서는 전기사용자의 동의가 필요하다)** 그런데 전기공급약관이 개정되어 변경된 경우에도 동 약관 동 조항에 따라 개정된 전기공급약관에 대한 기존 전기사용자의 승낙이 필요한지 문제된다. 이에 대해 대법원은 한전이 변경된 약관의 내용을 일일이 고지하거나 기존 전기사용자와 변경된 약관의 내용으로 다시 전기사용계약을 체결하지 않더라도 변경된 약관은 기존 전기사용자에게 적용된다고 판시하였다.(아래 판례 참조)

대법원 1989. 4. 25. 선고 87다카2792 판결

전기사업법은 다수의 일반수요자에게 생활에 필수적인 전기를 공급하는 공익사업인 전기사업의 합리적 운용과 사용자의 이익보호를 위하여 계약자유의 원칙을 배제하여 일반 전기사업자와 일반 수요자와의 공급계약에 대하여 당사자가 개별적으로 계약조건을 협정하는 것을 금지하고 오로지 공급규정의 정함에 따르도록 하여 특히 전기요금에 관하여는 공공요금의 공정하고 합리적인 결정이라는 입장에서 엄격한 절차를 요구하고 있으므로 이러한 공급규정은 일반전기사업자와 그의 공급구역 내의 현재 및 장래의 불특정다수의 수요자 사이에 이루어지는 모든 전기공급계약에 대하여 적용되는 보통계약약관으로서의 성질을 가지고 있으므로, 위 공급규정의 개정이 전기사업법 소정의 절차를 거쳐 인가를 받고 공표의무를 마친 것이라면 공급규정의 개정에 따른 새 요금 요율을 내용으로 하는 계약내용의 변경이 있다 할 것이고, 그밖에 다수의 개별수요자와 위 변경된 공급규정을 내용으로 하는 새로운 계약을 일일이 체결하여야 하거나 승낙을 받아야 비로소 구속력이 생기는 것이라고 할 수는 없다.

서울고등법원 2012. 5. 4. 선고 2011나99797 판결(상고기각 확정)

순차 갱신되어 온 전기사용계약의 존속기간 내인 2007. 4. 1. 전기요금체계가 변경되었다고 하더라도 그와 밀접한 관련이 있다는 이유로 계약종별 선택에 관한 이 사건 약관 내용을 설명할 의무가 피고(한전)에게 있었다고 보기 위해서는 위와 같은 전기요금체계의 변경으로 인하여 계약종별에 따른 전기요금에 차등이 생길 수 있음이 당시의 구체적 상황에 비추어 객관적으로 명백한 경우라야 할 것인데, 피고(한전)가 2007. 4. 1. 무렵 전기요금 산정의 기초가 되는 이 사건 하수처리장의 구체적 전기사용 실태나 그 현황을 파악하고 있었다고 보기 어려우므로, 결국 이 사건 하수처리장의 경우 전기요금체계의 변경으로 인하여 계약종별에 따른 전기요금에 차등이 생길 수 있음이 당시의 구체적 상황에 비추어 객관적으로 명백하였다고 보기 어려운 점 등을 종합하여 보면, 전기요금체계의 변경과 결합됨으로써 의미를 갖는 계약종별 선택에 관한 이 사건 약관 내용은 약관의 규제에 관한 법률 제3조 제3항 단서에서 규정한 '계약의 성질상 설명하는 것이 현저하게 곤란한 경우'에 해당하거나, 원고(A시) 계약종별의 선택 및 요금체계에 관한 이 사건 약관 내용을 충분히 알고 있었던 것으로 봄이 상당하여 이를 따로 설명할 의무가 피고(한전)에게 있었다고 보기 어렵다.

Ⅱ. 전기사용신청의 승낙과 거부

전기공급약관 제9조 (전기사용신청의 승낙과 거부)

① 고객이 전기사용신청을 하는 경우에는 한전은 공급을 승낙합니다.

② 제1항에도 불구하고 다음 각 호의 하나에 해당하는 경우에는 전기공급의 일부 또는 전부를 거부할 수 있습니다.

1. 법령에 따라 전기공급을 제한할 경우

2. 산업통상자원부장관의 명령이 있을 경우

3. 전기 수급상황에 따라 공급능력이 없는 경우

4. 전기공급설비의 상황에 따라 부득이한 경우

5. 이 약관 이외의 조건으로 전기사용신청이 있을 경우. 다만, 산업통상자원부장관의 인가를 받은 경우는 제외합니다.

6. 제15조(고객의 책임으로 인한 전기사용계약의 해지)에 따라 전기요금 미납으로 해지된 고객이 미납요금을 납부하지 않고 같은 장소나 다른 장소에서 전기사용 또는 그 변경을 신청하는 경우

7. 고객이 불합리한 조건을 제시하거나 한전의 정당한 조건에 의하지 아니하고 다른 방법에 의하여 전기의 공급을 요청하는 경우

8. 재해 등 그 밖의 비상사태로 전기공급이 불가능한 경우 한전은 제2항 제3호, 제4호에 따라 공급을 거부할 경우에는 산업통상자원부장관의 승인을 받아 시행합니다.

③ 한전은 제2항 제3호, 제4호에 따라 공급을 거부할 경우에는 산업통상자원부장관의 승인을 받아 시행합니다.

1. 개설(槪說)

전기사업법은 전기가 일상생활에 필수 불가결한 요소인 점을 고려하여 전기판매사업자 등이 정당한 사유없이 전기공급을 거부하지 못하도록 규정하고 있으며,**(전기사업법 제14조)** 이를 위반한 자에 대한 벌칙규정도 마련하고 있다.**(전기사업법 제102조 제1호)** 이러한 전기사업법의 취지를 반영하여 전기공급약관 역시 전기공급 거부사유를 제한적·열거적으로 나열하고 있다.

2. 법적쟁점(法的爭點)

전기공급약관 제9조 제2항 제6호는 '전기요금 미납으로 해지된 고객이 미납요금을 납부하지 않고 같은 장소나 다른 장소에서 전기사용 또는 그 변경을 신청하는 경우, 한전은 전기공급의 일부 또는 전부를 거부할 수 있다'고 규정하고 있다. 그런데 전기사업법은 제14조에서 전기공급 거부사유를 엄격하게 제한하고 있으므로, 동 약관 조항 역시 엄격하게 제한적으로 해석·적용되어야 한다.

(1) 개인사업자가 법인으로 전환한 경우

위 약관 조항은 전기사용자의 책임으로 전기사용계약이 해지된 후 '해지된 전기사용자'가 다시 전기사용 신청 등을 한 경우에 적용되는 규정이다. 그런데 개인고객(개인사업자)의 요금 체납 등으로 전기사용계약이 해지되고, 이후 개인사업자가 법인으로 전환(대개 법인의 대표이사는 종전의 개인사업자이다)되었다면, 해당 법인이 전기공급신청 또는 변경신청을 하는 경우에도 위 약관 조항이 적용되는지 문제된다. 이는 개인사업자와 법인이 동일한 전기사용자에 해당하여 '해지된 전기사용자'가 다시 전기사용신청을 한 것으로 볼 수 있는

가에 관한 것이다. 그런데 위 약관 조항이 뜻하는 동일한 전기사용자는 법인격이 동일한 전기사용자를 말한다.**(법인격은 권리·의무의 주체가 될 수 있는 권리능력을 의미한다 사람(자연인)은 생존한 동안 권리·의무의 주체가 되며(민법 제3조), 법인은 재산관계에 관하여 법률에 의해 사람처럼 권리·의무의 주체가 된다(민법 제34조))** 따라서 현물출자 등으로 개인사업자가 법인(법인사업자)으로 전환되었다면, 개인과 법인은 각각 별개의 권리·의무의 주체이므로 종전의 개인사업자(자연인)와 법인의 법인격은 서로 동일하다고 볼 수 없다. 그러므로 개인사업자의 책임으로 전기사용계약이 해지된 후, 개인사업자가 법인을 설립하여 해당 법인 명의로 전기사용신청을 하거나 종전의 전기사용계약을 변경 신청하였다면, 한전은 위 약관 조항을 근거로 전기공급을 거부할 수 없다.

(2) 부부관계

부부 일방이 전기사용신청 후 전기요금을 체납하여 전기사용계약이 해지되었고, 이후 다른 일방이 전기사용신청 또는 변경신청을 한 경우, 한전이 전기공급약관 제9조 제2항 제6호을 근거로 전기공급을 거부할 수 있는지 문제된다. 그런데 부부 각자는 사람(자연인)으로서 별개의 법인격을 가지므로 위와 같은 경우가 동 약관 조항의 '전기공급약관 제15조에 따라 해지된 고객이 다시 전기사용신청·변경신청을 한 경우'에 해당된다고 보기는 어렵다. 따라서 부부 일방의 책임으로 전기사용계약이 해지된 후 다른 일방이 미납요금을 납부하지 않고 전기사용신청 등을 하였다는 이유만으로 한전은 전기공급을 거부할 수 없다. 다만, 부부 일방의 전기사용신청 및 변경신청은 민법 제832조의 부부간 일상 가사에 관한 법률행위(주택용 전력의 경우)라고 볼 수 있기 때문에 다른 일방은 미납된 전기사용료의 지급채무를 부담하게 될 것이다.

[민법 제832조]

부부의 일방이 일상의 가사에 관하여 제삼자와 법률행위를 한 때에는 다른 일방은 이로 인한 채무에 대하여 연대책임이 있다. 그러나 이미 제삼자에 대하여 다른 일방의 책임없음을 명시한 때에는 그러하지 아니하다.

[대법원 2000. 4. 25. 선고 2000다8267 판결] (일상가사의 범위)

민법 제832조에서 말하는 일상의 가사에 관한 법률행위라 함은 부부의 공동생활에서 필요로 하는 통상의 사무에 관한 법률행위를 말하는 것으로, 그 구체적인 범위는 부부공동체의 사회적 지위·재산·수입 능력 등 현실적 생활 상태뿐만 아니라 그 부부의 생활장소인 지역사회의 관습 등에 의하여 정하여지나, 당해 구체적인 법률행위가 일상의 가사에 관한 법률행위인지 여부를 판단함에 있어서는 그 법률행위를 한 부부공동체의 내부 사정이나 그 행위의 개별적인 목적만을 중시할 것이 아니라 그 법률행위의 객관적인 종류나 성질 등도 충분히 고려하여 판단하여야 한다(대법원 1997. 11. 28. 선고 97다31229 판결, 1999. 3. 9. 선고 98다46877 판결 등 참조).....(중략).....피고는 1997년 6월경 소외인이 위 의류사업과 관련하여 거액의 채무를 지고 있다는 사실을 알고나서부터 부부사이에 불화가 생긴 후, 피고와 1997년 7월경부터 별거하기 시작한 사실, 피고는 소외인의 의류사업으로 인한 채무를 금 1억 원 이상 대신 변제한 사실 등이 인정되고, 가족의 생활비로 사용하기 위해 2개월 여의 짧은 기간에 금 40,000,000원을 필요로 했다는 것은 경험칙상 이례에 속한다 할 것이므로, 이에 비추어 보면 소외인의 원고에 대한 이 사건 계금채무는 혼인공동체의 통상의 사무에 포함되는 일상의 가사로 인한 채무라기보다는 소외인이 자신의 사업상의 필요에 의해 부담한 채무라고 할 것이므로, 위 계금채무가 일상가사로 인한 채무임을 전제로 하는 원고의 주장은 이유 없다고 하여 이를 배척하였음을 알 수 있는바, 기록과 위에서 본 법리에 비추어 보면 원심의 사실인정과 판단은 정당하다고 수긍이 되고 거기에 채증법칙 위배로 인한 심리미진 또는 가사채무에 관한 법리오해의 위법이 없다.

III. 전기사용계약의 성립 및 전기사용계약기간

전기공급약관 제10조 (전기사용계약의 성립 및 전기사용계약기간)

① 고객과 한전간의 전기사용계약 및 변경계약은 다음에서 정한 날에 성립합니다.

1. 전기사용계약서(별지 2호 서식)를 작성하는 고객은 전기사용계약 체결일

2. 제1호 이외의 고객은 시설부담금 청구서 발송일(인터넷청구일 포함). 다만, 시설부담금이 없는 고객은 전기사용신청 접수일로 합니다.

② 제1항 제1호의 전기사용계약서 작성시기와 작성대상은 세칙으로 정합니다.

③ 전기사용계약기간은 전기사용계약이 성립되거나 변경된 날로부터 제66조(요금의 적용 개시시기)에서 정한 수급개시일 이후의 1년이 되는 날까지로 합니다. 다만, 임시전력은 전기사용계약시 정한 기간으로 합니다.

④ 전기사용계약기간 만료 이전에 전기사용계약의 해지나 변경이 없을 경우 전기사용계약은 계약기간 만료후에도 1년마다 동일한 조건으로 계속되는 것으로 합니다.

1. 개설(槪說)

성립시기

전기사용계약 및 변경계약의 성립시기는 전기공급약관상 ① 전기사용계약 체결일, ② 시설부담금 청구서 발송일(인터넷청구일 포함), ③ 전기사용신청 접수일로 구분된다.

먼저 고압이상의 전압으로 전기를 공급받는 전기사용자, 전용공급설비(전용공급설비는 특정 고객에게만 전기를 공급하기 위한 한전소유의 공급설비로써, 전기공급약관 제39조 제1항의 사유(다른 고객의 전기사용을 방해할 우려가 있는 경우 등)가 있는 경우 또는 계약전력 10,000KW 초과하는 고객이 전용공급설비를 희망하는 경우에 공급된다(전기공급약관 제36조))에 따라 전기를 사용하는 전기사용자 등은 전기사용계약서(별지 2호 서식)를 작성한다.

[전기공급약관 시행세칙 제5조]
다음 각 호의 고객은 공급준비 착수 전에 약관 제10조(전기사용계약의 성립 및 전기사용계약기간) 제1항의 전기사용계약서를 작성한다.
  1. 고압이상의 전압으로 전기를 공급받는 고객
  2. 약관 제25조(고객 변압기설비 공동이용)에 따라 전기를 사용하는 등 고객간 전기설비의 일부를 공용하는 고객
  3. 약관 제36조(전용공급설비)에 따라 전기를 사용하는 고객
  4. 예비전력 고객
  5. 임시전력 고객
  6. 한전공급설비 설치장소를 제공한 고객
  7. 단일계약 아파트 및 종합계약 아파트 고객
  8. 냉동 창고, 양어장(양식장), 양계장(부화장), 특용작물재배 등 휴·정전시 재산 피해가 예상되는 고객
  9. 제12조(계약전력 산정) 제3항에 따라 계약전력을 결정한 고객
  10. 고객이 요청하거나 한전 또는 다른 고객과의 책임한계를 명확히 할 필요가 있는 경우

이때 전기사용계약의 성립일은 전기사용계약을 체결한 날이다. 이 외의 전기사용자는 시설부담금 청구서 발송일(인터넷청구일 포함)에 전기사용계약이 성립된 것으로 본다. 단, 시설부담금이 없는 전기사용자는 전기사용신청 접수일에 전기사용계약이 성립된 것으로 본다.

계약기간
전기사용계약기간은 계약체결 또는 변경 후 전기 수급개시일부터 1년이 되는 날까지로 한다. 다만 임시전력은 전기사용계약 체결시 정

한 기간으로 한다.

전기사용계약기간 만료 이전에 전기사용계약의 해지나 변경이 없을 경우 전기사용계약은 계약기간 만료 후에도 동일한 조건으로 1년씩 연장된다(자동갱신약정).

별지 2호 서식은 제2조에서 계약기간의 자동연장(1년)을 규정하고 있다. 별지 1호 서식에는 이러한 조항은 없으나 전기사용자가 전기 공급약관을 따르기로 한 이상,**(전기공급약관 제8조 제1항)** 전기사용계약 만료전 계약해지나 변경신청이 없다면 기존 전기공급계약은 동일한 조건으로 1년간 연장된다.**(전기공급약관 제10조 제4항)**

2. 법적쟁점(法的爭點)

하급심은 전기공급약관 제10조 제4항의 자동갱신약정이 유효성을 인정하고 있다.

서울남부지방법원 2015. 7. 14. 선고 2014가단221498 판결 (항소기각 확정)

甲은 이 사건 아파트 499세대 구분소유자의 대표로서.....(중략).....원고(한전)와 甲사이의 전기사용계약은 계약기간 자동연장조항이 없고 별도의 계약연장을 위한 합의도 없어 2011. 9. 14.자로 종결되었으므로.....(중략).....전기요금을 납부할 의무가 없다는 주장에 대하여, 위 임대차계약에 적용되는 전기공급약관 제10조 제4항에 "전기사용계약기간 만료 이전에 전기사용계약의 해지나 변경이 없을 경우 전기사용계약은 계약기간 만료 후에도 1년마다 동일한 조건으로 계속되는 것으로 합니다"라는 자동갱신약정이 존재하므로, 위 주장은 받아들이지 아니한다.

Ⅳ. 전기사용계약의 변경

전기공급약관 제11조 (전기사용계약의 변경)
전기사용계약기간중에 전기사용계약의 변경이 필요할 경우에는 고객과 한전이 협의하여 변경할 수 있습니다.

1. 개설(槪說)

계약기간 중에 계약내용을 변경하기 위해서는 당연히 계약 당사자들간 합의가 있어야 한다. 전기사용계약 역시 당사자간 합의가 있다면 그 내용을 변경할 수 있다.

2. 법적쟁점(法的爭點)

본 약관 조항에 따른 협의 변경권은 한전과 계약명의자만 가지고 있는 권리이다. 따라서 계약명의자 이외의 자는 본 약관 규정을 근거로 한전에게 기존 전기사용계약 내용의 변경을 요구할 수 없다.

V. 전기사용계약자의 변경

전기공급약관 제12조 (전기사용계약자의 변경)

① 매매 등으로 전기사용계약자가 변경되는 경우 새로운 고객과 이전 고객은 변경내용 발생 후 14일 이내에 한전에 알려야 합니다. 이 때 계약내용의 변경통지는 문서로 하는 것을 원칙으로 합니다.

② 상속, 합병 등으로 고객의 명의에 변경이 있을 경우 새로운 고객은 명의를 변경하여 전기를 계속 사용할 수 있으며, 새로운 고객은 한전에 대한 이전 고객의 모든 권리의무를 승계합니다.

③ 매매 등으로 고객이 변동되고 새로운 고객이 명의변경에 따른 사용자별 요금 구분청구를 신청할 경우에 한전은 변동일을 기준으로 새로운 고객과 이전고객의 요금을 각각 계산하여 청구할 수 있습니다. 이 경우 변동일 이후에 사용자별 요금 구분청구를 신청할 경우에는 미납요금에 한하여 새로운 고객과 이전 고객의 요금을 각각 계산하여 청구하며, 변동일이 속한 당월의 새로운 고객과 이전 고객의 사용전력량은 고객과 한전이 협의 결정합니다.

④ 제2항 및 제3항에 따른 명의변경 신청은 문서로 하는 것을 원칙으로 합니다.

1. 개설(槪說)

(1) 매매 등으로 인한 전기사용계약자의 변경신청

'매매 등'으로 전기사용계약자가 변경된 경우, 새로운 사용자와 기존 사용자는 변경내용 발생 후 14일 이내에 문서로 변경내용을 통지해야 한다. 다만, 주택용 저압전력의 전기사용자, 계약전력 5KW

이하의 전기사용자, 주거용 심야전력(갑)의 전기사용자는 구두 또는 전화로 전기사용계약자의 변경신청(명의변경신청)을 할 수 있다.**(전기공급약관 시행세칙 제6조 제2항)** 대법원은 동 약관 조항의 취지를 '변경사실에 관한 통지가 없는 이상 기존 사용자에게 기존 사용요금에 대한 납부의무를 지움으로써 전기 사용료의 안정적 징수를 달성하기 위한 것'이라고 판시하였다.**(아래 판례 참조)**

의정부지방법원 2008. 7. 17. 선고 2008나246 판결(2008다60858 상고기각 확정)

원고(한전)가 약관상 이사 등으로 전기사용계약에 관한 내용의 변경사유가 발생한 경우 전기사용계약자로 하여금 14일 이내에 변경에 관한 사항을 서면으로 통지하도록 규정한 취지는 전기사용계약과 같은 계속적 공급계약에 있어서 도중에 사용자의 변경이 있는 경우 그 변경사실에 관한 통지의무를 기존 사용자에게 부담시켜 그 변경사실에 관한 통지가 없는 이상 기존 사용자에게 기존 사용요금에 대한 납부의무를 지움으로써 계속적 전기공급에 따른 사용료의 안정적 징수를 달성하고자 함에 있는 것으로 보인다. 따라서 이 사건에 있어서 甲이 원고(한전)와 전기사용계약을 체결하면서 전기 요금 등 전기공급약관상의 모든 채무를 부담하기로 약정하였음에도 전기공급약관에 따라 사용자가 변경된 내용을 원고(한전)에게 통지하지 않은 이상 그 약관이 정한 바에 따라 甲은 여전히 원고(한전)에게 이 사건 건물의 전기사용자로서 요금을 지급할 의무가 존속하고, 연대보증인인 피고(주식회사A) 역시 그 채무로부터 벗어날 수 없다.

그런데 여기서 '매매 등'이란 매매, 임대차, 경락 등과 같이 포괄승계 이외의 사유로 전기사용계약의 명의자가 변경되는 경우를 말한다.**(전기공급약관 시행세칙 제6조 제1항)** 동 약관 조항의 '매매 등'의 사유가 없더라도 계약자유의 원칙상 당사자간 협의를 통해 전기사용계약자를 변경할 수 있는 것은 당연하다.

만약 '매매 등'의 사유로 전기사용계약자의 변경을 신청한 전기사용자가 사용자별 요금의 구분청구도 신청하였다면, 새로운 사용자와 기존 사용자는 '변경일'을 기준으로 각각 계산된 전기요금의 납부의무를 진다. 여기서 '변경일'은 당사자간 합의가 없는 이상, 전기요금과 관련된 부분인 만큼 객관적 기준에 따라 결정되어야 한다. 따라서 매매의 경우 소유권이전등기 경료일을, 전세권의 경우 전세권설정등기 경료일을, 경매의 경우 매각대금(경락대금) 납부일을, 임대차의 경우 임대차계약서의 임대차기간 시작일을 '변경일'로 보아야 한다.

[민법 제186조]
부동산에 관한 법률행위로 인한 물권의 득실변경은 등기하여야 그 효력이 생긴다.

[민사집행법 제135조]
매수인은 매각대금을 다 낸 때에 매각의 목적인 권리를 취득한다.

한편, 전기사용자가 '매매 등'의 사유로 전기사용계약자의 변경신청과 사용자별 요금의 구분청구를 한 후, 사용자별로 구분된 자신의 전기요금을 납부하지 않았다면, 한전은 미납한 전기사용자가 이후 새로운 장소에서 부담하는 전기요금에 미납한 구분요금을 합산하여 청구할 수 있다.**(전기공급약관 제77조 제3항)**

'매매 등'의 사유로 전기사용계약자의 변경을 신청하는 경우 원칙적으로 문서로 신청해야 하나, 주택용 저압전력의 전기사용자·계약전력 5KW이하의 전기사용자·심야전력(갑)의 전기사용자는 구두 또는 전화로 전기사용계약자의 변경(명의변경)을 신청할 수 있다.**(전기공급약관 시행세칙 제6조 제2항)** 따라서 주택용 저압전력의 전기사용자 등은 명의변경을 위해 구비서류를 준비할 필요가 없다. 그러나 실무상 계약전력 6KW이상의 전기사용자는 명의변경을 위해 전기사용계약변경신청서, (법인인 경우)법인등기부등본, 법인인감증명원, (사용자≠소유자)임대차계약서 또는 신분증 사본, 사업자등록증 사본, (보증 필요시) 보증 관련 서류를 준비해야 한다.

(보증 서류 링크 : http://cyber.kepco.co.kr/ckepco/front/jsp/CY/F/A/ CYFAPP0010102.jsp?sn=10 참조)

(2) 상속, 합병 등으로 인한 전기사용계약자 변경신청

전기공급약관 제12조 제2항이 규정하고 있는 '상속, 합병 등'으로 전기사용계약자의 변경이 있는 경우라 함은 상속, 증여, 기업합병 및 취득을 이유로 전기사용주체가 변경된 경우를 의미한다.(**전기공급약관 시행세칙 제6조 제1항**)

상속(**민법 제1005조: 상속인은 상속개시된 때로부터 피상속인의 재산에 관한 포괄적 권리의무를 승계한다 그러나 피상속인의 일신에 전속한 것은 그러하지 아니하다**), 합병(**아래 판례 참조**)등은 법적 성격이 포괄승계(하나의 취득원인에 의해 다수의 권리를 한번에 취득하는 것)에 해당하기 때문에 새로운 사용자는 기존 사용자의 한전에 대한 권리·의무 모두를 승계한다.

[대법원 1980. 3. 25. 선고 77누265 판결]
상법 제235조 (이것이 상법 제530조 에 의하여 주식회사에 준용된다)에는 흡수합병의 경우에 있어서 합병 후 존속하는 회사는 합병으로 인하여 소멸된 회사의 권리 의무를 승계한다고 규정하고 있고 국세기본법 제23조 에는 법인이 합병한 때에 합병후 존속하는 법인은 합병으로 인하여 소멸된 법인에게 부과되거나 그 법인이 납부할 국세, 가산금과 체납처분비를 납부할 의무를 진다고 규정하고 있는데 위 규정들과 회사합병의 법리에 비추어 보면 회사합병이 있는 경우에는 피합병회사의 권리의무는 사법상의 관계나 공법상의 관계를 불문하고 그 성질상 이전을 허용하지 않는 것을 제외하고는 모두 합병으로 인하여 존속한 회사에게 승계되는 것으로 보아야 하고 경제의안정과성장에관한긴급명 령 제62조 제1항 (증자에 관한 조세특례규정)에 의한 권리 즉 피합병회사의 증자분에 대하여 소득금액의 공제를 받을 수 있는 권리는 그 성질상 이전을 허용할 수 없는 것이 아니라고 할 것이다.) 등은 법적 성격이 포괄승계(각주: 포괄승계(包括承繼)란 하나의 취득원인에 의하여 다수의 권리가 일괄적으로 취득되는 상속, 포괄유증, 회사의 합병 등 경우를 말한다(지원림, '민법강의', 홍문사, 2009년, 166면).) 이기 때문에 새로운 사용자는 기존 사용자의 한전에 대한 권리·의무 모두를 승계하게 된다.

전기공급약관은 '상속·합병 등'의 경우, '매매 등'에서와 같이 각종 신청을 문서로 해야한다는 규정을 두고 있지 않다. 이는 새로운 사용자가 이미 기존 사용자의 권리·의무 일체를 이전 받은 이상, 명의변경신청과 전기요금 구분청구를 할 실익이 적고, 이와 관련된 분쟁의 소지가 적기 때문이다.(**상속·합병의 경우, 권리·의무 일체가 상속인 또는 합병 후 회사에게 이전(포괄승계)되므로 명의변경신청이 없더라도 상속인 또는 합병 후 회사가 당연히 종전 및 향후의 전기공급계약상 권리·의무를 승계한다 다만, 분할합병의 경우 '분할합병 후 회사'가 '분할합병 전 회사'의 전기요금 채무를 인수하지 않는 등의 특별한 사정이 있다면 종전의 전기공급계약상의 권리·의무는 '분할합병 전 회사'가 부담한다)**

2. 법적쟁점(法的爭點)

(1) 전기사용계약자 변경의 법적 성질

1) '매매 등'으로 인한 전기사용계약자의 변경신청

전기사용계약자의 변경신청(명의(名義)변경신청)은 기존 사용자의 해지신청과 새로운 사용자의 신규신청이 결합되어 있는 구조이다. 그런데 '매매 등'의 사유로 새로운 사용자가 자신의 명의로 전기사용계약자 변경을 요청하였다면, 특별한 사정이 없는 한 기존 사용자의 해지동의는 필요하지 않다. 왜냐하면, 기존 사용자가 이사 또는 매매 등으로 현 전기사용장소에 거주하지 않는 경우 기존 사용자는 당연히 기존 전기공급계약을 해지하고자 할 것이어서, 기존 사용자의 해지신청(동의)이 굳이 필요없기 때문이다.(**이는 기존 사용자의 해지에 대한 '묵시적(默示的) 동의'를 의미한다.**) 물론 이와 같은 경우 기존 사용자가 명백하게 해지신청을 하였을 것이라는 객관적 사정(예를 들어, 새로운 사용자와 기존 사용자 간 일체의 분쟁이 없고 기존 사용자가 새로운 곳으로 이사를 간 사정 등)이 뒷받침되어야 한다.

한편, 전기공급약관 제8조 제3항은, 소유자가 아닌 사용자 명의로 전기사용을 신청하거나 변경하고자 할 경우 소유자의 동의를 받도록 규정되어 있다. 그런데 조문의 편제(編制)상 전기공급약관 제8조 제3항은 전기사용신청시 일반적으로 적용되는 조항이기 때문에, 전기공급약관 제12조 제1항의 '매매 등'으로 전기사용자가 변경된 경우에도 전기공급약관 제8조 제3항은 적용되어야 한다. 따라서 새로운 임대차계약을 체결한 임차인(새로운 사용자)은 반드시 소유자(임대인 등)의 동의를 얻어 명의변경신청을 해야 한다. 실무상 소유자(임대인)의 동의는 임대차계약서로 대체하고 있다.**(임대차계약을 체결한 이상 소유자는 당연히 임차인의 전기사용에 대해 동의를 하였다고 볼 수 있다(소유자의 묵시적 동의))**

2)'상속·합병 등'으로 인한 명의변경신청

'상속·합병'은 권리변동의 모습 중 '포괄승계(包括承繼)'에 해당하기 때문에 피상속인 사망일(또는 합병등기 경료일)에 피상속인(또는 합병 전 회사)의 권리·의무 일체가 상속인(또는 합병 후 회사)에게 이전된다. 전기공급약관도 이를 반영하여 권리·의무 승계규정을 마련하였다.**(전기공급약관 제12조 제2항)** 다만, '상속·합병 등'으로 인한 명의변경이 이뤄지지 않았다 하더라도 상속인은 망인(亡人)의 전기요금 지급의무를 승계하기 때문에, 특별한 사정이 없는 한 상속인은 한전의 전기요금청구를 거부할 수 없다.**(민법 제1028조의 한정승인이 있다면, 상속인은 피상속인(망인)의 재산 범위 안에서만 전기요금 지급채무를 부담한다)**

(2) 전기사용계약자 변경신청을 해태한 경우

1) '매매 등'으로 인한 전기사용계약자 변경신청

기존 사용자가 '매매 등'의 사유가 있음에도 전기사용계약자 변경신청(명의변경신청)을 해태하였다면, 기존 사용자는 여전히 계약명의자로서 계약상 의무(전기요금 납부의무)를 부담한다. 따라서 새로운 사용자가 사용한 전기요금도 전기사용계약의 명의자인 기존 사용자가 납부할 수 밖에 없다.**(아래 판례 참조)**

> **울산지방법원 2014. 7. 23. 선고 2014나10021 판결 (확정)**
>
> ① 이 사건 전기사용계약에 따라 계약 내용으로 삼기로 한 전기공급약관 별지 1-1호 내지 1-3호 서식에 의하면, 전기사용신청은 실제 사용자 명의로 신청하며, 매매(임대차) 등으로 전기사용계약자가 변경되는 경우에는 그 변경내용을 14일 이내에 한전에 통지하도록 되어 있는 점.....(중략).....④ 설령 피고(甲)가 2010. 3. 26. 乙, 丙에게 이 사건 모텔을 인도했다고 하더라도 피고(甲)는 그로부터 14일 이내에 원고(한전)에게 전기사용계약자 명의변경신청을 하지 않아 이를 원고(한전)에게 대항할 수 없는 점 등에 비추어 보면, 피고(甲)는 원고(한전)에게 이 사건 전기사용계약에 따라 전기요금을 납부할 의무가 있다고 봄이 상당하다.

구 전기공급약관 시행세칙은 사용자 변경이 있었음에도 명의변경을 신청하지 않는 경우 실제 사용자와 한전간에 전기사용계약 관계가 성립한 것으로 본다는 규정을 두었으나, 계약 명의자가 바뀌지 않은 이상 실제 사용자와 한전 간 전기사용계약이 체결된 것으로 보는 것은 문제가 있었다.(아래 판례 참조) 이에 현행 시행세칙은 해당 부분을 삭제하였다.(아래 구 전기공급약관 시행세칙 참조)

[구 전기공급약관 시행세칙 제6조 제3항]

> 사용자의 변경이 있었음에도 명의변경 신청을 하지 않고 이전 사용자 명의로 계속하여 전기를 사용하는 경우에는 실제 사용자와 한전간에 전기사용계약 관계가 성립한 것으로 보아 한전은 실제 사용자로 명의를 변경토록 요청할 수 있으며, 고객은 이에 협조해야 한다. 이때 고객이 협조하지 않는 경우 한전은 실사용자에게 약관 제79조(요금의 보증)에 따라 보증 조치를 요구할 수 있다.

> **인천지방법원 2011가단92960 (인천지방법원 2012나31734 항소기각 확정)**
>
> 비록 전기공급약관의 시행을 위해 한국전력공사가 마련한 전기공급약관 시행세칙 제6조 제3항에서는 사용자의 변경이 있었음에도 명의변경 신청을 하지 않고 이전 사용자 명의로 계속하여 전기를 사용하는 경우 실제 사용자와 한전간에 전기사용계약이 체결된 것으로 본다고 규정되어 있으나, 위 법리와 위 시행세칙 제6조 제3항 전체 규정내용 및 관련 규정들을 종합하여 보면 사실상의 전기사용행위만으로 한국전력공사와 실제 사용자간의 전기사용계약이 체결된 것으로 간주된다고 할 수 없고 실제 사용자가 한국전력공사의 전기공급약관을 승인하거나 한국전력공사와 명시적으로 계약을 체결하는 별도의 행위가 필요하다고 봄이 상당하다.

새로운 사용자가 기존 사용자의 동의 없이 '매매 등'으로 인한 명의변경을 신청하여 명의변경이 이루어졌고, 기존 사용자가 명의변경에 대해 이의를 제기하고 있다면 위와 같은 일방적 신청에 의한 명의변경이 적법한지 문제된다. 이에 대해 하급심은 한전이 제반 사정을 고려하여 전기사용계약 목적에 부합하는 조치로써 명의변경을 하였다면 적법하다고 판단하였다.

수원지방법원 평택지원 2009. 4. 2.선고 2008가합490판결(확정)

원고(A주식회사)는 2005. 5. 25. B로부터 위 연립주택 3개 동의 신축공사(이하 '이 사건 공사'라 한다)를.....(중략).....수급하고.....(중략).....이 사건 공사부지에는 B를 사용자로 하여 임시전력이 공급되고 있었는데 원고(A주식회사)는 2006. 3. 29. 이 사건 공사의 수급인임을 내세워 피고(한전)에게 위 임시전력의 대표자 명의를 B에서 원고(A주식회사)로 변경하여 줄 것을 신청하였고.....(중략).....그 후 이 사건 공사부지는 위 경매절차에서 甲에게 매각되었고, 2006. 12. 28. 甲, 乙의 공동명의로 소유권이전등기가 마쳐졌다. 주식회사C(이하 'C')은 2008. 1. 7. 甲으로부터 이 사건 공사를.....(중략).....수급하고.....(중략).....피고(한전)로부터 사용자 명의변경을 받았다.....(중략).....B 등의 공사도급계약 해제의 의사표시가 담긴 위 내용증명과 위 공사도급계약서 등이 사건 공사의 새로운 수급인임을 증명하는 자료를 첨부하여 같은 항 기재와 같이 피고(한전)에게 다시 이 사건 전기사용계약의 명의변경을 신청한 사실.....(중략).....피고(한전)의 기본공급약관 관련규정에 비추어 볼 때 건축공사를 위하여 공급되는 임시전력의 사용자는 건축주 또는 그로부터 공사를 수급한 수급인이라 할 것인데, 건축주였던 B 등이 원고(A주식회사)에게 공사도급계약의 해제를 통지하였고, 그 후 C이(가) 이 사건 공사부지의 소유권을 취득한 甲으로부터 이 사건 공사를 새로이 수급하였으므로, 더 이상 원고(A주식회사)를 이 사건 공사의 수급인으로 보기는 어려운 데다가(건축허가서상 시공자가 여전히 원고 명의로 남아 있다 하여 달리 볼 것은 아니다), 위 건축주 명의도 B 등에서 C, 丙, 甲으로 변경된 점.....(중략).....피고(한전)가 이 사건 공사부지의 소유권변동 및 이 사건 공사의 수급인변경, 이 사건 공사의 진행상황 및 임시전력의 사용현황, 전기요금의 실제 납부자 등 제반사정을 모두 참작하여 이 사건 전기사용계약의 사용자 명의를 C로 변경한 것은 이 사건 전기사용계약의 목적에 부합하는 조치를 취한 것으로서 그것이 피고(한전)가 계약상 의무를 위반한 행위를 한 것이라고 보기는 어렵고, 달리 이를 인정할 만한 증거가 없다.

2) '상속·합병 등'으로 인한 명의변경신청

'상속·합병 등'의 경우 구고객의 권리·의무는 신고객에게 포괄적으로 승계된다. 따라서 상속·합병 발생 후 명의변경이 되지 않았더라도 상속인, 합병후 회사(분할합병시 합병 후 회사가 전기요금채무를 인수하지 않은 경우 등은 제외)는 전기사용계약상의 의무(요금 납부의무)를 부담한다. 그렇기 때문에 '상속·합병 등'을 이유로 한 명의변경신청은 단지 절차상의 문제라 볼 수도 있다. 그러나 상속권자가 상속을 포기하였다면 후순위 상속권자가 전기요금 납부의무를 부담하므로,**(민법 제1000조 제1항)** 명의변경절차를 통해 요금납부 의무자(후순위 상속권자)를 명확하게 확정할 필요는 있다.

(3) 한전에게 명의변경 요청의무가 있는지 여부

전기사용계약자의 변경이 있다면, 한전은 새로운 사용자에게 전기사용계약자를 변경하도록 요청할 수 있다.**(전기공급약관 시행세칙 제6조 제3항)** 그러나 전기사용계약자의 변경이 있는 경우 한전에게 반드시 명의변경을 요청해야 할 의무가 있는 것은 아니다. 명의변경은 계약당사자의 사적자치(私的自治) 영역에 속하기 때문이다. 아래 하급심 역시 동일한 취지이다.

인천지방법원 2013. 12. 3. 선고 2012나31734 판결 (항소기각 확정)

원고(한전)의 직원이 이 사건 해수탕의 실제 운영자 및 이 사건 건물의 소유자가 변경되었음을 확정적으로 알았다고 보기 어려운 점 및 설령 알았다 하더라도 명의변경을 요청할 의무가 있다고 어려운 점은 앞서 본 바와 같고, 단전조치나 보증금의 예치 등은 전기요금 추심업무를 용이하게 하기 위하여 원고(한전)가 취할 수 있는 조치일 뿐 원고(한전)에게 위와 같은 조치를 취하여야 할 의무가 있다고 보기 어렵다.

---

(4) 명의변경 후 명의회복

전기사용계약의 명의자가 새로운 사용자로 변경되었음에도, 기존 사용자가 명의변경의 하자를 주장하면서 종전대로 전기사용계약을 자신의 명의로 해야한다는 민원이 실무상 종종 발생한다. 이와 같은 민원(명의회복 민원)은 계약명의자가 계약해지권을 행사할 수 있다는 점에서 비롯된다.**(전기공급약관 제13조 제1항)** 즉, 기존 사용자는 전기사용계약의 명의를 본인 명의로 변경(명의회복)한 후 전기사용계약을 해지할 수 있기 때문에, 기존 사용자는 이를 무기로 내세워 현재 영업 중인 새로운 사용자와의 내부적 분쟁을 신속히 해결하려고 하는 것이다.

기존 사용자 명의로 명의변경(명의회복)을 하기 위해서는 새로운 사용자와 한전 사이에 체결된 전기사용계약이 취소되거나 해지되어야 한다. 그런데 새로운 사용자가 명의회복에 반대하고 있다면, 새로운 사용자의 자발적인 전기사용계약 해지는 기대하기 어렵다. 따라서 명의회복을 위해 한전이 새로운 사용자와 체결한 전기사용계약을 취소할 수 있는지가 문제된다. 이 경우 새로운 사용자로 명의변경한 것이 착오에 기인한 것이라면, 한전은 민법 제109조에 따라 새로운 사용자와의 전기사용계약을 취소할 수 있다.

[민법 제109조 제1항]
 **의사표시는 법률행위의 내용의 중요부분에 착오가 있는 때에는 취소할 수 있다.
 그러나 그 착오가 표의자의 중대한 과실로 인한 때에는 취소하지 못한다.**

그러나 앞서 살펴본 아래의 수원지방법원 판시내용을 참조하면, 계약 목적에 부합하는 조치로써 명의회복이 이루어진 경우 새로운 사용자의 반대 여부와 관계 없이 위와 같은 명의회복 조치는 적법한 것이다. 따라서 새로운 사용자의 명의회복 반대에도 불구하고 제반 사정을 고려하여 명의회복이 이루어졌다면, 새로운 사용자는 이를 이유로 한전의 계약상 의무 위반을 주장할 수는 없다.

원고(A주식회사)는 2005. 5. 25. B로부터 위 연립주택 3개 동의 신축공사(이하 '이 사건 공사'라 한다)를.....(중략).....수급하고.....(중략).....이 사건 공사부지에는 B를 사용자로 하여 임시전력이 공급되고 있었는데 원고(A주식회사)는 2006. 3. 29. 이 사건 공사의 수급인임을 내세워 피고(한전)에게 위 임시전력의 대표자 명의를 B에서 원고(A주식회사)로 변경하여 줄 것을 신청하였고.....(중략).....그 후 이 사건 공사부지는 위 경매절차에서 甲에게 매각되었고, 2006. 12. 28. 甲, 乙의 공동명의로 소유권이전등기가 마쳐졌다. 주식회사C(이하 'C')은 2008. 1. 7. 甲으로부터 이 사건 공사를.....(중략).....수급하고.....(중략).....피고(한전)로부터 사용자 명의변경을 받았다.....(중략).....B 등의 공사도급계약 해제의 의사표시가 담긴 위 내용증명과 위 공사도급계약서 등 이 사건 공사의 새로운 수급인임을 증명하는 자료를 첨부하여 같은 항 기재와 같이 피고(한전)에게 다시 이 사건 전기사용계약의 명의변경을 신청한 사실.....(중략).....피고(한전)의 기본공급약관 관련규정에 비추어 볼 때 건축공사를 위하여 공급되는 임시전력의 사용자는 건축주 또는 그로부터 공사를 수급한 수급인이라 할 것인데, 건축주였던 B 등이 원고(A주식회사)에게 공사도급계약의 해제를 통지하였고, 그 후 C이(가) 이 사건 공사부지의 소유권을 취득한 甲으로부터 이 사건 공사를 새로이 수급하였으므로, 더 이상 원고(A주식회사)를 이 사건 공사의 수급인으로 보기는 어려운 데다가(건축허가서상 시공자가 여전히 원고 명의로 남아 있다 하여 달리 볼 것은 아니다), 위 건축주 명의도 B 등에서 C, 丙, 甲으로 변경된 점.....(중략).....피고(한전)가 이 사건 공사부지의 소유권변동 및 이 사건 공사의 수급인변경, 이 사건 공사의 진행상황 및 임시전력의 사용현황, 전기요금의 실제 납부자 등 제반사정을 모두 참작하여 이 사건 전기사용계약의 사용자 명의를 C로 변경한 것은 이 사건 전기사용계약의 목적에 부합하는 조치를 취한 것으로서 그것이 피고(한전)가 계약상 의무를 위반한 행위를 한 것이라고 보기는 어렵고, 달리 이를 인정할 만한 증거가 없다.

(5) 공유 건물의 경우

1) 일반적인 경우

임차인(세입자)이 전기공급약관 제12조의 명의변경을 신청하는 경우, 전기공급약관 제8조 제3항(소유자 동의에 관한 조항) 역시 적용되므로, 임차인은 반드시 소유자의 동의를 얻어 명의변경을 신청해야 한다. 여기에서의 소유자 동의는 민법 제265조의 공유자 지분의 과반수의 동의를 말한다.

[민법 제265조]

공유물의 관리에 관한 사항은 공유자의 지분의 과반수로써 결정한다. 그러나 보존행위는 각자가 할 수 있다.

왜냐하면 전기사용신청 및 변경신청은 건물(공유물)의 관리방법과 관련이 있으므로, 공유물 관리방법에 관한 민법 제265조가 적용되어야 하기 때문이다. 만약 甲,乙,丙,丁(각 1/4지분)이 건물을 공유하는 경우 임차인이 전기사용신청 또는 명의변경신청을 하기 위해서는 공유자 지분의 과반수 즉, 최소한 甲,乙,丙의 동의(총 3/4지분)를 받아야 한다.**(공유 건물의 임차인은 공유자 지분의 과반수 동의서를 첨부하여 명의변경을 신청해야 한다)**

그런데 여기서 공유자는 소유권이전등기(공유지분이전등기)를 경료한 자를 의미하는 것이므로,**(각주: 민법 제186조)** 위 사례에서 甲으로부터 1/4 공유지분을 매수한 A가 甲에게 매매대금을 지급하였으나 아직 이전등기를 경료하지 못하였고 乙로부터 1/4 공유지분을 매수한 B 역시 乙에게 매매대금을 지급하였으나 아직 이전등기를 경료하지 못하였다면 공유자 지분의 과반수 동의를 받아야 하는 대상은 A,B,丙,丁이 아닌 甲,乙,丙,丁이다. 따라서 공유 건물의 임차인인 새로운 사용자는 甲,乙,丙,丁 지분의 과반수 동의를 얻어, 전기사용신청을 하거나 변경신청(명의변경신청 등)을 할 수 있다.

만약 공유자 중 1인이 공유자 지분의 과반수 동의를 얻지 못한 채 공유물를 관리하였다면, 그 관리방법은 유효하다고 볼 수 없다.**(아래 판례 참조)** 따라서 공유 건물의 임차인이 공유자 중 1인과 임대차계약을 체결하는 경우나 기존의 전기사용계약을 변경(명의변경 등)하는 경우, 민법 제265조의 공유자 지분의 과반수 동의를 얻어야 한다.

> **대법원 2010. 9. 9. 선고 2010다37905 판결**
>
> 공유자가 공유물을 타인에게 임대하는 행위 및 그 임대차계약을 해지하는 행위는 공유물의 관리행위에 해당하므로 민법 제265조 본문에 의하여 공유자의 지분의 과반수로써 결정하여야 하는바(대법원 1962.4.4. 선고 62다1판결 등 참조), 상가건물 임대차보호법이 적용되는 상가건물의 공유인 임대인이 같은 법 제10조 제4항에 의하여 임차인에게 갱신 거절의 통지를 하는 행위는 실질적으로 임대차계약의 해지와 같이 공유물의 임대차를 종료시키는 것이므로, 공유물의 관리행위에 해당하고, 따라서 공유자의 지분의 과반수로써 결정하여야 한다. 원심판결 이유에 의하면, 상가인 이 사건 건물의 공유자로서 임대인 중 1인인 원고가 피고들과의 각 임대차계약에 관하여 갱신거절의 의사를 표시하였음을 들어 피고들의 각 임차 부분의 명도를 청구하는 원고의 이 사건 청구에 대하여, 원심은, 원고는 이 사건 건물의 1/2지분권자에 불과하고 위 갱신거절에 관하여 나머지 1/2지분권자인 소외인이 동의하였음을 인정할 증거가 없으므로 원고의 갱신거절의 의사표시가 유효하다고 볼 수 없다는 이유로 원고의 청구를 배척하였는바, 원심의 이러한 판단은 앞서 본 법리에 비추어 정당하여 수긍이 가고, 거기에 상고이유에서 주장하는 바와 같은 상가건물 임대차보호법상의 묵시의 갱신 또는 공유물의 관리행위에 관한 법리를 오해한 잘못이 없다.

2) 신축과 증축의 경우

신축·증축된 건물의 임차인(세입자)이 전기사용계약자의 변경을 신청하는 경우, 전기공급약관 제8조 제3항의 소유자 동의를 누구로부터 받아야 하는지 문제된다.

건물 신축의 경우, 원칙적으로 신축이 완료된 시점을 기준으로 건축재료의 전부 또는 중요부분을 제공한 자가 소유권이전등기나 건축허가명의와 관계없이 소유권을 원시취득한다.(원시취득은 매매와 같이 타인이 가지고 있던 기존의 권리가 승계되어 다른 사람에게 권리가 생기는 것과 달리, 어떤 권리가 타인의 권리에 기함이 없이 특정인에게 새로이 발생하는 것을 말한다(지원림, '민법강의', 홍문사, 2009년, 165면)) 그러나, 도급인(쉽게 말해 건물주를 말한다)과 수급인(쉽게 말해 공사업체를 말한다) 사이에 도급인 명의로 건축허가를 받아 소유권보존등기를 하기로 하는 등 완성된 건물의 소유권을 도급인에게 귀속시키기로 합의한 것으로 볼 수 있는 경우에는 그 건물의 소유권은 도급인에게 원시적으로 귀속된다.(아래 판례 참조) 따라서 이러한 경우 임차인은 도급인으로부터 소유자 동의를 받아 명의변경을 신청해야 한다.

대법원 1997. 5. 30. 선고 97다8601 판결

일반적으로 자기의 노력과 재료를 들여 건물을 건축한 사람은 그 건물의 소유권을 원시취득하는 것이고, 다만 도급계약에 있어서는 수급인이 자기의 노력과 재료를 들여 건물을 완성하더라도 도급인과 수급인 사이에 도급인 명의로 건축허가를 받아 소유권보존등기를 하기로 하는 등 완성된 건물의 소유권을 도급인에게 귀속시키기로 합의한 것으로 보여질 경우에는 그 건물의 소유권은 도급인에게 원시적으로 귀속되나, 단지 채무의 담보를 위하여 채무자가 자기 비용과 노력으로 신축하는 건물의 건축허가 명의를 채권자 명의로 하였다면 이는 완성될 건물을 담보로 제공하기로 하는 합의로서 법률행위에 의한 담보물권의 설정에 다름 아니므로, 완성된 건물의 소유권은 일단 이를 건축한 채무자가 원시적으로 취득한 후 채권자 명의로 소유권보존등기를 마침으로써 담보목적의 범위 내에서 채권자에게 그 소유권이 이전된다고 보아야 한다.

건물 증축의 경우, 부합의 법리가 적용된다.

[민법 제256조]
부동산의 소유자는 그 부동산에 부합한 물건의 소유권을 취득한다. 그러나 타인의 권원에 의하여 부속된 것은 그러하지 아니하다.)

따라서 ① 증축된 부분이 '독립성'이 있고,('독립성'은 부동산에 부합된 물건이 사실상 분리복구가 가능한 상태를 말한다(대법원 1985. 12. 24. 선고 84다카2428 참조)) ② 동시에 타인이 '독립한 권원'에 터잡아 증축을 하였다면, 증축된 부분의 소유권은 증축한 자에게 귀속된다(아래 판례 참조). ('독립된 권원'은 부동산의 점유나 이용권한 일반을 지칭하지 않고, 타인의 부동산에 다른 물건을 부속시켜서 그 부동산을 이용할 수 있는 권리, 즉 지상권·전세권·임차권을 가리킨다(김민중, '타인의 권원에 의하여 부속시킨 물건의 소유권귀속관계',로앤비,2008.7.26.,2면 참조)) 만약 위 ①, ② 요건을 모두 만족하지 못하였다면, 증축된 부분의 소유권은 기존의 건물 소유자에게 귀속된다. 따라서 이 경우 임차인은 기존의 소유자로부터 동의를 얻어 명의변경을 신청해야 한다.

대법원 2008. 5. 8. 선고 2007다36933 판결

부동산에 부합된 물건이 사실상 분리복구가 불가능하여 거래상 독립한 권리의 객체성을 상실하고 그 부동산과 일체를 이루는 부동산의 구성부분이 된 경우에는 타인이 권원에 의하여 이를 부합시켰더라도 그 물건의 소유권은 부동산의 소유자에게 귀속된다.

---

(6) 아파트의 경우(입주자대표회의에서 관리사무소·관리사무소장으로의 명의변경)

입주자대표회의에서 전기사용계약의 명의자를 관리사무소 또는 관리사무소장으로 변경하였다면, 관리사무소·관리사무소장이 전기사용계약의 당사자로서 한전에 대해 전기요금 납부의무가 있는지 문제된다. 그런데 관리사무소는 일정한 장소를 뜻하는 것에 불과하므로 권리·의무의 주체가 될 수 없기 때문에 전기사용계약의 당사자로 볼 수 없다. 또한, 관리사무소장 역시 입주자대표회의의 업무집행기관에 불과하기 때문에 독립된 계약 당사자로 보기 어렵다(아래 판례 참조). 따라서 전기요금 납부의무는 여전히 입주자대표회의 또는 개별 세대 전기사용자(최근 대법원은 한전이 미청구한 전기요금에 대해 입주자대표회의가 아닌 개별 세대 전기사용자에게 납부의무가 있다고 판시하였다(대법원 2007다88965 판결 참조))에게 있다.

대법원 2015. 1. 29. 선고 2014다62657 판결

구 주택법(2009. 12. 29. 법률 제9865호로 개정되기 전의 것, 이하 같다)은 자치관리로 공동주택의 관리방법을 A아파트의 경우 자치관리기구의 대표자인 관리사무소장을 관리주체로 규정하고 있고[제2조 제14호 (가)목], 구 주택법을 비롯하여 그 위임에 따른 구 주택법 시행령(2010. 3. 15. 대통령령 제22075호로 개정되기 전의 것, 이하 같다), 구 주택법 시행규칙(2010. 7. 6. 국토해양부

령 제260호로 개정되기 전의 것, 이하 같다)의 여러 조항에서 자치관리기구와 관리주체인 관리사무소장에 관하여 규정하고 있다. 즉 자치관리기구는 입주자대표회의에 의해 일정한 기술인력 및 장비를 갖추어 구성되고 입주자대표회의의 감독을 받으며(구 주택법 제43조 제4항 , 구 주택법 시행령 제53조 제1항, 제2항 및 별표 4), 자치관리기구의 대표자 내지 관리주체인 관리사무소장과 자치관리기구의 직원은 입주자대표회의에 의해 임면된다(구 주택법 제55조 제1항 , 구 주택법 시행령 제51조 제1항 제4호 , 제53조 제3항 및 제4항 , 제72조). 그리고 자치관리기구의 대표자 내지 관리주체인 관리사무소장은 입주자대표회의에서 의결한 공동주택의 관리업무 등을 집행하고 공용부분의 유지·보수 등 업무를 담당한다(구 주택법 제55조 제2항 , 구 주택법 시행령 제55조 제1항 , 구 주택법 시행규칙 제25조 , 제32조). 위와 같은 구 주택법령의 체계 및 내용과 더불어, ① 자치관리기구의 대표자인 관리사무소장을 비롯한 그 직원들은 입주자대표회의와 관계에서 피용자의 지위에 있음을 감안할 때 자치관리기구가 일정한 인적 조직과 물적 시설을 갖추고 있다는 것만으로 단체로서의 실체를 갖춘 비법인사단으로 볼 수 없는 점, ② 구 주택법령과 그에 따른 관리규약에서 관리주체인 관리사무소장으로 하여금 그 명의로 공동주택의 관리업무에 관한 계약을 체결하도록 하는 등 일정 부분 관리업무의 독자성을 부여한 것은, 주택관리사 또는 주택관리사보의 자격을 가진 전문가인 관리사무소장에 의한 업무집행을 통하여 입주자대표회의 내부의 난맥상을 극복하고 공동주택의 적정한 관리를 도모하기 위한 취지일 뿐, 그러한 사정만으로 관리주체인 관리사무소장이라는 지위 자체에 사법상의 권리능력을 인정하기는 어려운 점 등을 종합하면, 구 주택법에 따라 자치관리로 공동주택의 관리방법을 A아파트에 있어서 자치관리기구 및 관리주체인 관리사무소장은 비법인사단인 입주자대표회의의 업무집행기관에 해당할 뿐 권리·의무의 귀속주체로 볼 수 없다. 따라서 자치관리기구의 대표자 내지 관리주체인 관리사무소장이 구 주택법령과 그에 따른 관리규약에서 정한 공동주택의 관리업무를 집행하면서 체결한 계약에 기한 권리·의무는 비법인사단인 입주자대표회의에게 귀속된다고 할 것이고, 그러한 계약의 당사자는 비법인사단인 입주자대표회의라고 보아야 한다.

(7) 집합건물의 임시관리인

집합건물에서 관리인 선임을 위한 관리단집회 결의를 소집할 수 없는 사정이 있다면 구분소유자들은 법원에 건물 관리 등을 위해 임시관리인 선임가처분신청을 할 수 있다(아래 **서울중앙지방법원 결정 참조**). 그런데 법원이 가처분 인용결정을 하여 임시관리인을 선임하면서도 임시관리인의 업무 범위를 설정하지 않았다면, 임시관리인은 관리인집회결의를 통해 적법하게 선임된 관리인과 동일한 권한을 가진다고 보아야 한다(아래 **대구고등법원 결정 참조**). 따라서 임시관리인은 전기사용계약의 명의변경신청을 할 수 있다.(**집합건물법 제25조 제1항**)

서울중앙지방법원 2013. 2. 5. 자 2012비합53 결정(재항고기각 확정)

기록에 의하면, 신청인들은 서울 중구 ○외 12 필지 A빌딩(이하 'A상가'라고 한다)의 구분소유자인 사실, 사건본인은 집합건물의 소유 및 관리에 관한 법률에 따라 A상가의 구분소유자 전원을 구성원으로 하는 관리단인 사실, 사건본인은 성립 이후 관리단집회의 결의 또는 구분소유자의 5분의 4 이상 및 의결권 5분의 4 이상의 서면합의를 통해 관리인을 선임한 적이 없는 사실 A상가 개발조합과 수분양자 사이의 분양계약서(제12조 또는 제14조) 기재와 일부 수분양자들이 주식회사 B에 제출한 확약서 기재만으로는 주식회사 B을 집합건물의 소유 및 관리에 관한 법률상 관리인으로 선임하는 것에 대한 서면합의가 있었다고 보기 어렵다)을 각 인정할 수 있는바, 현재 사건본인의 관리인이 없고, 이러한 상태가 장기간 계속될 경우 사건본인에게 손해가 생길 염려가 있다고 보이므로, 사건본인의 임시관리인을 선임할 필요성이 인정된다. 그렇다면, 신청인들의 이 사건 신청은 이유 있으므로 이를 인용하기로 하여 사건본인의 임시관리인으로 변호사 甲을 선임하고, 임시관리인의 보수를 월 3,000,000원으로 정하되, 사건본인이 이를 지급하는 것으로 하여 주문과 같이 결정한다.

대구고등법원 1976. 6. 28. 76파1 결정(확정)

甲외 6명이 신청인이 되어 사단법인 A외 7명을 상대로 한 대구고등법원 75라 7 총회결의효력정지 가처분사건에 관하여 동 법원이 1976.5.25. 대구지방법원 75가합8 총회결의무효확인 청구사건 본안판결 확정시까지 피신청인 乙은 사단법인 A 경북지부 이사장의 직무집행을 정지하고, 위 직무집행정지기간중 대구변호사회소속 변호사 丙으로 하여금 그 이사장의 직무를 대행케한다는 내용의 가처분결정을 하였는바 일반적으로 가처분의 재판으로서 법인의 대표자의 직무집행을 정지하고, 그 대행자를 선임한 경우에 그 대행자의 권한에 관하여 가처분재판자체에 어떠한 제한이 설정되어 있지 않는 한 당해 대행자는 본래의 대표자와 동일한 권한을 가진다고 봄이 상당하다. 그런데 다만 상법 제408조의 규정에 의하면 " 같은법 제407조 의 직무대행자는 가처분명령에 다른 정함이 있는 경우외에는 회사의 상무에 속하지 아니한 행위를 하지 못한다. 그러나 법원의 허가를 얻은 경우에는 그러하지 아니하다."라고 되어 있고, 그 허가에 관한 절차는 비송사건절차법 제149조 에 규정되어 있으나 위 각 규정은 주식회사에 관한 특별한 규정으로서 이를 특히 준용한다는 명문의 규정(예컨대 상법 제542조 , 동법 제567조 등)이 있는 경우를 제외하고는 이를 일반적인 원칙으로서 적용되어야 할 성질의 것은 아니라고 할 것이고 이건 사단법인 A 도로운송차량법에 의하여 설립된 사단법인으로서 동법 제45조 제6항 의 규정에 의하면 "사단법인 A에 관하여 이 법에 규정하는 것외에는 민법중 사단법인에 관한 규정을 준용한다."라고만 되어 있을뿐 상법의 규정을 이에 준용한다는 규정은 찾아볼 수 없으므로 상법 제408조 , 비송사건절차법 제149조 는 이건의 경우에 준용될 수 없는 규정들이라고 할 것이다. 그렇다면 상법 제408조 및 비송사건절차법 제149조 의 준용이 없고, 이사장 직무대행자의 권한에 관하여 가처분재판 자체에 하등의 제한이 없는 이 사건에 있어 그 직무대행자인 변호사 丙은 본래의 이사장인 乙과 동일한 권한을 가진다고 할 것이고, 기록에 철해져 있는 위 법인의 정관에 의하면, 동 법인 경북지부 이사장은 위 정관 제39조 , 제49조 , 제28조 에 의하여 대의원 및 임원의 선출을 위한 각급별 회원총회와 지부임시총회를 법원의 허가 없이 소집할 수 있음을 엿볼 수 있으므로 신청인의 이건 신청은 결국 법원의 허가사항이 되지못하는 것을 허가사항으로 생각하고 한 것으로서 부적법한 것이라 할 것이다.

Ⅵ. 고객의 요청에 따른 전기사용계약의 해지

전기공급약관 제13조 (고객의 요청에 따른 전기사용계약의 해지)

① 고객이 전기사용계약을 해지하고자 할 때는 해지희망일을 정해 1일전까지 한전에 알려야 하며, 한전은 원칙적으로 해지희망일에 공급을 끝내기 위한 조치를 합니다. 다만, 고객의 책임으로 해지희망일에 공급을 끝내기 위한 조치를 하지 못할 경우에는 그 조치를 완료한 날에 전기사용계약이 해지됩니다.

② 소유자는 전기사용자의 동의를 얻어야 전기사용계약의 해지를 신청할 수 있습니다. 이 때 전기사용자가 계속하여 전기를 사용하고자 할 경우에는 제79조(요금의 보증)에 따라 전기요금에 대한 보증조치를 해야 합니다.

③ 이사, 설비변동 등으로 전기사용계약의 해지 또는 계약전력 일부를 감소시키는 사유가 명확할 경우 제8조 제3항에도 불구하고 전기사용자는 소유자의 동의 없이 전기사용계약의 해지를 신청할 수 있습니다.

전기공급약관 제14조 (고객의 요청에 따른 계약전력의 감소)

고객의 요청에 따라 계약전력을 감소시킬 경우에는 제13조(고객의 요청에 따른 전기사용계약의 해지)에 준하여 처리합니다.

1. 개설(槪說)

(1) 문서신청

전기사용자의 요청에 의한 전기사용계약 해지는 원칙적으로 해지 희망일 전일까지 문서로 이루어져야 한다.**(전기공급약관 시행세칙 제7조**

제1항) 다만, 건물 철거로 인한 전기사용계약 해지의 경우 전기사용자는 구두 또는 전화로 신청할 수 있다.(**전기공급약관 시행세칙 제4조 제2항 제4호**)

(2) 해지일(解止日)

전기사용자가 해지희망일을 정해 1일 전까지 한전에게 통지한 경우 전기사용계약은 해지희망일에 해지된다. 실무상 한전의 책임으로 해지시공이 지연된 경우에는 전기사용자가 신청한 해지희망일에 해지된 것으로 보고 있다. 전기사용자의 부재 등의 사유로 해지희망일에 한전이 공급을 끝내기 위한 조치를 하지 못 할 경우에는 그 조치를 완료한 날에 전기사용계약이 해지된 것으로 본다.

[전기공급약관 시행세칙 제7조 제3항]

약관 제13조(고객의 요청에 따른 전기사용계약의 해지) 제1항 단서의 "고객의 책임"이란 고객의 부재나 노사분규 등 고객의 사정으로 한전직원이 전기사용장소에 출입하는 것이 곤란한 경우를 말한다.

한편, 고객이 희망해지일을 정하지 않고 전기사용계약의 해지를 요청한 경우 해지요청 접수일로부터 1일이 경과한 날에 전기사용계약은 해지된다.(**전기공급약관 시행세칙 제7조 제2항**)

(3) 소유자의 해지신청

전기사용자(세입자 등)와 소유자(건물주 등)가 다른 경우, 전기사용계약의 명의자(당사자)는 전기사용자이다. 따라서 소유자는 전기사용자의 동의를 얻지 않는 한, 전기사용계약을 해지할 수 없다. 다만, 소유자가 전기사용계약 해지를 요구한 경우, 전기사용자는 자신의 전기요금에 대해 보증조치를 취해야만 계속 전기를 사용할 수 있다.

한편, 소유자의 전기사용계약 해지요청은 소유권에 기한 방해배제청구권 행사와 관련이 있다.

[민법 제214조]

소유자는 소유권을 방해하는 자에 대하여 방해의 제거를 청구할 수 있고 소유권을 방해할 염려있는 행위를 하는 자에 대하여 그 예방이나 손해배상의 담보를 청구할 수 있다.

이 경우 임차인인 전기사용자는 임대차계약이 아직 유효하여 소유자가 전기사용계약을 해지할 수 없다는 항변을 할 수 있다. 설사 임대차계약이 종료되었다 하더라도 법원의 판결·집행에 의하지 않은 자력구제(自力救濟)는 허용되지 않으므로, 소유자가 임대차 종료를 이유로 직접 단전(斷電)하거나 한전 직원이 소유자의 요청에 따라 단전할 수 없다. 이를 위반하는 경우, 소유자 또는 한전 직원은 업무방해죄 등의 형사책임을 질 수 있다.

[형법 제314조 제1항]

제313조의 방법 또는 위력으로써 사람의 업무를 방해한 자는 5년 이하의 징역 또는 1천500만원 이하의 벌금에 처한다.

(4) 전기사용자의 해지신청

전기사용자와 소유자가 다른 경우, 전기사용자가 전기사용계약을 해지하기 위해서는 전기공급약관 제8조 제3항의 소유자 동의를 얻어야 한다. 그러나 전기사용계약 해지 또는 계약전력 일부 감소에 대해 소유자가 명백히 동의할 것으로 보이는 객관적 사정(이사, 설비 변동 등의 사유)이 있다면, 전기사용자는 소유자의 동의 없이도 전기사용계약을 해지할 수 있다.**(개정 전기공급약관(2018. 1. 1. 시행)은 제13조 제3항을 신설하여 이사 등의 사유가 있는 경우 전기사용자가 소유자 동의 없이 전기사용계약을 해지할 수 있도록 하였다)** 나아가, 위와 같은 경우 재사용자는 재사용수수료 납부의무가 면제된다.

[전기공급약관 제46조 제2항]

제1항에 따라 전기사용계약이 해지 또는 휴지되거나 전기공급이 정지된 장소에서 전기를 다시 공급받는 고객은 재사용수수료를 납부해야 합니다. 다만, 다음의 경우에는 그렇지 않습니다.
1. 전류제한기를 철거한 후 정상 공급하는 주거용 주택용전력의 경우
2. 제13조 제3항에 따라 전기사용을 해지하거나 계약전력을 일부 감소시킨 고객이 아닌 다른 고객이 해지 후 1년 이내에 동일한 전기사용장소에서 동일한 조건으로 전기를 재사용하는 경우

(5) 일부 해지의 경우

전기사용자의 요청으로 계약전력을 감소시키는 경우에도 전기공급약관 제13조가 적용된다.(**전기공급약관 제14조**) 왜냐하면 계약전력의 감소는 일부해지이며 일부해지 역시 해지에 관한 일반조항(**전기공급약관 제13조**)이 적용되어야 하기 때문이다.

Ⅶ. 고객의 책임으로 인한 전기사용계약의 해지

전기공급약관 제15조 (고객의 책임으로 인한 전기사용계약의 해지)
① 한전은 고객이 요금을 납기일부터 2개월이 되는 날까지 납부하지 않을 경우에는 전기사용계약을 해지할 수 있습니다. 이때 한전은 해지예정일 7일전까지 고객에게 해지를 예고하고 요금납부를 최고합니다. 다만, 주거용인 주택용전력 고객에 대하여는 해지를 하지 않고 전류제한기를 설치하여 전기공급을 제한할 수 있습니다.
② 한전은 제45조(고객의 책임으로 인한 공급의 정지)에 따라 전기공급이 정지된 고객이 정지일부터 10일 이내에 그 사유를 해소하지 않을 경우에는 전기사용계약을 해지할 수 있습니다.
③ 한전은 전기공급 대상 목적물이 없어졌거나, 전기사용자가 없어 전기를 사용하지 않고 있는 것이 분명할 경우 또는 주택용전력 이외의 고객으로서 부도 등으로 전기요금 납부가 불가능한 경우에는 공급을 끝내기 위한 조치를 완료한 후 전기사용계약을 해지할 수 있습니다.

1. 개설(槪說)

(1) 전기요금 연체의 경우

1) 해지유예기간과 해지일자

전기사용자가 요금 납기일로부터 2개월이 되는 날까지 요금을 납부하지 않은 경우, 한전은 전기사용계약을 해지할 수 있다. 다만, 한전은 절차적으로 해지예정일 7일 전까지 고객에게 해지를 예고하고 요금납부를 최고(催告)해야 한다. 전기공급약관이 이와 같이 해지유예기간과 해지예고제도를 마련한 이유는 일상생활에서 전기사용이 필수적인 요소인 만큼 전기사용자의 경제적 사정을 고려하여 충분한 요금납부기회를 제공하기 위해서이다.

한편, 전기요금 연체에 따른 전기사용계약의 해지일자는 요금납기일부터 2개월 경과한 후 한전이 실제 전기공급을 정지한 날이다.**(전기공급약관 시행세칙 제8조 제1항)** 이점에서 전기사용자의 요청에 의한 전기사용계약 해지(해지희망일=해지일)와 차이가 있다.

2) 주거용인 주택용전력의 경우

전기란 기본적인 의식주 생활을 영위하기 위한 필수적 요소이며, 주거용 주택용전력의 전기사용자에게는 더욱 그러하다. 따라서 한전은 전기요금을 체납한 전기사용자(주거용인 주택용전력)에 대해, 단전(斷電) 대신 전류제한기를 설치하여 전기공급을 제한하고 있다. 또한 실무상 전기요금을 체납한 전기사용자는 최대 6개월의 범위 내에서 전류제한기 설치의 유예를 신청할 수 있다. 그런데 한전이 전류제한기 설치를 유예하였더라도, 전기사용자의 미납된 전기요금 납부의무를 면제한 것은 아니기 때문에, 전류제한기 설치가 유예된 전기사용자는 여전히 한전에 대해 미납된 전기요금 납부의무를 부담한다.

(2) 전기공급 정지의 경우

전기공급이 정지된 전기사용자가 정지일로부터 10일 이내에 그 사유를 해소하지 않으면, 전기사용계약은 해지될 수 있다.**(각주: 전기공급약관 제15조 제2항)** 위 해지는 전기사용자에게 전기공급의 정지사유가 발생할 것을 전제로 하며, 전기공급의 정지사유는 전기요금 연체 이외의 일정한 사유(시설부담금 미납, 인입선 연결 위배 등)를 말한다.

[전기공급약관 제45조]

① 고객이 다음 중의 하나에 해당할 경우에는 그 고객에 대한 전기공급을 즉시 정지할 수 있습니다.
1. 고객의 책임으로 전기안전에 긴박한 위험이 발생한 경우
2. 고객이 전기사용장소내에 있는 한전의 전기설비를 고의로 손상하거나 망실하여 한전에 중대한 손해를 끼친 경우
3. 제34조(인입선의 연결)을 위배한 경우
4. 고객이 전기설비를 개조, 변조, 훼손 및 조작(造作)하여 부정하게 전기를 사용한 경우

② 고객이 요금 이외의 한전에 납부해야 할 금액(제79조(요금의 보증)에 따른 보증금을 포함합니다)을 지정한 날까지 납부하지 않은 경우 공급정지 7일전까지 미리 알린 후 한전은 그 고객에 대한 전기공급을 즉시 정지할 수 있습니다.

③ 고객이 다음 중의 하나에 해당하고 한전에서 그 사유의 해소를 요청해도 시정하지 않을 경우에는 그 고객에 대한 전기공급을 정지할 수 있습니다.
1. 고객의 책임으로 전기안전에 위험이 있는 경우
2. 고객의 고의나 중대한 과실로 한전의 전기공급을 방해하거나 방해할 우려가 있는 경우
3. 고객이 한전과 계약한 사용설비 및 변압기설비 이외의 설비로 전기를 사용한 경우
4. 고객이 계약된 전기사용장소 또는 계약종별을 위반하여 전기를 사용한 경우
5. 제81조(전력사용의 휴지 등)에 따른 고객이 휴지기간에 전기를 사용한 경우
6. 고객이 제39조(전기사용에 따른 보호장치 등의 시설) 제1항에 따른 조정장치나 보호장치를 시설하지 않은 경우
7. 고객이 제40조(전기사용장소의 출입)에 따른 한전 직원의 출입을 정당한 이유없이 거절한 경우
8. 고객이 제41조(역률의 유지)에 따른 적정용량을 초과하는 콘덴서를 부설하여 진상역률이 되는 경우
9. 법령에 의하여 시·도지사 그 밖의 행정기관의 장이 전기공급의 정지를 요청하는 경우
10. 고객이 산업통상자원부장관의 전기사용의 중지 또는 제한에 따른 사항을 이행하지 않는 경우

(3) 전기사용계약을 유지할 필요성이 없는 경우

전기공급대상 목적물이 없어졌거나 전기사용자가 없는 것이 분명한 경우 또는 주택용 전력 이외의 전기사용자이면서 부도 등의 사유로 요금납부가 불가능한 경우, 한전은 전기공급을 끝내기 위한 조치를 완료한 후 전기사용계약을 해지할 수 있다.(**전기공급약관 제15조 제3항**) 이와 같이 전기공급약관이 규정된 취지는 전기사용계약을 유지

할 실익이 없는 경우, 한전이 전기사용계약을 해지할 수 있도록 규정함으로써 요금납부에 관한 불필요한 분쟁을 방지하고 나아가 한정적 자원인 전기의 효율적 관리를 도모하기 위한 것이다.

한편 전기사용계약자의 변경이 이루어졌으나 기존 사용자가 건물(전기사용장소)을 인도하지 않는 사례가 실무상 빈번히 발생한다. 이 경우 새로운 사용자가 법원의 판결에 따른 집행으로 기존 사용자가 점유하고 있던 건물(전기사용장소)를 인도받았다면, 기존 사용자는 전기사용을 하지 않을 것이 명백하기 때문에, 한전은 전기공급약관 제15조 제3항에 따라 기존 사용자와의 전기사용계약을 해지할 수 있다.

(4) 해지의 보류

주한외국기관 등이 전기요금을 연체한 경우, 한전은 주한외국기관 등과 협의한 내용에 따라 전기사용계약의 해지를 보류할 수 있다. 그러나 주한외국기관 외의 전기사용자에 대해서는 연대보증계약 체결 등을 통해 채무이행이 확보된 경우에만 해지를 보류할 수 있다.

[전기공급약관 시행세칙 제8조 제2항]
한전은 다음 각 호의 어느 하나에 해당하는 경우에는 전기사용계약 해지를 보류할 수 있다.
1. 주한외국기관, 군부대 및 행정관서 고객으로서 한전과 협의한 결과에 따라 조치한 경우
2. 약관 제15조(고객의 책임으로 인한 전기사용계약의 해지) 제1항에 해당되는 고객의 이행(지급)보증보험증권 또는 연대보증서 등을 수취하여 수금이 가능할 경우

2. 법적쟁점(法的爭點)

한전이 전기요금을 체납한 전기사용자에게 체납요금의 청구와 전기사용계약의 확정적 해지를 통지한 후에도 계속하여 체납한 전기사용자의 건물 일부에 전기를 공급한 경우, 전기사용계약은 해지되지 않고 유효하게 존재하는지 문제된다. 이에 대해 하급심은 한전이 해지 의사를 확정적으로 표시한 이상, 전기사용계약은 이미 해지되었다고 판시하였다(아래 판례 참조).

서울남부지방법원 2015. 7. 14. 선고 2014가단221498 판결 (항소기각 확정)

원고(한전)은 2013. 9. 17.경 해지권을 행사한 것이 아니라 단지 미납 전기요금의 납부를 독촉한 것 뿐이라고 주장하면서, 甲과 피고(乙)에게 2013. 5. 18.부터 2015. 2. 16.까지 미납된 전기요금으로 청구취지 기재와 같이 51,249,870원 및 이에 대한 지연손해금의 지급을 구하고 있다. 그러나 2013. 9. 17.경 원고(한전)가 甲에게 보낸 내용증명우편의 문면에 의하면, 원고(한전)가 위 내용증명우편에 의하여 甲에게 전기사용계약을 해지한다는 의사를 확정적으로 표시한 것으로 볼 수 밖에 없다. 원고(한전)는 또, 위 전기공급계약에 적용되는 원고(한전)의 전기공급약관 제4조, 제13조 제1항, 제15조 제1항 단서, 전기공급약관 시행세칙 제8조 등에 의하면, 원고(한전)가 현재까지도 이 사건 아파트에 가로등 전기를 제외한 나머지 전기를 계속 공급하고 있는 이상 원고(한전)와 甲 사이의 전기공급계약은 해지되지 않고 유효하게 존속한다고 주장한다. 그러나 원고(한전)가 든 위 규정들은 고객의 요청에 따른 전기사용계약의 해지 등의 경우에 적용되거나 고객의 책임으로 전기사용계약을 해지하는 경우 원고(한전)가 해지 대신 해지를 예고하고 요금납부를 최고하는 경우에 적용 가능한 규정이어서 이 사건 사안에 적용할 것이 아니고, 원고(한전)가 현재까지 이 사건 아파트에 가로등 전기를 제외한 나머지 전기를 계속 공급하고 있다고 하여 이미 이루어진 계약 해지의 효과가 사라지는 것은 아니므로, 원고(한전)의 위 주장은 받아들이지 아니한다.

전기사용자가 요금 체납을 한 경우, 한전이 해당 전기사용자와의 전기사용계약을 해지하거나 전기공급을 제한할 의무가 있는지 문제되나, 전기공급약관 제15조 제1항의 문리해석(文理解釋)상 한전에게

해지의무를 부과한 것으로 보기는 어렵다.(아래 판례 참조)

울산지방법원 2014. 12. 24. 선고 2014나10496 판결 (항소기각 확정)

살피건대, 을4호증의 기재에 의하면, 원고(한전)의 전기공급약관 제15조 제1항에서 '원고(한전)는 고객이 요금을 납기일부터 2개월이 되는 날까지 납부하지 않을 경우에는 전기사용계약을 해지할 수 있습니다. 이 때 원고(한전)는 해지예정일 7일 전까지 고객에게 해지를 예고하고 요금납부를 최고합니다. 다만, 주거용인 주택용전력 고객에 대하여는 해지를 하지 않고 전류제한기를 설치하여 전기공급을 제한할 수 있습니다.'라고 규정하고 있는 사실은 인정되나, 위 규정만으로 고객이 전기요금을 미납할 경우 원고(한전)가 전기사용계약을 해지하거나 전기공급을 제한할 의무를 부담한다고 볼 수는 없고, 을2호증의 1,2, 을3,4호증의 각 기재만으로 피고의 주장사실을 인정하기 부족하며, 달리 이를 인정할 만한 증거가 없다.

Ⅷ. 전기사용계약 해지후 재사용시의 고객부담

전기공급약관 제16조 (전기사용계약 해지후 재사용시의 고객부담)

① 제13조(고객의 요청에 따른 전기사용계약의 해지), 제14조(고객의 요청에 따른 계약전력의 감소), 제15조(고객의 책임으로 인한 전기사용계약의 해지)에 따라 전기사용계약을 해지하거나 계약전력의 일부를 감소시킨 고객이 그 사유를 해소한 후 해지 또는 계약전력의 일부감소 이전과 동일한 전기사용장소에서 동일한 공급조건으로 전기를 재사용하는 경우 고객은 다음 각 호에서 정한 비용을 부담합니다.

1. 해지기간 중 기본요금

  가. 해지이전과 동일한 고객이 해지후 1년 이내에 전기를 재사용하는 때에는 해지기간중의 기본요금을 부담하여야 하지만 한전은 해지기간 중의 기본요금 청구를 보류합니다. 다만, 위의 고객이 재사용일로부터 1년 이내에 해지하고 그 해지일로부터 1년 이내에 다시 재사용하는 경우에는 청구를 보류한 기본요금을 포함하여 해지기간중의 기본요금을 부담합니다. 이때 제68조(요금적용전력의 결정) 제2항에 해당하는 고객은 해지기간 중 기본요금의 50%를 부담합니다.

  나. "가"에도 불구하고 15조(고객의 책임으로 인한 전기사용계약의 해지)에 따른 고객은 해지기간 중 기본요금을 부담하지 않습니다.

2. 재사용수수료

  해지 후 3년 이내에 전기를 재사용하는 고객은 재사용고객과 해지이전 고객의 동일여부와 관계없이 제46조(전기사용계약 해지 또는 공급정지 후 재사용 및 재사용수수료) 제2항에서 정한 재사용수수료를 부담합니다.

3. 시설부담금

  가. 전기사용계약이 해지된 장소에서 3년 이내에 재사용하는 경우에는 재사용고객과 해지이전 고객의 동일여부에 관계없이 시설부담금을 부담하지 않습니다.

나. 해지 후 3년 경과 후에 재사용하는 경우에는 재사용고객과 해지이전 고
   객의 동일여부에 관계없이 재사용수수료와 설계시설부담금을 합산한 금
   액과 새로이 전기를 사용하는 것으로 보고 산정한 시설부담금 중 적은금
   액을 부담합니다. 다만, 해지 후 10년 경과 시에는 새로이 전기를 사용
   하는 것으로 보고 산정한 시설부담금을 부담합니다.

4. <삭 제>

② 제13조(고객의 요청에 따른 전기사용계약의 해지), 제14조(고객
   의 요청에 따른 계약전력의 감소), 제15조(고객의 책임으로 인
   한 전기사용계약의 해지)에 따라 전기사용계약을 해지한 후 3
   년 이내에 재사용할 때의 공급조건이 해지당시와 다른 경우에
   는 재사용 고객과 해지이전 고객의 동일여부에 관계없이 제89
   조(공급설비의 변경에 따른 시설부담금)에 따라 산정한 시설부
   담금을 추가로 부담합니다.

1. 개설(槪說)

(1) 해지기간 중 기본요금

1) 취지

전기사용자가 전기사용계약이 해지된 후 '1년 이내'에 동일한 조건
으로 다시 전기사용신청을 하여 전기를 공급받았다면, 재사용자는
종전에 해지된 전기사용계약을 계속 유지시킨 것이 아니라, 한전과
새로운 전기사용계약을 체결한 것이다.(구 전기공급약관(1995. 6. 1. 시
행)은 해지 후 재사용신청을 한 경우, 해지에도 불구하고 종전의 전기공급계약
이 계속되는 것으로 간주하였다) 따라서 해지 후 재사용신청을 한 전기
사용자는 새로운 전기사용신청자로서 전기를 공급받기 위한 시설공
사비(시설부담금)를 부담하여야 한다. 그러나 전기공급약관은 전기
사용자의 비용부담을 고려하여 시설공사비(시설부담금) 대신, 해지

기간 중의 기본요금(원래 기본요금은 전기사용여부와 관계없이 전기사용자에게 부과되는 요금이다(전기공급약관 제67조 제1항 제1호))을 부과하도록 규정하고 있다.(전기공급약관 제16조 제1항 제1호 가목)

2) 기본요금 청구의 유예

① 전기사용계약이 해지된 전기사용자가('해지 이전의 사용자' = '재사용자') ② 해지 후 1년 이내에 재사용 신청을 한 경우, 한전은 해지기간 동안 발생한 기본요금의 청구를 유예한다. 이는 전기사용자의 경제적 사정을 고려하기 위해 마련된 조치이다. 다만, 해지 후 재사용 신청을 한 재사용자가 재사용일로부터 1년 이내에 해지하고 그 해지일로부터 1년 이내에 다시 재사용신청(재재(再再)사용신청)을 하였다면, 재재사용자는 기존에 청구 유예된 기본요금을 납부해야 한다.(전기공급약관 제16조 제1항 제1호 가목 단서) 이는 고객이 '해지 후 재사용제도'를 악용하여 '해지기간 중 기본요금'을 면탈하는 것을 방지하기 위한 조치이다.

한편, 전기공급약관은 전기요금 체납으로 전기사용계약이 해지된 경우, 전기사용자의 경제적 사정을 고려하여 해지기간 중의 기본요금 납부의무를 면제시키고 있다.(전기공급약관 제16조 제1항 제1호 나목) 그러나 계절성 전기사용자(스키장 등)는 전기사용계약이 전기요금 연체로 해지되었더라도, 해지기간 중의 기본요금을 납부해야 한다. (전기공급약관 시행세칙 제9조 제2항 제3호) 왜냐하면 계절성 전기사용자가 전기요금 절감을 위해 반복적으로, 특정 계절에만 전기사용신청을 하고 나머지 기간에는 전기요금을 연체하여 전기사용계약이 해지되도록 만든다면, 결국 동 약관 조항을 악용하여 해지기간 중의 기본요금 납부의무를 회피할 수 있기 때문이다.(계절성 전기사용자의 경우 전기요금 연체 사유를 묻지 않고 무조건 해지 기간 중의 기본요금을 부담하도록 한 것은 불공정약관조항으로 약관규제법에 위반될 소지가 있다(약관

규제법 제17조) 따라서 계절성 전기사용자가 부득이한 경제적 사정으로 연체하였다는 사실을 입증한 경우, 계절정 전기사용자의 해지기간 중 기본요금 납부의무는 면제되어야 한다) 나아가 전기공급약관 제16조 제1항 제1호 가목의 반대해석상, 재사용자가 전기사용계약이 해지된 후 '1년이 경과하여' 재사용 신청을 하였다면, 해지기간 중의 기본요금 납부의무는 면제된다.

3) 해지기간중의 기본요금 산정방법

실무상, 기본요금의 부과기간는 전기사용계약 해지일부터 재사용 전날까지이며, 전기사용자의 책임 아닌 사유로 재사용이 지연되고 있다면 재사용수수료 등을 입금한 날의 전날까지로 한다.

주택용전력의 전기사용자의 요금계산기간이 1개월 미만인 경우에는 일수계산을 하지 아니한다. 따라서 해지기간이 1개월 미만인 경우 1개월의 기본요금을 부과하게 된다. 해지당시와 재사용시 공급조건이 다른 경우 계약종별은 해지당시의 계약종별로, 계약전력은 재사용시의 계약전력으로, 공급전압은 재사용시의 공급전압으로 기본요금을 산정한다.

[전기공급약관 시행세칙 제9조 제2항 제1호 및 제2호]

약관 제16조(전기사용계약 해지후 재사용시의 고객부담) 제1항에 따라 전기사용계약 해지기간 중의 기본요금은 다음 각 호에 따라 산정한다. 다만, 임시전력 고객은 계약기간 이내인 경우로 한정하여 해지후 재사용시의 비용을 적용하며, 해당 고객이 신규신청을 희망할 경우에는 약관 제9장(시설부담금)에 따른 시설부담금을 부담한다.
1. 주택용전력 고객으로서 요금계산기간이 1개월 미만인 경우에는 일수계산을 하지 아니한다.
2. 해지당시와 재사용시의 공급조건이 서로 다른 경우에는 다음에 따라 적용한다.
   가. 계약종별 : 해지당시의 계약종별
   나. 계약전력 : 재사용시의 계약전력
   다. 공급전압 : 재사용시의 공급전압

4) 기간 계산방법

전기공급약관 제16조의 고객부담금의 기간 계산은 민법 제155조 내지 제161조에 의한다. 전기공급약관 시행세칙 역시 이를 반영하고 있다.**(전기공급약관 시행세칙 제9조 제1항 본문)** 예를 들어 해지일이 2017년 4월 8일(토요일)이고 이로부터 1년 후라고 하면, 먼저 2017년 4월 9일(일요일) 0시를 기산점으로 하여 계산해야 하므로,**(민법 제157조: 기간을 일, 주, 월 또는 연으로 정한 때에는 기간의 초일은 산입하지 아니한다 그러나 그 기간이 오전 영시로부터 시작하는 때에는 그러하지 아니하다)** 이로부터 1년이 되는 시점은 2018년 4월 8일(일요일) 오후(밤) 12시까지를 말한다.**(민법 제160조 제2항: 주, 월 또는 연의 처음으로부터 기간을 기산하지 아니하는 때에는 최후의 주, 월 또는 연에서 그 기산일에 해당한 날의 전일로 기간이 만료한다)**

그런데 기간의 말일이 토요일 또는 공휴일인 경우 그 다음날로 만료하므로,**(민법 제161조: 기간의 말일이 토요일 또는 공휴일에 해당한 때에는 기간은 그 익일로 만료한다)**

위 예시에서 기간 말일은 2018년 4월 9일(월요일) 오후(밤) 12시까지를 의미하게 된다. 또한 기산 마지막 월에 해당일이 없으면 당해 월 말일까지로 한다.**(민법 제160조 제3항: 월 또는 연으로 정한 경우에 최종의 월에 해당일이 없는 때에는 그 월의 말일로 기간이 만료한다)**

한편, 해지된 전기사용자가 '해지일로부터 1년'이 되기 전에 재사용 신청을 하였으나 시설부담금 미납 등(전기사용자의 책임)으로 전기공급이 지연되었다면, '해지일로부터 1년' 내에 재사용 신청을 하였는지 여부는 재사용 신청일(접수일)이 아닌 전기공급약관상 의무(시설부담금 납부 등) 이행일을 기준으로 판단한다.**(전기공급약관 제9조 제1항 단서 다만, 기간 만료전에 재사용 신청하였으나 재사용수수료 또는 시설부담금 미납부, 구비서류 미제출, 내선설비 미준공, 수전설비 미비 등 고객의 책임으로 전기공급이 지연된 경우에는 전기사용계약 해지기간이 계속된 것으로 본**

다) 따라서 재사용자는 해지 후 재사용 신청시 약관상 의무(시설부담금 납부 등)를 제때 이행하여야만 전기공급약관 제16조 제1항 제1호 가목의 해지 후 재사용 신청을 한 것으로 볼 수 있다.

(2) 재사용수수료

전기공급계약이 해지된 후 전기사용자가 재사용신청을 한 경우, 한전은 위탁업체에 일정한 비용을 지급하고 전기의 재공급을 의뢰하게 된다. 이때 한전은 위 금액을 전기사용자로부터 수령하는데 이를 재사용수수료라 한다.

[전기공급약관 시행세칙 제31조 제2항]

약관 제46조(전기사용계약 해지·휴지 또는 공급정지후 재사용 및 재사용수수료) 제2항의 재사용에 따른 수수료는 다음과 같다.
1. 전력량계가 철거되지 않은 고객
  (가) 단상 공급고객은 8,000원
  (나) 삼상 공급고객은 16,000원
2. 전력량계가 철거된 고객
  (가) 단상 공급고객은 17,000원
  (나) 삼상 공급고객은 39,000원
3. 영업일 근무시간(09:00~18:00) 이외의 시간에 재사용하는 경우에는 위 1, 2호의 기준에 50% 할증하여 적용한다.

재사용수수료는 전기사용계약이 해지된 후 3년 이내에 재사용신청을 한 전기사용자에게 부과되는 비용이다.

그런데 재사용자가 해지 후 3년 이내에 재사용신청을 하였다면, 재사용자는 '해지 이전의 사용자'와 '재사용자'가 동일한지 여부와 상관없이 재사용수수료를 납부해야 한다. 그 이유는 '재사용자'와 '해지 이전의 사용자'가 다르더라도 재사용자의 재사용신청이 있다면, 한전은 전기의 재공급을 위해 위탁업체에게 일정 비용(≒재사용수수료)을 지급해야 하고 이를 위해서는 재사용자로부터 재사용수수료를 수령할 수 밖에 없기 때문이다. 이 점에서 재사용수수료는 '해지기간 중의 기본요금'과 차이가 있다.

또한 ① 주거용 주택용전력의 전기사용자(전기사용자의 요청에 따라 해지된 경우는 제외), ② 계약전력 감소 후 재사용시 계기교환이 수반되지 않은 전기사용자, ③ 휴지 후 재사용하는 저압 전기사용자, ④ 장기미사용으로 임시 해지된 전기사용자, ⑤ 공급조건 변동으로 표준시설부담금이 부담하는 전기사용자, ⑥ 기타 안내사항의 안내를 받지 못한 전기사용자는 재사용수수료를 부담하지 않는다.

[전기공급약관 시행세칙 제31조 제3항]

제2항에도 불구하고 다음 각 호의 어느 하나에 해당하는 경우에는 재사용수수료를 면제한다.
1. 주거용 주택용전력 고객(약관 제13조(고객의 요청에 따른 해지)에 따라 해지된 고객은 제외)
2. 약관 제81조(전력사용의 휴지 등)에 따라 전력사용 휴지후 재사용하는 저압고객
3. 약관 제81조(전력사용의 휴지 등) 제3항에 따른 장기미사용 임시해지 고객
4. 약관 제16조(전기사용계약 해지후 재사용시의 고객부담)에 따라 재사용시 공급조건 변동으로 재사용수수료와 표준시설부담금이 함께 발생되는 경우
5. 약관 제14조(고객의 요청에 따른 계약전력의 감소)에 따라 계약전력 감소 후 재사용시 계기교환이 수반되지 않는 경우
6. 기타 고객안내 미비 등 특별한 사정이 있는 경우

나아가, 개정 전기공급약관(2018. 1. 1.시행)은 전기사용자의 부담경감을 위해 ① 전류제한기를 철거한 후 정상 공급하는 주거용 주택전력의 재사용자와 ② 이사 등의 사유로 전기사용을 해지하거나 계약전력 일부를 감소시킨 후 재사용신청을 한 재사용자에게는 재사용수수료를 부과시키지 않고 있다.

[전기공급약관 제46조 제2항]

제1항에 따라 전기사용계약이 해지 또는 휴지되거나 전기공급이 정지된 장소에서 전기를 다시 공급받는 고객은 재사용수수료를 납부해야 합니다. 다만, 다음의 경우에는 그렇지 않습니다.
1. 전류제한기를 철거한 후 정상 공급하는 주거용 주택용전력의 경우
2. 제13조 제3항에 따라 전기사용을 해지하거나 계약전력을 일부 감소시킨 고객이 아닌 다른 고객이 해지 후 1년 이내에 동일한 전기사용장소에서 동일한 조건으로 전기를 재사용하는 경우

(3) 시설부담금

① 전기사용계약 해지된 후 3년 이내에, ② '해지 이전과 동일한 장소'에서, ③ '동일한 조건'으로 재사용 신청을 한 재사용자는 '해지 이전의 전기사용자'와 동일한지 여부와 상관없이 시설부담금(공사비)을 부담하지 않는다. 그러나 해지 후 3년이 경과되었다면 재사용 수수료와 설계시설부담금을 합산한 금액과 새로이 전기사용신청할 때의 시설부담금 중 적은 금액을 재사용자가 부담해야 하며, 해지 후 10년 경과시에는 새로이 전기사용신청을 한 것으로 보아 이에 따른 시설부담금을 부담해야 한다. 또한 해지 이전과 다른 전기사용 장소에서 재사용신청을 한 경우 역시, 재사용자는 새로이 전기를 사용하는 것으로 보고 그에 따른 시설부담금을 부담한다.

반면에, 해지 후 3년 이내에 재사용할 경우 재사용시의 공급조건이 해지 당시와 다르다면, 재사용자는 전기공급약관 제89조의 시설부담금을 추가로 부담해야 한다. 여기서 공급조건이 해지당시와 다른 경우라 함은 ① 계약전력이 증가되거나 공급전압·계약전력이 동시에 변경되는 경우, ② 해지 시점과 재사용시점의 공급전압이 모두 저압 이고 계약전력 증가 없이 공급방식 또는 공급전압이 변경되는 경우, ③ 공급단위를 분할하거나 합병하는 경우 등등을 말한다.

[전기공급약관 시행세칙 제9조 제4항]
약관 제16조(전기사용계약 해지후 재사용시의 고객부담) 제2항의 "공급조건이 해지 당시와 다른 경우"와 "추가로 부담해야 할 시설부담금"이란 다음과 같다.
1. 계약전력이 증가되는 경우 또는 공급전압과 계약전력이 동시에 변경되는 경우 : 해지시점과 재사용시점에 각각 신설한 것으로 보고 산정한 표준시설부담금 차액
2. 해지시점과 재사용시점의 공급전압이 모두 저압인 경우로서 계약전력 증가 없이 공급방식(또는 공급전압)이 변경되는 경우 : 재사용시의 공급방식(또는 공급전압)에 따라 추가로 발생하는 첨가거리시설부담금
3. 공급단위를 분할하거나 합병하는 경우 : 약관 제89조(공급설비 변경에 따른 시설부담금) 에 따라 산정한 시설부담금
4. 위의 "제1호·제2호·제3호"와 같은 공급조건 변경없이 고객요청에 의해 공

급선로 또는 수급지점 등의 공급설비가 변경되는 경우 : 재사용 시점의 공급설비 변경에 따라 추가로 발생하는 설계조정시설부담금
5. 제1호 내지 제4호 이외의 경우 : 약관 제89조(공급설비 변경에 따른 시설부담금) 및 세칙 제71조(공급설비의 변경에 따른 시설부담금)에 따라 산정한 시설부담금

한편, 전기공급약관 시행세칙 제9조 제4항 제4호는 '공급조건 변경 없이' '전기사용자의 요청'에 따라 공급설비(공급선로 또는 수급지점 등)가 변경된 경우를 전기사용자의 추가 시설부담금 납부사유로 규정하고 있다.**(전기공급약관 시행세칙 제71조 제3항도 동일한 취지로 규정되어 있다.)** 따라서 고객의 희망이 아닌 한전의 사정(보수공사 등)에 의하여 공급선로 또는 수급지점이 변경되었다면 전기사용자는 추가 시설부담금을 납부할 의무가 없다.**(구 전기공급약관 시행세칙(2009. 9. 시행)은 전기사용자가 원하지 않았더라도, 공급조건의 변경 없이 공급선로 · 수급지점이 변경되었다면 전기사용자에게 추가 시설부담금을 부과하였다)**

아울러 재사용 신청이 있은 후 전기공급약관 변경으로 계약전력이 증가되었다면, 재사용자는 계약전력 증가분에 대한 시설부담금을 부담하지 않는다.**(전기공급약관 시행세칙 제9조 제5항)**

또한, 정부정책에 따라 종전에 전기사용계약을 해지한 전기사용자가, 정부정책 변경으로 재사용신청을 하게 된 경우에도 '해지기간 중 기본요금' 및 '시설부담금'을 부담하지 않는다.

[전기공급약관 시행세칙 제9조 제3항]
에너지 소비절약을 위한 정부시책에 따라 전기사용설비(가로등, 광고등, 경기장 조명시설 등)의 일부나 전부의 전기사용을 중지한 고객이 정부시책의 변경에 따라 계약전력 감소 및 전기사용계약 해지 이전의 전기설비를 재사용하고자 할 경우, 해당 고객은 기간에 관계없이 이에 대한 기본요금 및 기본시설부담금 전액을 부담하지 않는다.

2. 법적쟁점(法的爭點)

(1) 해지기간 중 기본요금

1) 고객의 동일성

'해지기간 중 기본요금'의 부과는 재사용자와 해지 이전의 사용자가 동일해야만 가능하다.(각주: 이점에서 시설부담금 및 재사용수수료와 차이가 있다.) 그런데, 사용자(임차인)가 사용자 명의로 전기사용신청을 한 후 임대차계약 종료를 이유로 전기사용계약을 해지하였고, 해지일 이후 1년 이내에 건물의 소유자가 재사용신청을 하였다면, 소유자를 임차인과 동일하다고 보아 소유자에게 해지기간 중의 기본요금을 부과할 수 있는지 문제된다.

실무상으로는 건물 소유자에게도 해지기간 중의 기본요금을 부과하고 있으나, 동일한 전기사용자인지 여부는 법인격의 동일성을 기준으로 판단해야 하므로, 임차인과 소유자가 다른 이상, 전기공급약관에 명확한 근거없이 소유자(재사용자)에게 해지기간 중의 기본요금을 부과하는 것은 어렵다고 보아야 한다.

2) 전기사용신청 취소 후 재사용신청의 경우

전기사용자가 전기공급 전 전기사용신청을 취소하고 이후 재사용신청을 하였다면, 실무상 아직 공급설비가 철거되지 않은 경우에 한하여 '해지 후 재사용'으로 보아 해지기간 중 기본요금을 부과하고 있다. 그러나 전기공급약관에 이에 대한 명확한 규정이 없기 때문에 전기사용자의 취소권의 법적성질을 검토하여 취소기간 중 기본요금 부과가 적법한지 판단할 필요가 있다.

민법상 계약의 취소, 해지·해제는 계약의 성립을 전제하고 있으나, 민법상 계약의 철회(청약 철회)는 원칙적으로 계약 성립을 전제하고 있지 않다.**(계약의 철회(청약의 철회)는 일반적으로 계약 성립 전(승낙의 의사표시 있기 전)에 발생하므로 계약 성립은 불가능하다)** 또한 계약의 취소·해제는 계약성립일부터 계약이 무효로 되는 소급효가 있으나 계약의 해지는 소급효가 없다는 점에서 차이가 있다.

[민법 제550조]
  당사자일방이 계약을 해지한 때에는 계약은 장래에 대하여 그 효력을 잃는다.

그런데 외선공사가 완료된 후 전기사용자가 전기사용신청을 취소하는 것은 계약 성립 이후의 문제이므로 민법상 일반적인 계약 철회(청약 철회)와는 관련이 없다. 또한 민법상의 취소와 해지·해제는 민법이 정하는 요건을 만족시켜야 한다는 점에서 위 사안과는 거리가 멀다. 결국, 전기사용자의 전기사용 취소는 전기사용자와 한전 간 합의에 따른 결과(이하 '합의해지')라고 보아야 한다. 따라서, 전기사용자의 취소신청은 '합의해지'로서 동 약관 제13조의 해지(고객의 요청에 따른 전기사용계약의 해지)에 해당한다고 볼 수 있다. 그러므로 동 약관 제16조 제1항 제1호의 '해지'에 해당하는 이상, 취소신청을 한 전기사용자는 재사용시 '해지기간 중 기본요금'을 부담해야 한다고 보아야 한다.

(2) 재사용수수료와 시설부담금의 관계

전기공급약관 시행세칙은 재사용신청시 재사용수수료와 표준시설부담금이 함께 발생하거나 계약전력 감소 후 재사용 시 계기교환이 수반되지 않는 경우 재사용수수료를 면제하고 있다.**(전기공급약관 시행세칙 제31조 제3항 제4호 내지 제5호)** 특히 재사용수수료와 표준시설부담금이 함께 발생한 경우, 설치공사비(표준시설부담금)에 전기 재공급을 위한 재사용수수료(전력량계 설치 등)가 포함된다고 볼 수 있어 재사용수수료를 면제하고 있다.

한편, 동 약관 조항의 반대해석상 설계시설부담금과 설계조정시설부담금을 부담하는 재사용자는 재사용수수료를 부담할 수 있다.(실무적으로 보면 표준시설부담금과 달리, 설계시설부담금과 설계조정시설부담금은 전력량계 등 계기설치 비용을 포함하고 있지 않기 때문에, 설계시설부담금과 설계조정시설부담금을 부담하는 재사용자는 재사용수수료를 부담하게 되는 것이다)

IX. 전기사용계약 해지 후의 채권·채무

전기공급약관 제17조
요금 및 기타 채권·채무는 전기사용계약이 해지된 이후에도 소멸하지 않습니다.

1. 개설(槪說)

전기사용계약의 명의자는 당연히 전기사용계약상의 의무(요금납부의무 등)을 부담한다. 따라서 전기사용계약이 해지되었더라도 이미 발생된 전기요금 등에 대한 납부의무는 당연히 해지된 전기사용계약의 명의자가 부담한다.

2. 법적쟁점(法的爭點)

전기공급약관 제17조는 해지의 일반적인 법적효과**(해지권을 행사하면 해지권 행사일 이후 장래에 대해서만 해지의 효력(계약 무효)이 발생하므로 해지권 행사일 이전의 기존 계약 효력은 유효하다)**를 규정하고 있을 뿐, 동 약관 조항으로 인해 전기사용자의 채권·채무가 소멸되지 않는 것은 아니다. 즉, 전기사용자의 전기요금 등에 대한 납부의무(채무)는 소멸시효가 완성되면 소멸될 수 있다.

[민법 제162조 제1항]
채권은 10년간 행사하지 아니하면 소멸시효가 완성한다.

한전의 전기사용자에 대한 전기요금채권은 민법 제163조의 '1년 이내의 기간으로 정한 금전 또는 물건의 지급을 목적으로 한 채권' 또는 '생산자 및 상인이 판매한 생산물 및 상품의 대가'이기 때문에 3

년의 단기소멸시효가 적용된다(아래 **민법 및 판례 참조**).

[민법 제163조]

다음 각호의 채권은 3년간 행사하지 아니하면 소멸시효가 완성한다.
1. 이자, 부양료, 급료, 사용료 기타 1년이내의 기간으로 정한 금전 또는 물건의 지급을 목적으로 한 채권
2.~5. (생략)
6. 생산자 및 상인이 판매한 생산물 및 상품의 대가

대법원 2014. 10. 6. 선고 2013다84940

전기업자가 공급하는 전력의 대가인 전기요금채권은 민법 제163조 제6호의 '생산자 및 상인이 판매한 생산물 및 상품의 대가'에 해당하므로, 3년간 이를 행사하지 아니하면 소멸시효가 완성된다.

한편, 소멸시효의 기산점은 권리행사 가능시점이다.

[민법 제166조 제1항]
소멸시효는 권리를 행사할 수 있는 때로부터 진행한다)

그런데 한전의 전기요금채권은 검침일 또는 해지일에 발생하기 때문에, 검침일 또는 해지일을 기산점으로 하여 3년의 단기소멸시효가 완성되었다면 전기요금채권은 소멸한다(아래 **서울중앙지방법원 판례 및 전기공급약관 제74조 제1항 참조)**

[전기공급약관 제74조 제1항]
고객의 요금 납부의무는 다음에서 정한 날에 발생합니다.
1. 전력량계를 설치한 고객은 정기검침일
2. 정액제 요금을 적용하는 고객은 그 고객이 속한 검침구역의 정기 검침일
3. 전기사용계약이 해지된 경우에는 해지일

> **서울중앙지방법원 2013. 10. 31. 선고 2013나4707 판결(확정)**
>
> 원고(한전)가 2011. 11. 22. 이 사건 소를 제기한 사실은 기록상 분명하고, 갑 제1,10호증의 각 기재에 의하면 위 전기요금 지급채무의 이행기는 매달 말일인 사실을 인정할 수 있는 바, 계약종별 위반 사용에 대한 위약금 지급채무의 이행기 역시 매달 말일이라고 할 것이어서, 2006년 11월 이전의 원고(한전)의 피고(A공사)에 대한 위약금지급채권은 이 사건 소제기 전 5년이 경과하여 시효로 소멸하였다고 할 것이므로, 피고(A공사)의 위 주장은 위 인정 범위 내에서 이유 있고 나머지 주장은 이유 없다.

※ 위 판례는 전기요금채권과 위약금채권의 소멸시효 기산점이 동일(겹침일)하다고 보고 있다.

예를 들어 ① 한전이 2016. 8. 16. 전기사용자에게 연체요금청구통지서를 보냈고(이하 '통지'), ② 이후 2016. 11. 14. 전기사용자를 상대로 전기요금 지급청구소송을 제기(이하 '소제기')하였다면, '통지'는 민법 제174조의(**민법 제17**4조: 최고는 6월내에 재판상의 청구, 파산절차참가, 화해를 위한 소환, 임의출석, 압류 또는 가압류, 가처분을 하지 아니하면 시효중단의 효력이 없다) 최고에 해당하고 최고 이후 6개월내에 '소제기'를 하였으므로 '통지' 시점인 2016. 8. 16. 소멸시효는 중단된다. 그 결과, 한전은 소멸시효가 중단된 '통지' 시점인 2016. 8. 16.을 기준으로 소멸시효가 완성되지 아니한 전기요금채권만을 청구할 수 있다. 따라서 위 사례에서 체납 전기사용자는 2016. 8. 16.로부터 단기소멸시효기간 3년(민법 제163조)을 역산(曆算)한 2013. 8. 16.부터 2016. 8. 16. 까지의 연체된 전기요금에 대해서만 납부할 의무가 있다.

제2장

전기사용계약의 기준

제2장 전기사용계약의 기준

I. 전기사용장소

전기공급약관 제18조 (전기사용장소)

① 전기사용장소란 원칙적으로 토지·건물 등을 소유자나 사용자별로 구분하여 전기를 공급하는 장소를 말하며, 1구내를 이루는 것은 1구내를, 1건물을 이루는 것은 1건물을 1전기사용장소로 합니다.

② 2이상의 건물이 1구내를 형성하고 건물별로 소유자가 다를 경우에는 소유자별로 구분된 건물을 1전기사용장소로 할 수 있습니다.

③ 매매·상속 등 법률적 원인으로 전기사용장소의 변경사유가 발생하는 경우에도 고객이 희망할 경우에는 기존의 전기사용장소를 계속 유지할 수 있습니다.

④ 상가부분과 주거부분이 구분되는 상가부 공동주택은 상가부분과 주거부분을 각각 별도의 전기사용장소로 할 수 있습니다.

1. 개설(槪說)

(1) 전기사용장소의 의미

전기사용장소는 전기사용계약의 단위로써 전기사용계약의 상대방을 특정하고, 그에 맞추어 전기공급 대상이 되는 장소를 설정하기 위한 개념이다. 따라서 전기사용장소는 전기가 특정 장소로 구분되어 공급될 수 있는지 여부, 전기공급장소에 대한 계약 상대방을 특정할 수 있는지 여부 등에 따라 개별적·구체적으로 결정된다(아래 **판례** 참조).(전기사용장소를 기준으로 계약전력의 합계가 정지는데, 이렇게 구해진 계약전력의 합계에 따라 공급방식과 공급전압이 결정된다(전기공급약관 제23조 제1항) 따라서 전기사용장소는 공급방식과 공급전압의 결정에 있어 첫 단추로써의 역할을 한다)

서울서부지방법원 2011. 11. 11. 선고 2011나6612 판결(파기환송)

피고(甲)는 이 사건 건물은 근린다가구 주택으로 구분소유 및 분양이 불가능하여 건물 전체가 하나의 전기사용장소에 해당하므로 이 사건 전기사용장소는 독립된 전기사용장소로 볼 수 없고, 피고(甲)는 위 건물 전체가 하나의 전기사용장소임을 전제로 위 전기사용장소에 대해 별개로 이 사건 전기공급계약을 체결한 것이므로, 위 약관 시행세칙 제38조 제2항 제1호에 따라 약관 제65조가 배제되고 위 별개계약에 따라 그 계약종별은 일반용 전력이 된다고 주장한다. 살피건대, 전기사용계약의 단위인 전기사용장소는 전기사용계약의 상대방을 특정하고, 그에 맞추어 전기 공급의 대상이 되는 장소를 구분하기 위하여 설정하는 기준으로(약관 제18조 제1항), 전기가 특정 장소로 구분되어 공급될 수 있는지 여부, 전기공급장소에 대한 계약 상대방을 특정할 수 있는지 여부 등에 따라 개별·구체적으로 정하여지는 것이고, 계약 상대방의 소유권 여부나 전기공급 대상 장소가 법률상 분리하여 처분하는 것이 가능한지 여부와는 아무런 관련이 없는 것이므로, 이 사건 건물이 구분소유가 금지되고 분할 처분이 불가능하다고 하더라도 그러한 점만으로는 위 건물 전체가 1개의 전기사용장소가 되는 것으로 볼 수 없다. 뿐만 아니라, 앞서 든 증거에 변론전체의 취지를 종합하면 피고(甲) 스스로도 위 건물을 각 층 및 호실 등을 기준으로 11개 구역으로 나누고 각 구역별로 일반용 전력 또는 주택용 전력으로 계약종별을 달리하여 전기공급계약을 체결한 점을 인정할 수 있으므로, 위 건물이 하나의 전기사용장소라는 전제에 선 피고(甲)의 위 주장은 더 나아가 살필 필요 없이 이유 없다.

※ 본 판결은 대법원에서 파기환송(위약금 지급채무의 소멸시효기간은 3년이 아닌 5년)되었으나, 대법원은 전기사용장소에 대한 본 판결의 판시내용을 문제 삼지는 않았다.

(2) 전기사용장소의 구분

1) 원칙

전기사용계약단위인 1전기사용장소는 원칙적으로 '1구내' 또는 '1건물'을 기준으로 한다. 여기서 '1구내'라 함은 담장, 도로 등으로 구분되고(**종전의 시행세칙은 '담 · 울타리 · 도로'를 규정하고 있었으나, 현재 '울타리'는 삭제되었다.**) 소유자 1인이 관리하거나 회계주체로서 하나의 법인(**하나의 법인이라함은 법인격이 동일한 법인(법인등기부등본상 동일 법인)을 말한다. 따라서 '1구내'에서 모회사와 자회사가 해당 지역을 구분하여 관리하고 있다면, 모회사와 자회사는 법인격이 다르므로(법인등기부등본상 별개의 법인) 해당 지역은 '1구내'라고 볼 수 없다**)이 관리하는 구역을 뜻한다.

[전기공급약관 시행세칙 제10조 제1항]

약관 제18조(전기사용장소) 제1항의 "1구내"란 담장 · 도로 등으로 구분되고, 1소유자가 관리하는 구역 또는 법인인 1회계주체가 관리하는 구역을 말한다. 다만, 인접한 2이상의 구내로서 그 사이에 제3자가 전기사용장소를 설정할 수 없는 공로(公路) · 하천 등으로 구분되고 각 구내가 동일 회계주체에 속하는 경우에는 당해 부분을 일괄하여 1구내로, 광산 · 간척지사업지구 등과 같이 넓은 지역은 1회계주체의 관리구역을 1구내로 볼 수 있다.

그리고 '1건물'은 소유자나 사용자와 무관한 독립된 1동의 건물을 말한다.(**전기공급약관 시행세칙 제10조 제3항 본문**)

한편, 실무상 '1구내'에 여러 건물이 있는 경우, 각 건물의 소유권이 다르더라도 '1구내'의 각 건물의 계약전력 합계를 기준으로 공급전압을 결정하고 있다.(**실무가 이와 같이 운영되는 이유는 고압으로 전기를 공급하는 것이 관리와 비용감소 측면에서 더 효율적이기 때문이다**)

그러나, 전기사용장소는 건물 소유권을 고려하여 각 건물마다 별개의 전기사용장소로 구분되고 있다. 또한 '1건물'과 관련하여 인접한 2이상의 건물이 지상 또는 지하로 직접 통할 수 있게 되어 있고 소유자와 사용자가 모두 동일할 경우에는 그 전체를 1건물로 보아 하

나의 전기사용장소로 볼 수 있다.**(전기공급약관 시행세칙 제10조 제3항 단서)**

2) 예외

상가부 공동주택(주상복합건축물)**(법령상 명칭은 '복합건축물'이다(주택건설 기준 등에 관한 규정 제12조))**은 상가부분과 주택부분을 구분하여 각 전기사용장소로 정할 수 있다.**(전기공급약관 제18조 제4항)** 여기서 말하는 상가부 공동주택은 한 건물에 상가부분과 주거부분이 별도의 층으로 구분되어 있되 공동설비는 함께 사용하는 경우를 말한다.**(전기공급약관 시행세칙 제10조 제4항)**

공동주택의 경우, 일반차량의 출입이 자유로운 '구내도로'나 '공원' 등으로 다른 전기사용장소와 구분되고, 공동설비 등 전기설비 역시 명확히 구분되어 있다면, 구내도로나 공원 등을 기준으로 별개의 전기사용장소가 될 수 있다.**(전기공급약관 시행세칙 제10조 제5항)** 여기서 말하는 '일반차량의 출입이 자유로운 구내도로'는 출입구에 차단기 등이 설치되지 않은 경우를 의미한다. 또한 동 세칙조항이 구내도로와 공원을 대등·병렬적으로 규정하고 있는 이상, 여기에서의 '공원'은 자연공원법 등 법령에 따른 공원에 한정된다고 보기는 어렵다. 따라서 일반인에게 공개된 곳으로써 다른 전기사용장소와 구분이 될 수 있는 지표의 역할을 하는 장소이면 충분할 것이다. 지형적·기술적으로 1구내를 1전기사용장소로 하는 것이 불합리한 경우에는 1구내를 2이상의 전기사용장소로 구분할 수 있다**(전기공급약관 시행세칙 제10조 제5항).(종전 시행세칙은 '고객의 경제적 사정'을 고려하여 1구내를 2이상의 전기사용장소로 구분할 수 있다고 규정하였으나, 개정 시행세칙(2016. 11. 1. 시행) 이를 삭제하였다)** 이에 관한 판례는 아래와 같다.

서울고등법원 2016. 2. 5. 선고 2014나2003595 판결 (2016다215233 상고진행중)

피고(A주식회사)는, 화성사업장이 하나의 구내를 이루고 있고, 하나의 회계주체인 피고(A주식회사)가 경계벽 등으로 외부와 엄격하게 분리하여 관리하고 있으며, 화성1공장이 먼저 건설되고 이후 순차적으로 화성2공장이 건설되었기 때문에 자연스럽게 화성1,2공장에 관하여 각각 전기사용계약이 체결되었을 뿐 화성1공장과 화성2공장은 하나의 전기사용장소에 해당하므로 이 사건 선로를 통한 전력공급은 피고(A주식회사) 내부의 전력배분문제 불과하다고 주장한다. 살피건대, 전기사용계약의 단위인 전기사용장소는 전기사용계약의 상대방을 특정하고 그에 맞추어 전기 공급의 대상이 되는 장소를 구분하기 위하여 설정하는 기준인바.....전기공급약관 시행세칙은 지형적, 경제적 또는 기술적으로 1구내를 1전기사용장소로 하는 것이 불합리한 경우에는 1구내를 2이상의 전기사용장소로 구분할 수 있다고 규정하고 있다. 이 사건의 경우, 화성1공장과 화성2공장이 화성시 반월동 산16에 소재하고 있고, 1회계주체 법인인 피고(A주식회사)가 관리하고 있기는 하나, 이 사건 제1,2계약은 화성1공장, 화성2공장을 구별하여 각 체결되었는바, 이는 곧 당사자 사이에 1구내를 2이상의 전기사용장소로 구분하여 화성1,2공장을 각각의 별개의 전기사용장소로 정한 것이라고 봄이 상당하다. 따라서 피고(A주식회사)의 주장은 받아들일 수 없다.

유수지 배수펌프장 등 휴지대상 전기사용자의 구내에 있는 관리사무소, 사택 등 주된 시설의 운영을 위하여 상시로 전력을 사용하는 시설은 유수지 배수펌프장과 별도의 전기사용장소로 구분할 수 있다.(**전기공급약관 시행세칙 제10조 제6항**) 따라서 실무상 관리사무소와 배수펌프시설은 농사용전력으로, 사택은 주택용전력으로 계약종별이 운영되고 있다.

학교법인에 대해서는 종전의 실무례가 사업자등록을 기준으로 전기사용장소를 구분하였으나, 현재는 사업자등록이 아닌 학교법인 내의 각 학교별로(초등학교, 중학교, 고등학교, 대학교 등) 전기사용장소를 구분하여 전기사용자의 편의를 배려하고 있다.

한편, 매매·상속 등의 사유로 전기사용장소가 확대·변경된 경우, 원칙적으로 전기사용자는 확대·변경된 부분의 전기사용을 위해 종전 전기사용계약의 계약전력을 증가시켜야 한다. 그러나 전기사용자는 종전의 계약전력을 증가시키는 대신, 종전의 전기사용계약(전기사용장소와 계약전력)을 그대로 유지시키면서, 매매·상속으로 확대·변경된 부분만을 별개의 전기사용장소로 구분하여 별도의 전기사용계약을 체결할 수 있다.(전기공급약관 제18조 제3항)

Ⅱ. 전기사용계약단위

전기공급약관 제18조의 2 (전기사용계약단위)
한전은 1전기사용장소에 1전기사용계약을 체결합니다. 다만, 1전기
사용장소에 2이상의 계약종별이 있거나, 1전기사용장소가 세칙에서
정하는 바에 따라 2이상의 전기사용계약단위로 구분될 경우에는 2
이상의 전기사용계약을 체결할 수 있습니다.

1. 개설(槪說)

(1) 원칙

전기공급약관은 1전기사용장소에 1전기사용계약을 체결하는 것을
원칙으로 하고 있다.**(전기공급약관 제18조의 2 본문)** 나아가 전기공급약
관은 1전기사용계약에 대해 1공급방식, 1공급전압, 1인입으로 전기
를 공급하며 1전력량계를 설치하는 것을 원칙으로 규정하고 있다.
(전기공급약관 제22조 및 제38조 제1항) 즉, 하나의 전기사용계약이 체
결되면 하나의 공급방식·공급전압으로 하나의 인입을 통해 전기가
공급되어야 하고, 하나의 계량기가 설치되어야 한다.

　(사회적 필요성에 따라 하나의 전기사용장소에 하나의 전기사용계약이 체결될
　수도 있고 다수의 전기사용계약이 체결될 수도 있다. 따라서 '1전기사용장소'와
　'1전기사용계약단위'는 장소적 범위에 있어 항상 일치하는 것은 아니다.)

(2) 예외

1전기사용장소에 2이상의 계약종별이 있거나, 1전기사용장소가 전
기공급약관 시행세칙에 따라 2이상의 전기사용계약단위로 구분될
경우, 전기사용자는 2이상의 전기사용계약을 체결할 수 있다.

1) 1전기사용장소에 2이상의 계약종별이 있는 경우

먼저, 1전기사용장소에 2이상의 계약종별이 있는 경우, 전기사용자는 원칙적으로 각 계약종별대로 별도의 전기사용계약을 체결해야한다. 그러나, 특별한 사정이 있는 경우 전체에 대해 1개의 계약종별로 1개의 전기사용계약을 체결할 수 있다.**(전기공급약관 시행세칙 제38조 제2항 제1호, 전기공급약관 제65조)** 여기서 말하는 '특별한 사정'은 전기사용자가 1인이면서 물리적·경제적으로 전기사용계약단위의 분리가 불가능한 경우를 뜻한다.**(전기공급약관 시행세칙 제46조의 2 제1항)** 따라서 '특별한 사정'이 있는 경우, 하나의 전기사용장소에 일반용전력**(쉽게 말해 사무실 등에 사용되는 전력이다.)**과 '주택용전력 이외의 계약종별(교육용·산업용·농사용전력)'이 존재한다면 원칙적으로 일반용전력만이 전체 전기사용장소에 적용되어야 한다.**(전기공급약관 제65조 제1항 단서 '표')** 그러나, '주택용전력 이외의 계약종별(교육용·산업용·농사용전력)'에 해당하는 사용설비 또는 변압기설비용량이 전체 사용설비 또는 변압기설비용량의 90% 이상이고 전기사용자가 1인일 때는 그 전부에 대해 일반용전력이 아닌 '주택용전력 이외의 계약종별(교육용·산업용·농사용전력)'이 적용될 수 있다.**(전기공급약관 제65조 제1항 단서 예외조항 제1호)** 이에 대한 적용례는 아래와 같다.**(자세한 내용은 '계약종별'편에서 기술하였다.)**

서울고등법원 2013. 5. 31. 선고 2012나56391 판결(항소기각 확정)

피고(한전)는 2011. 3. 7.경 원고(A주식회사)에게 "동일 전기장소에 2이상의 계약종별을 적용하기 위해서는 각각의 설비를 분리하여 전기사용계약을 체결해야 하고(전기공급약관 제18조), 산업용과 일반용 설비가 혼재한 설비에 대해 1개의 계약종별을 적용하기 위해서는 산업용 사용설비(용도에 따라 변압기가 분리된 경우는 변압기 설비용량)가 90% 이상이고, 전기사용자가 1인일 때에 산업용전력 계약종별로 적용이 가능(전기공급약관 제65조)하다. 원고(A주식회사)의 산업용전력 적용 수용에 대한 사용실태를 조사한 바에 의하면, 유틸리티 생산시설은 본관동과 이 사건 건물을 위한 공용설비로 사용되고 있으며, 이 사건 건물에는 원고(A주식회사) 부하(M층,5층)와 별도 법인(회사)인 B의 제조(1·3

층) 및 연구·사무실(4층) 부하가 혼재되어 있으며, 자(子)수용 중 순수제조설비는 약 1/3에 미치지 못하는 것으로 파악되고 있다. 따라서 제조설비에 대해 산업용전력을 적용받기 위해서는 순수제조설비(1·3층)에 대해 별도로 부하를 분리할 경우 적용가능함을 알리니 조속히 계약정상화 조치를 하여 주기 바란다.'는 등 내용의 서면을 보냈다.....(중략).....원고(A주식회사)는 2006. 9.경부터 천안 소재 공장에서 OLED를 생산하였다. 원고(A주식회사)는 2009. 7. 15. B에게......(중략).....임대하였다. B는 2009. 6.경 이 사건 건물에 입주하면서 OLED 시제품 생산시설을 리튬이온 배터리 제조시설로 변경하여 사용하였다. 다만, 원고(A주식회사)는 이 사건 건물의 일부를 실험실, 사무실 등으로 계속 사용하였다. 2011. 1. 25.을 기준으로 피고(한전) 용인지점 담당자가 계측한 바에 따르면 이 사건 건물의 전체 전기사용량 2,567,760KWH 중 유틸리티 생산설비의 전기사용량이 862,600KWH로 전체 전기사용량의 33.6%에 이르고, 유틸리티 생산설비 전기사용량 중 47.3%에 해당하는 407,940KWH는 이 사건 건물이 아닌 기흥사업장 내 다른 본관동, 연구동, 실험동을 위한 용도로 사용되었으며, 리튬이온 배터리 제조설비 전기사용량은 818,225KW로서 전체 전기사용량의 31.9%이었고, 유틸리티와 리튬이온 배터리 제조설비에 사용된 전력 이외의 전력은 원고(A주식회사)와 B의 사무실, 실험실 등에 사용되었다.....(중략).....2007. 7.부터 2010. 12.까지 이 사건 건물의 계약전력 중 90% 이상이 원고(A주식회사)의 디스플레이 제조업에 사용되지 아니하여 이 사건 건물이 전기공급약관 제65조 단서의 예외조항 제1호에서 정한 산업용전력의 적용대상에 해당하지 아니하였던 사실을 인정할 수 있고.....(중략).....달리 반증이 없다.

※ 본 판시내용은 하나의 건물에 일반용전력(사무실)과 산업용전력(생산설비)가 적용되는 경우, 산업용전력의 변압기설비용량이 전체 변압기설비용량의 90% 이상이 되지 않는다면, 건물 전체에 일반용전력이 적용되어야 한다는 것이다.

2) 전기공급약관 시행세칙에 따라 2이상의 전기사용계약단위를 구분할 수 있는 경우

① 단독주택

원칙적으로 부속건물(별채·창고·차고)을("부속건축물"이란 같은 대지에서 주된 건축물과 분리된 부속용도의 건축물로서 주된 건축물을 이용 또는 관리하는 데에 필요한 건축물을 말한다(건축법 시행령 제2조 제12호)) 포함한 단독주택은 1전기사용계약단위가 된다. 다만, 여러 가구가 거주하는 '1주택수가구'의 경우, 개별세대는 각 1가구를 1전기사용계약단위로 할 수 있다.(전기공급약관 시행세칙 제10조의 2 제1항 제1호)

② 공동주택

공동주택은 아파트, 연립주택, 다세대주택과 주거용 오피스텔 등을 말한다.(**전기공급약관 시행세칙 제10조의 2 제4항**) 주거용 오피스텔은 건축법 시행령 및 주택법 시행령에서 업무시설과 준주택으로 각각 규정되어 있다. 그러나 계약종별은 전기사용용도를 기준으로 결정되므로,(**전기공급약관 제55조**) 업무용이 아닌 실제 주거용 오피스텔은 주거용으로 사용되는 이상 주택용전력이 적용된다.(**전기공급약관 제56조 제1항 제4호**)

저압으로 전기를 공급하는 경우, 독립된 각각의 집을 1전기사용계약단위로 하고 공동설비(**공동설비란 승강기, 중앙공급식 냉ㆍ난방설비 등 회계주체가 다른 2호 이상의 고객이 공동으로 사용하며 전기배선을 회계주체별로 분리할 수 없는 설비를 말하며, 공동주택 등 주거용에서 사용하는 냉난방설비는 중앙공급식 냉난방설비에 한한다(전기공급약관 시행세칙 제10조의 2 제5항) 이하 공동설비에 관한 내용은 동일하다**)는 전부 또는 동별로 구분하여 1전기사용계약단위로 할 수 있다. 다만, 기능이 서로 다른 2이상의 공동설비가 있고 구내배선이 구분된 경우에는 그 각각을 1전기사용계약단위로 할 수 있다.(**전기공급약관 시행세칙 제10조의 2 제1항 제2호**) 고압으로 전기를 공급하는 경우에는 1전기사용장소 전체를 1전기사용계약단위로 할 수 있다.(**대개 입주자대표회의가 전기사용계약의 당사자가 된다**) 이 경우 종전에는 단일계약방법이나 종합계약방법으로만 전기사용계약이 체결되었으나,(**공동주택의 전기사용계약 체결방법은 별도의 항목으로 후술하였다**) 개정 전기공급약관 시행세칙(2018.1.1. 시행)은 고압의 경우에도 전기사용자가 희망하고, 기술적으로 가능하다면, 각각의 집을 1전기사용계약단위로 하고, 공동설비 전체를 1전기사용계약단위로 설정할 수 있도록 규정하였다.(**전기공급약관 시행세칙 제10조의 2 제1항 제2호**) 따라서 개별 세대(各戶)가 한전과 직접 전기사용계약을 체결할 수 있게 되어,(**이 경우 '변압기설비 공동이용계약'(전기공급약관 제25조)을 체결한다.**) 전기요금 산정에 투명성을 기할 수 있게 되었다.

③ 상점부 주택

상점부 주택은 주거용 방(취사가능)과 상점이 동일한 공간에 있는 구조의 주택을 말한다.**(쉽게 말해 시골 구멍가게를 생각하면 된다)** 이러한 상점부 주택은 원칙적으로 부속주택을 포함한 1건물을 1전기사용계약단위로 한다. 그러나 독립된 상점과 주택부분이 있고 그 사이가 고정된 벽으로 구분된 경우에는 그 각각을 1전기사용계약단위로 할 수 있다. 또한 1건물에 사용자가 다른 2이상의 상점(주거기능이 있는 경우를 포함)이 있고 고정된 벽으로 구분되었다면 그 각각을 1전기사용계약단위로 할 수 있다.**(전기공급약관 시행세칙 제10조의 2 제1항 제3호)**

④ 사무실, 관공서, 학교, 판매·영업시설(시장·상점·상가·백화점·쇼핑센터), 오피스텔(업무용), 공장, 병원 및 기타

저압으로 공급하는 경우

전기사용자가 다른 2이상의 부분이 있고, 고정된 벽 등으로 구분이 되어 있다면 전기사용자는 각 부분에 대해 별도의 전기사용계약을 체결할 수 있다. 이때 승강기 등 공동설비**(공동설비란 승강기, 중앙공급식 냉·난방설비 등 회계주체가 다른 2호 이상의 고객이 공동으로 사용하며 전기배선을 회계주체별로 분리할 수 없는 설비를 말하며, 공동주택 등 주거용에서 사용하는 냉난방설비는 중앙공급식 냉난방설비에 한한다(전기공급약관 시행세칙 제10조의 2 제5항) 이하 공동설비에 관한 내용은 동일하다)**는 별개의 전기사용계약단위로 구분된다.**(전기공급약관 시행세칙 제10조의 2 제1항 제4호 가목)**

고압으로 공급하는 경우(계약전력이 1,000KW 미만인 경우)

저압으로 공급하는 경우와 마찬가지로 전기사용자별로 전기사용계

약이 체결될 수 있다. 즉, 고정된 벽 등으로 구분되고, 전기사용자가 다른 2이상의 부분이 있는 경우(통신사업자의 중계기 등 외부인 임대시설 포함)에는 전기사용자는 각 부분에 대해 별도의 전기사용계약을 각 체결할 수 있다. 이 때 승강기 등 공동설비는 별개의 전기사용계약단위로 구분하는 것을 원칙으로 한다.

고압으로 공급하는 경우(계약전력이 1,000KW 이상인 경우)

계약전력 1,000KW 미만의 경우와 달리, 계약전력 1,000KW 이상인 경우에는 전기사용자별로 별도의 전기사용계약이 체결될 수는 없다. 다만, 고정된 벽 등으로 구분된 경우 ① 소유자별로, ② 사용자가 다른 경우에는 층별 또는 전용변압기별로 전기사용계약이 체결될 수 있다. 다만, 통신중계기 등 외부인 임대시설은 별도의 전기사용계약단위로 구분될 수 있다. 또한 공동설비는 원칙적으로 별개의 전기사용계약단위로 구분된다.

⑤ 아파트형 공장

[아파트형 공장은 공장, 지식산업의 사업장 또는 정보통신산업의 사업장이 6개 이상 입주할 수 있는 지상 3층 이상의 집합건축물을 말한다(산업집적법 시행령 제4조의6) 아파트형공장은 현재 지식산업센터로 명칭이 변경되었다(산업집적법 부칙[법률 제10252호, 2010.4.12.] 제4조)

아파트형 공장은 구획별로 전기사용계약을 체결할 수 있다. 원칙적으로 계약전력 1,000KW 이상이고 고압으로 전기를 공급하는 경우 소유자별로, 사용자가 다른 경우에는 층별 또는 전용변압기별로 전기사용계약을 체결할 수 있을 뿐, 사용자별 전기사용계약체결은 불가능하다.**(전기공급약관 시행세칙 제10조의 2 제1항 제4호 나목)**

그러나 아파트형 공장의 경우 그 특수성을 감안하여 전기공급약관 시행세칙은 '계약전력에 관계없이' 사용자별 전기사용계약 체결이

가능하도록 규정하였으며, 동일 사용자가 다수의 구획을 사용하는 경우에도 구획별로 전기사용계약을 체결할 수 있도록 규정하였다. **(전기공급약관 시행세칙 제10조의 2 제1항 제4호 라목)**

⑥ 1구내·1건물내의 주택부분

1구내나 1건물내에 주택부분이 있는 경우 상술한 '단독주택', '공동주택'의 예에 따라 전기사용계약단위가 구분된다.**(전기공급약관 시행세칙 제10조의 2 제1항 제4호 다목)**

⑦ 상가부 공동주택

상가부 공동주택의 경우 공동주택부분(위 '공동주택'의 예에 따름)과 상가부분(위 '사무실, 관공서, 학교, 판매 및 영업시설(시장·상점·상가·백화점·쇼핑센터), 오피스텔(주거용 제외), 공장, 병원 및 기타'에 따름)을 구별하여 전기사용계약을 체결할 수 있다. 즉, 공동주택부분과 상가부분이 있고, 그 사이가 고정된 벽으로 구분된 경우(이른바 주상복합건축물 등) 공동주택부분은 저압으로 공급하는 경우 독립된 각 1호를 기준으로, 고압으로 공급하는 경우 1건물 전체를 전기사용계약단위로 할 수 있으며, 상가부분은 저압 또는 계약전력 1,000KW 미만의 고압으로 공급하는 경우에는 사용자별로, 계약전력 1,000KW 이상의 고압으로 공급하는 경우에는 소유자별·사용자가 다른 경우 전용변압기별 또는 층별로 계약을 체결할 수 있다. 아울러 공동설비는 저압으로 공급하는 경우 공동설비를 별개로 구분하며, 고압으로 공급하는 경우 별개의 전기사용계약체결을 원칙으로 한다.

⑧ 가로등

등주 1본을 1전기사용계약단위로 한다. 다만, 고객소유의 배선으로 2본 이상이 연결되어 1구역을 이르는 경우에는 1구역을 1전기사용계약단위로 한다.**(전기공급약관 시행세칙 제10조의2 제1항 제6호)**

⑨ 광고등

별도의 전기사용계약단위로 하지 않고 주된 전기사용장소 내의 부속설비로 한다. 다만, 도로 등에 설치하거나 소유자 또는 사용자가 다른 경우에는 그 각각을 1전기사용계약단위로 할 수 있다.**(전기공급약관 시행세칙 제10조의2 제1항 제7호)**

⑩ 용접기

용접기 등의 사용설비가 다른 고객의 전기사용을 방해할 우려가 있는 경우 단독변압기를 설치하여 별도로 전기사용계약을 체결할 수 있다.

[전기공급약관 시행세칙 제10조의 2 제2항]
용접기 등의 사용설비가 다른 고객의 전기사용을 방해할 우려가 있다고 기술적으로 판단될 경우에는 단독변압기를 설치하여 별도로 전기사용계약을 체결할 수 있다. 다만, 삼상 4선식 220V/380V 공급고객이 단상용접기를 사용할 경우로서 다음에 해당할 경우에는 증설로 처리하되 당해 고객에게는 전용 저압선 및 인입선을 시설한다.
1. 사용용접기의 단위용량이 10kVA 이하로서 공용변압기 용량이 50kVA 이상인 경우
2. 공급하는 변압기가 당해 고객에게만 공급하는 경우

⑪ 부대시설

주된 전기사용자의 운영에 필요한 동일 전기사용장소내 부대시설은 주된 전기사용자의 전기사용계약단위에 포함한다. 이 때 부대시설이란 사택을 제외한 사무실, 후생시설 및 부속시설 등을 말한다.**(전기공급약관 시행세칙 제10조의 2 제3항 본문)** 한편, 농사용전력의 전기사용자는 전기사용장소 내의 부대시설을 주된 전기사용계약단위에 포함시킬 수 없다. 따라서 농사용전력의 전기사용자는 전기사용용도를 확인 후, 해당 계약종별로 별도의 전기사용계약을 체결하여야 한다.**(농사용전력의 부대시설에 관한 전기공급약관 시행세칙 제10조의 2 제3항**

단서는 2017. 7. 17. 신설되어 시행되었다 한편, 교육용·산업용전력의 전기사용자는 농사용전력과 달리, 주된 전기사용계약단위에 부대시설을 포함시킬 수 있다(전기공급약관 제58조 제3항 및 제59조 제4항))

3) 경제적·기술적 특수성 등이 있는 경우

전기공급약관 시행세칙 제10조의 2에 따른 전기사용계약단위의 구분은 전기사용 용도, 검침 및 설비유지 관리, 집합건물 관리사무소의 관리능력, 전기요금 채권·채무의 명확화, 경제적·기술적 특수성 등을 감안하여 고객과의 협의를 통해 합리적으로 변경될 수 있다. **(전기공급약관 시행세칙 제10조의 2 제6항)** 아파트형공장 내에서 동일한 전기사용자가 고정된 벽으로 구분된 다수의 구획을 사용하는 경우, 각각의 구획을 전기사용계약단위로 할 수 있는데,**(전기공급약관 시행세칙 제10조의 2 제1항 제4호 라목)** 이 역시 경제적 특수성을 감안하여 이루어진 것이다.

(3) 공동주택의 전기사용계약 체결방법

공동주택**(공동주택이란 아파트, 연립주택, 다세대주택, 주거용 오피스텔 등을 말한다(전기공급약관 시행세칙 제10조의 2 제3항))**은 세대수가 많고 공동으로 사용하는 설비도 있어 단독주택과는 차이가 있다. 따라서 전기공급약관은 공동주택에 대해 별도의 전기사용계약 체결방법을 두고 있다. 공동주택의 전기사용계약 체결방법에는 호별계약(저압 220V의 경우)과 단일계약·종합계약·변압기설비 공동이용계약(고압 22.9KV의 경우)이 있다. 실무상 공동주택의 공동설비 사용량을 제외한 주거용 부분의 계약전력이 500KW 이상인 경우에만 고압(22.9KV)으로 전기를 공급하고 있다. 한편, 공동주택은 원칙적으로 공동설비**(공동설비란 승강기, 중앙공급식 냉·난방설비 등 회계주체가 다른 2호 이상의 고객이 공동으로 사용하며 전기배선을 회계주체별로 분리할 수 없는 설비를 말한다 다만, 공동주택 등 주거용에서 사용하는 냉난방설비는 중앙공급식 냉난방설비에 한한다(전**

기공급약관 시행세칙 제10조의 2 제5항))를 포함한 1구내를 1전기사용장소로 하여 전기를 공급받는다.(전기공급약관 시행세칙 제10조의 2 제4항 제2호)

1) 호별계약

저압으로 전기를 공급받는 공동주택의 경우, 독립된 각각의 집을 1전기사용계약단위로 하여 전기사용계약을 체결하는데 이를 호별계약이라 한다.(이 경우, 各戶의 수만큼 전기사용계약이 체결된다) 이 경우 실무상 주거부분에는 주택용전력 저압요금이, 공동설비에는 주택용전력 저압요금 또는 일반용전력(갑) 저압요금(전기사용자가 희망하는 경우)이 적용된다. 또한 실무상 호별계약은 입주민 전체의 호별계약에 대한 동의와 추가시설부담금 납부동의를 필요로 한다. 아울러 개폐기·변압기 등 한전의 공급설비 설치장소도 무상으로 제공되어야 한다.(전기공급약관 제23조 제3항 제3호) 한편 실무상 세대별 전력량계는 한전이 설치·관리한다.

2) 단일계약

고압으로 전기를 공급받는 공동주택에서, 공동설비 사용량을 포함한 전체 사용전력량을 주택용전력 적용대상 호(戶)수로 나눈 호별 평균 사용량에 의해 전기요금을 계산하는 방식을 단일계약이라 한다.

[전기공급약관 시행세칙 제10조의 2 제4항 제1호 가목 (2017. 7. 17. 시행)]

아파트 단일계약방법이란 약관 제67조(요금의 계산) 제3항에 의거 아파트 1구내(또는 1건물)에 고압 이상의 전압으로 전기를 공급하고, 요금은 공동설비 사용량을 포함한 전체 사용전력량(주택용전력 이외의 요금을 적용하는 부분이 있는 경우 이를 제외)을 주택용전력 적용대상 호수(戶數)로 나누어서 평균사용량을 산출하고 이에 대한 기본요금 및 전력량요금에 주택용전력 적용대상 호수를 곱한 것을 주택용전력 적용대상 전체 기본요금 및 전력량요금으로 하는 것을 말한다. 다만, 개별세대 사용량중 주택용전력 이외의 요금을 적용하는 부분이 있을 경우에는 해당종별로 요금을 계산하며 아파트 전체요금은 세대분 요금과 공동설비 요금을 모두 합산하여 계산한다.

이 경우 실무상 주거부분 및 공용설비 모두 주택용전력 고압요금을 적용된다. 단일계약은 건물 준공일(준공전 임시사용승인의 경우 임시사용승인일) 이후 최초 입주자가 입주한 날부터 적용될 수 있다. **(전기공급약관 시행세칙 제10조의 2 제4항 제6호)** 또한 실무상 전기사용자는 자신의 비용으로 세대별 전력량계를 설치하고 관리하여야 한다. 한편, 개별세대 거주 건물(또는 개별세대 거주구역)과 명확히 구분된 공동설비 중 교육용전력 적용대상에 대해서는 전기사용자가 희망하는 경우, '변압기설비 공동이용계약'**(전기공급약관 제25조)**을 통해 전기를 공급받을 수 있다.**(전기공급약관 시행세칙 제10조의 2 제4항 제4호(2017. 7. 17. 신설))**

(구 시행세칙 제10조의 2 제4항 제1호 가목 단서 조항의 '주택용전력 이외의 요금을 적용하는 부분이나 공동설비 중 교육용을 적용하는 부분이 있을 경우'는 '주택용전력 이외의 요금을 적용하는 부분이 있을 경우'로 개정되었다 동시에 전기공급약관 시행세칙 제10조의 2 제4항 제4호가 신설되어, 주거부분과 명확히 분리된 교육용 공동시설(유치원 등)은 별도의 '변압기설비 공동이용계약'을 체결하여 교육용 전력요금을 적용받을 수 있다)

3) 종합계약

종합계약이란 아파트 1구내에 고압 이상의 전압으로 전기를 공급받는 경우, 세대별 사용량은 단독주택과 동일하게 주택용전력 저압요금을 적용하고, 공동설비 사용량은 일반용전력(갑) 고압요금을 적용하여 요금을 계산하는 방법을 말한다.

[전기공급약관 시행세칙 제10조의 2 제4항 제1호 나목]
아파트 종합계약방법이란 아파트 1구내(또는 1건물)에 고압 이상의 전압으로 전기를 공급하고, 주택용전력 적용대상 호별 사용량은 주택용 저압전력 요금을 적용하고 공동설비는 일반용전력(갑) 고압전력 요금을 적용하는 것을 말한다. 다만, 주택용 전력 이외의 요금을 적용하는 세대에 대하여는 해당 종별의 저압요금을 적용하고 공동설비 중 교육용전력 적용대상에 대하여는 교육용 고압요금을 적용하며 아파트 전체요금은 세대분 요금과 공동설비 요금을 모두 합산하여 계산한다.

종합계약은 상시수전설비 준공일부터 적용이 가능하다.**(전기공급약관 시행세칙 제10조의 2 제4항 제6호)** 세대별 전력량계는 단일계약과 마찬가지로 전기사용자가 설치·관리해야 한다. 한편, 개별세대 거주 건물(또는 개별세대 거주구역)과 명확히 구분된 공동설비 중 교육용전력 적용대상에 대해서는 전기사용자가 희망하는 경우, '변압기설비 공동이용계약'을 통해 전기를 공급받을 수 있다.**(전기공급약관 시행세칙 제10조의 2 제4항 제4호)**

4) 변압기설비 공동이용계약

종전에는 고압으로 전기를 공급받는 공동주택의 경우 단일계약 또는 종합계약만 가능하였다 그러나, 개정 전기공급약관 시행세칙(2018. 1.1.시행)은 고압의 경우에도 전기사용자가 희망하고, 기술적으로 가능하다면, 각각의 집을 1전기사용계약단위로 하고, 공동설비 전체를 1전기사용계약단위로 설정할 수 있도록 규정하였다.**(전기공급약관 시행세칙 제10조의 2 제1항 제2호 나목 단서)** 따라서 개별 세대(各戶)가 한전과 직접 전기사용계약(전기공급약관 제25조 변압기설비 공동이용계약)을 체결할 수 있게 되어, 전기요금 산정에 투명성을 기할 수 있게 되었다. 변압기설비 공동이용계약의 경우, 종합계약과 동일하게 주거부분은 주택용전력 저압요금을, 공동설비부분은 일반용전력(갑) 고압요금을, 공용설비 중 교육용전력 적용대상은 교육용전력 고압요금을 적용한다.**(전기공급약관 제67조 제4항)** 또한 변압기설비 공동이용계약은 상시수전설비 준공일부터 적용될 수 있다. 단일계약·종합계약과 달리 한전이 세대별 전력량계를 설치하여 관리한다.

5) 공통사항

공동주택의 공동설비는 변압기설비 공동이용계약을 통해 전기를 공급받을 수 있다. 이때 계약종별**(계약종별은 전기사용용도에 따라 주택용전력, 일반용전력 등으로 구분된다(전기공급약관 제55조))**은 상수도가압설비·

오수정화시설의 경우 산업용전력이, 구내보안등의 경우 가로등(을) 이 적용된다.**(전기공급약관 시행세칙 제10조의2 제4항 제3호)** 다만, 실무 상 전기사용자가 원하는 경우 공동설비의 일반적인 전기요금(호별계 약: 주택용전력 저압, 단일계약: 주택용전력 고압, 종합계약·변압기 설비 공동이용계약: 일반용전력(갑) 고압)이 적용될 수 있다. 또한 계약전력이 500KW미만인 공동설비는 저압으로 전기를 공급받을 수 있다.**(전기공급약관 시행세칙 제14조 제2항 제6호)**

한편, 상가는 공동주택과는 다른 별개의 1전기사용장소로써 별도의 인입을 통해 전기를 공급받는다. 다만, 부득이한 경우에는 변압기설 비 공동이용계약에 따라 전기를 공급받을 수 있다.**(전기공급약관 시행 세칙 제10조의 2 제4항 제2호)**

5) 계약변경

종합계약(고압)에서 단일계약(고압)으로 변경하는 경우 변경신청일이 속하는 검침월분부터 단일계약방법으로 전기요금을 계산한다. 단일 계약(고압)에서 종합계약(고압)으로 변경하는 경우, 변경신청일부터 정기점검일까지 기간이 5영업일 이상이라면 신청일이 속하는 검침 월분부터 종합계약방법으로 전기요금을 계산한다.

[전기공급약관 시행세칙 제10조의2 제4항 제5호]
단일계약방법을 적용받고 있는 아파트 고객이 종합계약방법으로 계약방법을 변 경할 때 변경신청일부터 정기검침일까지 기간이 5 영업일 이상일 경우에는 신청 일이 속하는 검침월분 요금부터 변경 신청한 계약방법으로 요금을 계산하며, 종 합계약방법을 적용받고 있는 아파트 고객이 단일계약방법으로 계약방법을 변경 할 때는 신청일이 속하는 검침월분 요금부터 변경 신청한 계약방법으로 요금을 계산한다. 이때 계약방법을 변경한 고객은 변경후 1년 이내에 다른 계약방법으 로 변경할 수 없다. 다만, 고압아파트 요금제도의 변경, 아파트 관리주체가 건 설 사업주체에서 관리사무소 등으로 변경되는 경우에는 1년 이내라도 1회에 한 하여 계약방법을 변경할 수 있으며, 신규고객은 신설후 1년 이내 2회에 한하여 계약방법을 변경할 수 있다. 계약방법의 변경이 있는 경우 전기요금 등 기타 계 약내용은 변경된 계약방법을 따른다.

단일·종합계약(고압)에서 호별계약(저압)으로 변경하는 경우, 실무상 입주자 전원의 호별계약에 대한 동의와 추가시설부담금 납부동의가 필요하며, 아울러 한전의 전기공급설비 설치장소도 무상으로 제공되어야 한다.**(전기공급약관 제23조 제3항 제3호)**

Ⅲ. 전기자동차 충전용설비에 대한 전기사용계약기준

전기공급약관 제18조의 3(전기자동차 충전용설비에 대한 전기사용계약기준)

전기자동차 충전용설비에 대한 전기사용장소 획정, 전기사용계약단위 구분 등 전기사용계약기준은 세칙에서 정하는 바에 따릅니다.

전기공급약관 시행세칙 제10조의 3 (전기자동차 충전용설비에 대한 전기사용계약기준)

① 약관 제18조(전기사용장소)에 불구하고 고객이 희망할 경우에는 전기자동차 충전용 설비에 대해서 별도의 전기사용장소로 구분할 수 있다.

② 전기자동차 충전용설비에 대한 공급전압은 약관 제23조(전기공급방식, 공급전압 및 주파수)에 따라 결정하며, 충전용설비 전체에 대하여 1전기사용계약을 체결한다.

③ 전기자동차 충전용설비에 대해서는 별표4(기본공급약관 특례) 제4호에서 정한 전기자동차 충전전력 전기요금을 적용할 수 있도록 적합한 전력량계를 설치한다.

④ 전기자동차 충전용설비의 시설부담금 등 기타 공급조건은 기본공급약관을 적용한다.

※ 전기자동차 충전설비에 관한 전기사용계약체결시, 집합건물법·공동주택관리법 등 관련 규정상의 관리방법 법정 요건을 충족해야 한다.

Ⅳ. 계약전력 결정기준

전기공급약관 제19조 (계약전력 결정기준)

① 계약전력은 제20조(계약전력 산정) 제1항과 제2항에 따라 산정한 것 중 고객이 신청한 것을 기준으로 결정합니다.

② 제1항의 경우 고압이상으로서 사용설비를 기준으로 신청하는 경우에는 고객과 한전이 협의하여 결정합니다. 다만, 현장여건상 사용설비의 조사가 곤란하거나 한전 직원의 출입이 쉽지 않은 경우에는 변압기설비를 기준으로 결정합니다.

③ 순수 주거용으로 전기사용을 신청하는 경우에는 제1항과 달리 계약전력을 결정할 수 있습니다.

1. 개설(槪說)

(1) 의의

계약전력은 변압기 또는 사용설비를 기준으로 하거나, 전기사용자와 한전이 협의한 최대수요전력을 기준으로 한 계약상의 최대전력을 말한다.**(전기공급약관 제6조 제9호)** 계약전력은 전기공급방식·공급전압 결정기준이 되며,**(전기공급약관 제23조 제1항)** 기본요금(전기공급약관 제67조 제1항)·초과사용부가금**(전기공급약관 제67조의3)**의 부과기준이 된다.

(2) 결정방법

계약전력은 전기사용자의 신청에 따라 변압기설비 또는 사용설비를 기준으로 결정된다. 실무상 저압의 경우 사용설비를 기준으로 계약전력을 정하고 있다. 고압 이상으로 전기를 공급받기 위해 사용설비를 기준으로 계약전력을 신청한 전기사용자는 한전과 협의하여 계약전력을 정해야 한다. 다만, 현장상 사용설비조사가 곤란하거나 한전 직원 출입이 쉽지 않은 경우 변압기설비를 기준으로 계약전력을 결정해야 한다.**(전기공급약관 제19조 제2항)** 22.9KV S.N.W방식으로 전기를 공급받는 경우에도 위와 같이 한전과 협의하여 사용설비를 기준으로 한 계약전력을 산정해야 하고, 사용설비조사가 곤란한 경우라면 변압기설비를 기준으로 계약전력을 정해야 한다.**(전기공급약관 시행세칙 제11조 제2항)** 전기로를 소유한 고객의 경우에도 마찬가지이다. **(전기공급약관 시행세칙 제12조 제2항 제7호)** 한편, 주택용전력의 경우 사용설비 합계가 3KW미만이라면 전기사용자의 계약전력을 3KW로 간주한다.**(전기공급약관 시행세칙 제12조 제1항 제5호)**

V. 계약전력 산정

전기공급약관 제20조 (계약전력 산정)

① 사용설비에 의한 계약전력은 사용설비 개별 입력의 합계에 다음 표의 계약전력환산율을 곱한 것으로 합니다. 이 때 사용설비 용량이 입력과 출력으로 함께 표시된 경우에는 표시된 입력을 적용하고, 출력만 표시된 경우에는 세칙에서 정하는 바에 따라 입력으로 환산하여 적용합니다.

구 분	계약전력 환산율	비 고
처음 75kW에 대하여	100%	계산의 합계 끝수가 1kW 미만일 경우에는 소수점 이하 첫째 자리에서 반올림 합니다.
처음 75kW에 대하여	80%	
다음 75kW에 대하여	75%	
다음 75kW에 대하여	65%	
300kW 초과분에 대하여	60%	

다만, 사용설비 1개의 입력이 75kW를 초과하는 것이 있을 경우에는 초과 사용설비의 개별 입력이 제일 큰 것부터 하나씩 계약전력환산율을 100%부터 60%까지 차례로 적용하고, 나머지 사용설비의 입력합계에는 하나씩 적용한 계약전력환산율이 끝나는 다음 계약전력환산율부터 차례로 적용합니다.

② 변압기설비에 의한 계약전력은 한전에서 전기를 공급받는 1차 변압기 표시용량의 합계(1kVA를 1kW로 봅니다)로 하는 것을 원칙으로 합니다. 다만, 154kV이상으로 수전하는 고객은 최대수요전력을 기준으로 고객과 협의하여 결정할 수 있습니다.

1. 개설(槪說)

(1) 사용설비에 의한 계약전력 산정

고객의 선택에 따라 사용설비 또는 변압기설비에 의한 계약전력을 산정하나, 실무상 저압 전기공급의 경우 대부분 사용설비에 따라 계약전력이 산정된다. 사용설비에 의한 계약전력은 계약전력환산율을 곱합 것으로 한다. 사용설비 용량은 사용설비에 입력과 출력이 모두 표시되었다면 표시된 입력을 기준으로 하여 계약전력(입력(KW)x 계약전력환산율(100%~60%))을 산정하되, 출력만 표시된 사용설비는 입력으로 환산하여 동일한 방법으로 계약전력을 산정한다. 이때 사용설비의 출력이 KW와 마력(HP)표시되었다면 KW를 기준으로, 마력만 표시되었다면 1마력을 750W로 보고 계산한다.**(전기공급약관 시행세칙 제12조 제1항 제1호)** 또한 사용설비의 계산단위는 1W로 하고, 사용설비의 계약전력의 계산단위는 1KW로 하며, 양자 모두 계산단위 미만의 끝자리수는 첫째자리에서 반올림한다.**(전기공급약관 제7조 제1항)**

정격소비전력이 표시된 전기기기는 소비전력 용량을 입력용량으로 하며, 보호장치나 계기용변압기는 계약전력 산정대상에서 제외한다.**(전기공급약관 시행세칙 제12조 제1항 제6호 및 제7호)** 가로등(갑)은 사용설비에 따라 계약전력을 결정하며, 단위는 와트(W)로 한다.**(전기공급약관 시행세칙 제12조 제1항 제4호)** 주택용전력은 사용설비의 합계가 3KW 미만일 경우 계약전력을 3KW로 한다.**(전기공급약관 시행세칙 제12조 제1항 제5호)** 명판에 따라 입력환산할 수 없는 전기기기의 용량은 한전의 입력시험(용량시험)에 따라 결정한다.**(전기공급약관 시행세칙 제12조 제1항 제8호)** 회전위상변환기**(삼상전원이 없는 지역은 기설 삼상고압 이상의 전선로에서 2상3선식이나 단상2선식 고압 이상의 전선로가 10경간 이상 연장된 지역을 말한다(전기공급약관 시행세칙 제14조 제2항 제4호 라**

목). 이러한 지역에서는 회전위상변환기가 사용될 수 있다(전기공급약관 시행세칙 제14조 제2항 제5호))를 사용하는 전기사용자의 계약전력은 변환기 2차측 사용설비에 의해 결정된다.(전기공급약관 시행세칙 제12조 제1항 제9호)

조명기구, 소형기기, 수중전동기, X-RAY 장치, 소형통신중계기의 사용설비에 따른 계약전력 산정방법은 전기공급약관 시행세칙에서 자세히 규정하고 있다.(아래 시행세칙 참조)

전기공급약관 시행세칙 제12조 제1항 제2호
조명기구는 다음에 따라 사용설비의 용량을 계산한다.

　가. 형광등

　　형광등의 환산용량은 표시된 정격용량(W)의 125%로 한다.

　나. 수은등·메탈등·나트륨등 등의 방전등

　다. 고효율안정기를 설치한 조명기구

고효율안정기를 설치한 형광등, 메탈등, 나트륨등 등 고효율에너지기자재는 표시된 정격용량의 100%로 한다.

전기공급약관 시행세칙 제12조 제1항 제3호
소형기기(小型器機)의 수(數)가 콘센트의 수와 서로 다른 경우에는 다음에 따라 사용설비의 용량을 계산한다. 이 때 분기(分岐)소켓 등 고정적 이지 않은 것은 콘센트로 보지 않는다.

　가. 소형기기의 수(數)가 콘센트의 수보다 많은 경우 :
　　소형기기의 용량이 큰 순서대로 콘센트 수에 해당하는 소형기기의 용량을 합한 것을 사용설비의 용량으로 한다.

　나. 소형기기의 수(數)가 콘센트의 수보다 적은 경우 :
　　소형기기의 수를 초과하는 콘센트의 수에 대하여 다음 기준에 따라 용량을 산출하고, 이를 소형기기의 합계용량에 가산한 것을 사용설비의 용량으로 한다.

(1) 주택, 독신자합숙소 등 주거용 시설 : 초과 1콘센트마다 50W

(2) 그 밖의 시설 : 초과 1콘센트마다 100W

전기공급약관 시행세칙 제12조 제1항 제10호

수중전동기의 계약전력은 정격출력에 다음 표의 입력환산율을 적용한다.

구 분			수중전동기 입력환산율
오·배수용	저압	단상	146.3%
		삼상	137.5%
	고압		129.8%
깊은 우물용	저압	단상	159.6%
		삼상	150.0%
	고압		141.6%

전기공급약관 시행세칙 제12조 제1항 제11호

X-ray 장치의 계약전력은 다음과 같이 구분하여 결정한다.

가. 해당기기의 명판이나 사양서 등에 입력이 표시된 경우에는 그 입력을 기준으로 하고, 입력이 표시되어 있지 않은 경우에는 다음의 단상 X-ray 입력환산표를 기준으로 결정한다.

종별	최고정격 관전압(kVP)	최대정격 관전류(mA)	압력환산(kW)
치과용			1
치료용			정격1차최대입력
진단용	100kVP	300mA	18
	100kVP	500mA	30
	125kVP	500mA	37
	150kVP	500mA	46
축전기방전식 진단용	컨덴서용량 0.75μF 이하		1
	0.75μF 초과 1.5μF 이하		2
	1.5μF 초과 3.0μF 이하		3

나. 단상 X-ray 입력환산표에 따라 입력을 환산할 수 없는 경우에
는 기기명판이나 사양서 등에 기재된 단시간 정격에 따라 다음
과 같이 입력을 환산하여 결정한다. 이때 "단시간 정격"이란 1
초 이상의 사이에 X선관에 부하를 걸 수 있는 관전압 값 및
그 관전압에 있어서 최대전류 값의 조합을 말한다.

P = V×I×F×1/1000(kW)
P=입력(kW), V=최대정격출력을 얻는 관전압(kVP)
I =최대정격출력을 얻는 관전류(mA)
F=맥동율(단상 74%, 삼상 6피크형 95%, 삼상 12피크형 100%)

전기공급약관 시행세칙 제12조 제1항 제12호

광중계기 등 소형통신중계기는 공인시험기관에서 시행한 시험성적서
상의 입력용량(W)을 기준으로 계약전력을 산정하며 용량이 출력으로
만 표시된 경우에는 상기 1의 '소형기기' 입력환산률을 적용하여 입
력(W)으로 환산 한다. 다만, 입력 또는 출력이 피상전력(VA)으로만
표시된 경우에는 지상역률 90%를 곱하여 유효전력(W) 기준으로 계
약전력을 산정한다.

종전 전기공급약관 시행세칙 제12조 제1항 제13호(2016. 11. 1. 시
행)는 화재, 수해 등 비상시에만 가동하는 소방설비, 비상배수펌프
설비를 계약전력 산정대상에서 제외하였으나 현재는 삭제되었다. 대
신에, 저압으로 전기를 공급받는 전기사용자는 일반적인 공동설비와
비상설비를 구분하여 별도의 전기사용계약을 체결할 수 있도록 관
련규정이 신설되었다.

[전기공급약관 시행세칙 제10조의 4]

제10조의2(전기사용계약단위)에도 불구하고 저압으로 전기를 공급받는 공동설비
로서 재해 시에만 가동하는 소방설비, 배수펌프 등 비상설비의 경우, 고객의 요
청에 따라 전기사용계약단위를 공동설비와 별도로 구분할 수 있다. 다만, 변압
기설비 공동이용고객은 제외한다.

(2) 변압기설비에 의한 계약전력 산정

전기공급약관에 따르면 변압기설비에 의한 계약전력은 원칙적으로 1차 변압기 표시용량(이때 1KVA는 1KW로 본다)의 합계로 정해진다. 그러나 154KV이상으로 전기를 공급받는 전기사용자는 최대수요전력을 기준으로 한전과 협의하여 계약전력을 정할 수 있다.**(전기공급약관 제20조 제2항 단서 (2017. 1. 1.시행))** 구체적인 변압기설비에 의한 계약전력 산정방법은 다음과 같다.

1) 삼상공급을 위해 단상변압기를 결합한 경우

수전설비 결선도상 △ 또는 Y결선의 경우 결선된 단상변압기 용량의 합계를 계약전력으로 본다. 동일용량의 변압기를 V결선한 경우 결선된 단상변압기 용량합계의 86.6%로 한다. 서로 다른 용량의 변압기를 V결선한 경우 (큰용량변압기-작은용량변압기)+(작은용량변압기x 2 x 0.866)을 계약전력으로 본다.**(전기공급약관 시행세칙 제12조 제2항 제1호)**

2) 2차 변압기가 있는 경우

전기사용자가 희망하는 경우, 1차 변압기 설비가 아닌 2차 변압기설비 용량의 합계로 계약전력을 산정할 수 있다. 이 때 2차 변합기의 전원측과 동일한 전압의 사용설비가 있는 경우 해당 사용설비에 대해 사용설비에 의한 계약전력 산정 방법**(전기공급약관 제20조 제1항)**으로 계약전력을 산정한 후 2차 변압기설비 용량과 합산하여 계약전력을 정해야 한다.**(전기공급약관 시행세칙 제12조 제2항 제2호)**

변압기설비는 2차 변압기설비까지만 계약전력 산정의 대상이 되며, 2차 변압기설비 용량을 기준으로 계약전력을 결정하는 경우 2차 변압기설비 용량은 1차 변압기설비 용량보다 작아야 한다.**(전기공급약관**

시행세칙 제12조 제2항 제6호) 다만, 변압기설비를 공동으로 이용하는 전기사용자가 1차 변압기를 공동으로 이용(변압기설비 공동이용계약)하되 2차 변압기를 단독으로 사용하는 경우, 1차 변압기설비 용량의 120%까지를 계약전력으로 산정할 수 있다.**(전기공급약관 시행세칙 제16조 제2항 제1호 다목 (1))**

3) 154KV 이상의 고압으로 전기를 공급받는 경우

154KV 이상 고압으로 수전(受電)하는 전기사용자**(계약전력이 10,000KW를 초과하는 전기사용자를 말한다(전기공급약관 제23조 제1항))**는 변압기설비용량, 사용설비용량 외에도 최대수요전력(peak)을 기준으로 하여 계약전력을 산정할 수 있다.**(전기공급약관 제20조 제2항 단서(2017. 1. 1.시행))** 이 경우 전기사용자는 전년도 또는 유사·동종 업종의 최대수요전력을 고려하여, 한전과 계약전력을 협의하여야 한다. 이때 최대수요전력은 계약전력의 120%이내이어야 한다. 또한 기존 변압기 설비 용량에 따른 계약전력에서 협의에 의한 계약전력으로 변경하는 경우 원칙적으로 이미 설치된 MOF**(쉽게 말해 MOF는 (전압과 전류를 낮춰) 사용량을 측정하는 계기이다)**의 1차측 CT용량의 1단계 아래 범위내에서 계약전력을 결정해야 하며, 2단계 아래 범위로 계약전력 변경을 희망하는 경우 정확한 계측을 위해 적정 규격의 MOF로 교체해야 한다.**(전기공급약관 시행세칙 제12조 제2항 제11호(2018. 1. 16.시행))**

4) 사용설비와 변압기설비에 따른 계약전력을 모두 적용하는 경우

① 전등 변압기와 동력 변압기가 따로 있는 경우

동력을 주로 사용하기 위한 변압기에서 공급되는 사용설비에 대해 약관 제20조 제1항에 따라 산정한 용량(KW)과 전등 및 소형기기를 주로 사용하기 위한 변압기의 용량을 합하여 계약전력으로 할 수 있다.**(전기공급약관 시행세칙 제12조 제2항 제3호)**

②공급전압과 동일한 전압의 사용설비와 변압기설비가 같이 있는 경우

사용설비는 약관 제20조 제1항에 따라 산정하고, 변합기설비는 약관 제20조 제2항에 따라 산정하여 합친 값을 계약전력으로 한다.**(전기공급약관 시행세칙 제12조 제2항 제4호)**

5) 임시 변압기

수전(受電)용 주변압기 고장으로 임시변압기를 잠정설치하는 경우, 잠정설치기간은 3개월로 한다. 또한 임시변압기의 계약전력은 이미 설치된 주변압기 용량과 다르더라도 변경되지 않으며, 임시변압기 용량이 주변압기보다 큰 경우 잠정설치기간인 3개월이 경과하면 임시변압기 용량을 기준으로 계약전력을 변경한다. 만약 전기사용자가 잠정설치기간 만료일까지 주변압기 용량으로 교체하지 않거나, 임시변압기 용량으로 증설신청하지 않을 경우에는 잠정설치기간 만료일 다음날부터 위약처리 된다.**(전기공급약관 시행세칙 제12조 제2항 제10호)**

6) 3권선 변압기

3권선 변압기의 계약전력은 각 권선을 1차변압기로 간주하여 ⓐ 1차권선(전원측)의 표시용량, ⓑ 2차권선(부하측)+3차권선(부하측)의 표시용량, ⓒ 2차권선에 결선된 고압 이상의 사용설비 용량+3차권선(부하측)의 표시용량 중 (ⓐ,ⓑ,ⓒ 중) 가장 작은 것을 기준으로 한다. 다만, 사용설비측 전압이 저압인 수전변압기는 변압기 표시용량으로, 사용설비 전압이 고압 이상인 수전변압기는 변압기에 결선된 사용설비를 기준으로 결정할 수 있다.**(전기공급약관 시행세칙 제12조 제2항 제9호)**

7) FAN 부착 변압기

변압기 용량표시가 두가지인 경우 큰 것을 기준으로 계약전력을 산정하되, 풍냉장치(Fan)으로 인해 용량표시가 두가지로 된 경우 고객

은 풍냉장치를 제거하는 조건으로 용량이 작은 것을 기준으로 계약 전력을 산정할 수 있다.**(전기공급약관 시행세칙 제12조 제2항 제5호)**

8) 무효전력 보상설비 전용변압기

무효전력 보상설비 전용변압기는 계약전력 산정대상에서 제외한다. **(전기공급약관 시행세칙 제12조 제2항 제8호)**

9) 전기로를 소유한 전기사용자

전기로를 소유한 전기사용자는 전기로에 부착된 변압기의 용량을 기준으로 계약전력을 산정할 수 있다.**(전기공급약관 시행세칙 제12조 제2항 제7호)**

10) 교대 또는 계절성 설비

사용설비나 변압기설비 중 다른 설비와 동시에 사용할 수 없게 시설한 교대설비 및 예비설비가 있을 경우, 그 중 용량이 큰 사용설비나 변압기설비만을 계약전력 산정 대상으로 할 수 있다.**(전기공급약관 시행세칙 제12조 제3항 제1호)**

또한 사용설비나 변압기설비 중 여름철에만 사용하거나 겨울철에만 사용하는 설비가 함께 있는 경우 그 중 용량이 큰 사용설비나 변압기설비만을 계약전력 산정 대상으로 할 수 있다.**(전기공급약관 시행세칙 제12조 제3항 제2호)**

2. 법적쟁점(法的爭點)

하급심은 최초 계약체결시 뿐만 아니라 계약변경시에도 사용설비 또는 변압기설비로 계약전력을 산정할 수 있다고 판시하였다.

대구지방법원 2016. 10. 12. 선고 2016나303169판결(확정)

① 약관은 계약전력의 산정시 사용설비에 근거하여 이를 산정하도록 규정하고 있는바, 이 규정을 계약의 최초 체결시로 한정하여 해석할 근거는 없고, 계약전력의 감소, 즉 계약의 변경시에도 적용된다고 보아야 하는 점, ② 계약전력이란 원고(甲)가 실제 '사용한' 전력이 아니라 '사용할 수 있는' 전력을 뜻한다고 할 것인데, 사용설비를 그대로 둔 채 계약전력의 일부를 해지하거나 계약종별만 변경할 경우 기존의 사용설비가 그대로 사용될 위험성이 있으므로 계약전력을 사용설비에 의하여 산정할 필요성이 있는 점, ③ 약관 제13조의 '조치'에는 피고(한전) 공사가 현장에서 사용설비의 철거 여부를 확인하는 행위가 포함된다고 보이는 점 등을 모두 고려하면, 피고(한전) 공사가 원고(甲)에게 사용설비를 근거로 계약전력을 산정하고 그에 따라 전기요금을 부과하는 행위 및 피고 乙, 丙이 원고(甲)에게 계약전력의 감소시 사용설비의 철거와 같은 절차가 필요함을 설명한 행위가 약관을 위반하였다거나 약관에 없는 내용을 설명하여 위법한 것이라고 보기 어렵다.

제3장
전기의 공급방법 및 공사

제3장 전기의 공급방법 및 공사

Ⅰ. 공급

전기공급약관 제21조 (공급)

① 한전은 고객의 전기사용신청이 있을 경우 고객과 협의하여 수급 개시일을 정하고 공급을 위한 조치를 완료한 후 지체없이 전기를 공급합니다. 다만, 고객이 다음 중의 하나에 해당하는 경우에는 그 이행 또는 시정 후에 전기를 공급합니다.

  1. 시설부담금 및 변상금을 납부하지 않은 경우

  2. 요금, 위약금 및 보증금 등을 납부하지 않은 경우

  3. 일반용전기설비 고객으로서 법령이 정한 바에 따른 점검결과가 기술기준에 적합하지 않은 경우

  4. 자가용전기설비 고객으로서 사용전 검사를 받지 않거나 전기 안전관리담당자의 선임을 하지 않은 경우

② 한전은 기상여건·용지사정·전기공급설비 상황 등 부득이한 사유로 미리 정한 수급개시일에 전기를 공급하지 못하게 될 경우에는 그 이유를 통지하고 고객과 협의하여 다시 수급개시일을 정해 전기를 공급합니다.

※ 한전은 수급개시일에 맞추어 전기를 공급해야 하나, 고객의 책임으로 수급개시일에 공급하지 못한 경우 그 사유를 해결한 후에 공급하며, 한전의 부득이한 사유로 공급하지 못한 경우 고객과 협의하여 수급개시일을 다시 정한다.

Ⅱ. 공급방법

전기공급약관 제22조 (공급방법)
한전은 1전기사용계약에 대하여 1공급방식, 1공급전압 및 1인입으로 전기를 공급합니다. 다만, 부득이한 경우에는 인입방법을 달리할 수 있습니다.

1. 개설(槪說)

전기공급약관은 1전기사용계약에 대해 1공급방식, 1공급전압, 1인입(引入)으로 전기를 공급하며 1전력량계를 설치하도록 규정하고 있다.**(전기공급약관 제22조 및 제38조 제1항)**

그런데 1인입과 관련해, 부득이한 사정이 있는 경우에는 2이상의 인입이 가능하다. 즉, ① 22.9KV S.N.W 방식으로 전기를 공급받는 경우 1전기사용계약에 2이상의 인입으로 전기를 공급받게 되며, ② 계약전력 20,000 KW 초과 40,000 KW이하인 전기사용자가 전기공급약관의 일정요건을 만족한 경우 22.9KV 2회선으로 전기를 공급받게 된다. 또한 ③ 최대수요전력 400,000KW 초과하되 최대수요전력을 500,000 KW이하로 제한한 전기사용자가 전기공급약관의 일정요건을 만족한 경우 154KV 상시전력 2회선으로 전기를 공급받게 된다. 한편, 공동인입으로 전기를 공급받는 경우에는 2이상의 전기사용계약에 1인입으로 전기를 공급받게 되며, 기타 전기공급을 위해 불가피한 경우에는 적합한 인입방법으로 전기를 공급받을 수 있다.**(전기공급약관 시행세칙 제13조)**

Ⅲ. 전기공급방식, 공급전압 및 주파수

전기공급약관 제23조 (전기공급방식, 공급전압 및 주파수)

① 고객이 새로 전기를 사용하거나 계약전력을 증가시킬 경우의 공급방식 및 공급전압은 1전기사용장소 내의 계약전력 합계를 기준으로 다음 표에 따라 결정하되, 특별한 사정이 있는 경우에는 달리 적용할 수 있습니다. 다만, 고객이 희망할 경우에는 아래 기준보다 상위전압으로 공급할 수 있습니다.

계약전력	공급방식 및 공급전압
1,000 kW 미만	교류 단상 220V 또는 교류 삼상 380V중 한전이 적당하다고 결정한 한가지 공급방식 및 공급전압
1,000 kW 이상 10,000 kW 이하	교류 삼상 22,900V
10,000 kW 초과 400,000 kW 이하	교류 삼상 154,000V
400,000 kW 초과	교류 삼상 345,000V 이상

② 제1항에 따라 1,000kW 미만까지 저압으로 공급시에는 1전기사용계약단위의 계약전력은 500kW 미만이어야 하며, 공급기준은 세칙에서 정하는 바에 따릅니다.

③ 제1항에도 불구하고 다음 각 호의 하나에 해당하는 경우에는 공급전압을 달리 적용할 수 있으며, 세부기준은 세칙에서 정하는 바에 따릅니다.

　1. 신설 또는 증설 후 계약전력이 40,000kW 이하의 고객에 대해서는 한전변전소의 공급능력에 여유가 있고 전력계통의 보호협조, 선로구성 및 계량방법에 문제가 없는 경우 22,900V로

공급할 수 있습니다.

2. 신설 또는 증설 후의 계약전력이 400,000kW를 초과하는 고객에 대해서는 전력계통의 공급능력에 여유가 있고 전력계통의 보호협조, 선로구성 및 계량방법에 문제가 없는 경우 154,000V로 공급할 수 있습니다.

3. 제1항에 따라 고압 이상의 전압으로 공급받아야 하는 아파트 고객이 저압공급을 희망하고 개폐기·변압기 등 한전의 공급설비 설치장소를 무상으로 제공할 경우에는 저압으로 공급할 수 있습니다.

4. 해당지역의 전기공급상황에 따라 변전소 건설이 필요한 지역에서 고객이 변전소 건설장소를 제공할 경우에는 제1항에 불구하고 고객이 희망하는 특별고압 중 1전압으로 공급할 수 있습니다.

④ 한전이 고객에게 전기를 공급하는 경우의 표준전압별 전압유지 범위는 아래와 같으며, 주파수는 60헤르츠(Hz)를 표준주파수로 합니다.

표준전압	유지범위
110V	110V± 6V 이내
220V	220V± 13V 이내
380V	380V± 38V 이내

1. 개설

공급방식 및 공급전압은 1전기사용장소 내의 계약전력 합계를 기준으로 한다.**(전기공급약관 제23조 제1항 본문)** 다만, 전기사용자가 희망하는 경우 상위전압으로 전기를 공급받을 수 있다.**(전기공급약관 제23조 제1항 단서)** 개략의 기준은 아래 표와 같다.**(전기공급약관 제23조 제1항 본문)**

계약전력	공급방식 및 공급전압
1,000 kW 미만	교류 단상 220V 또는 교류 삼상 380V중 한전이 적당하다고 결정한 한가지 공급방식 및 공급전압
1,000 kW 이상 10,000 kW 이하	교류 삼상 22,900V
10,000 kW 초과 400,000 kW 이하	교류 삼상 154,000V
400,000 kW 초과	교류 삼상 345,000V 이상

(1) 저압의 공급기준

1) 공급전압

계약전력 1,000KW 미만인 전기사용자가 저압으로 전기를 공급받는 경우, 1전기사용계약단위의 계약전력은 500KW 미만이어야 한다.**(전기공급약관 제23조 제2항)** 또한 호별계약을 체결하는 공동주택은(저압 전기사용자), 기능이 다른 공동설비에 대해 각각 500KW미만까지 저압으로 전기를 공급받을 수 있다.**(전기공급약관 시행세칙 제14조 제2항 제6호)** 공급전압은 저압삼상의 경우 삼상4선식 220V/380V으로 한다. 다만, 삼상3선식 220V로 공급설비의 변경없이 공급이 가능하고 삼상4선식 220V/380V 공급설비의 신설이 곤란한 경우, 삼상3선식 220V로 공급이 가능하다.**(전기공급약관 시행세칙 제14조 제2항 제2호)** 또한 단상2선식 220V와 삼상3선식 220V를 삼상4선식 220V/380V로 공급하는 경우 1전기공급방식으로 본다.**(전기공급약관 시행세칙 제14조 제2항 제3호)**

2) 계약전력 500KW미만의 경우

① 원칙

신·증설 후 계약전력 합계가 150KW 이상인 경우, 전기사용자는 원칙적으로 '전기사용장소 내'의 한전 공급설비 설치장소를 제공해야만 저압으로 전기를 공급받을 수 있다(**전기공급약관 시행세칙 제14조 제3항 제1호 본문). (전기사용자는 유상 또는 무상으로 한전 공급설비 설치장소를 제공할 수 있다(전기공급약관 시행세칙 제15조 제2항))** 전기사용자가 제공한 설치장소에는 적정 규모의 변압기(지상변압기)가 설치되며, 해당 변압기는 필요한 경우 인근의 다른 전기사용장소에 전기를 공급할 수 있다.(**전기공급약관 시행세칙 제14조 제3항 제3호 가목)** 이 경우 시설부담금(공사비)은 지중공급 대상지역(**지중화 계획 등에 의해 지중전선로(地中電線路)로 전기가 공급되는 지역을 말한다(전기공급약관 제28조 제1항))**인 경우 지중표준시설부담금이 적용되고, 공중공급 대상지역(**공중전선로(空中電線路)로 전기가 공급되는 지역을 말한다(전기공급약관 제28조 제1항))**인 경우 기본시설부담금은 지중표준시설부담금이 적용되며, 거리시설부담금은 공중구간에서는 공중표준시설부담금이, 지중구간에서는 지중표준시설부담금이 적용된다.(**전기공급약관 시행세칙 제14조 제3항 제3호 다목 및 전기공급약관 별표4)** 또한 수급지점(**수급지점은 소유권의 경계점이자 전기안전책임의 한계점이다(전기공급약관 제28조 및 제52조))**은 한전 변압기의 고객측 연결점 또는 이에 준하는 지점이다.(**전기공급약관 시행세칙 제14조 제3항 제3호 나목)**

② 예외

공급여건상 가능한 경우, 신·증설 후 계약전력 합계 300KW 미만인 전기사용자는 '전기사용장소 밖'의 한전 변압기로부터 전기를 공급받을 수 있다.(**전기공급약관 시행세칙 제14조 제3항 제1호 단서)** 먼저 공중공급 대상지역인 경우, 신·증설 후 계약전력 합계 150KW 미만인 전기사용자는 '공중인입선'으로 전기를 공급받게 되고, 계약전력 합계 150KW 이상인 전기사용자는 '지중인입선'으로 공급받게 된다. **(계약전력 150KW미만인 기존의 전기사용자가 300KW미만까지 계약전력을 증설하였다면, 실무상 180KW까지는 공중인입선으로 저압의 전기를 공급하고 있다)**

다만, 증설 후 계약전력 합계 150KW 이상인 경우로서 도로굴착허가 제한 등으로 지중인입이 곤란하고, 공중인입은 가능한 경우 전기사용자는 한전과 협의하여 '공중인입선'으로 전기공급을 받을 수 있다.**(전기공급약관 시행세칙 제14조 제3항 제2호 가목)** 공중공급 대상지역에서 공중인입선으로 전기를 공급받는 전기사용자의 경우, 공중표준시설부담금이 적용된다. 그러나 공중공급 대상지역에서 지중인입선으로 전기를 공급받는 전기사용자의 경우, 기본시설부담금은 지중표준시설부담금이 적용되고, 거리시설부담금은 공중구간에서는 공중표준시설부담금이, 지중구간에서는 지중표준시설부담금이 적용된다.**(전기공급약관 시행세칙 제14조 제3항 제2호 다목)** 한편 지중공급 대상지역에서의 계약전력 300KW 미만인 전기사용자는 '전기사용장소 밖'의 한전 변압기로부터 지중인입선으로 저압의 전기를 공급받는다. 이 경우 시설부담금은 지중표준시설부담금이 적용된다.**(전기공급약관 시행세칙 제14조 제3항 제2호 나목)**

3) 계약전력 500KW이상 1000KW미만의 경우

전기사용자의 계약전력이 500KW이상 1000KW 미만인 경우, 전기사용장소 내의 1전기사용계약단위는 계약전력 500KW 미만이어야 하다.**(전기공급약관 제23조 제2항)** 이 경우 전기사용자는 원칙적으로 '전기사용장소 안에' 한전 공급설비의 설치장소를 유·무상으로 제공해야 하고, 지중인입선으로 저압의 전기를 공급받아야 한다.**(전기공급약관 시행세칙 제14조 제4항 제1호)** 이 때 전기사용장소의 부하용량을 고려하여 2개 이상의 변압기(지상변압기) 또는 개폐기가 설치되며, 필요한 경우 해당 변압기 또는 개폐기는 인근의 다른 전기사용장소에 전기를 공급할 수 있다.**(전기공급약관 시행세칙 제14조 제4항 제2호)** 또한 전기사용장소 내의 1전기사용계약단위는 2개 이상의 변압기로 부터 전기를 공급받을 수 없고,**(전기공급약관 시행세칙 제14조 제4항 제 4호)** 시설부담금은 지중표준시설부담금이 적용되며,**(전기공급약관 시행 세칙 제14조 제4항 제5호)** 수급지점은 한전 변압기의 전기사용자측 연 결점이다.**(전기공급약관 시행세칙 제14조 제4항 제3호)**

(2) 고압의 공급기준

고압은 크게 22.9KV, 154KV와 345KV(22.9KV와 154KV가 아닌 경 우)로 나누어 볼 수 있다.

1) 22.9KV로 공급하는 경우

원칙적으로 계약전력 1,000KW 이상 10,000KW 이하의 경우 교류 삼상 22,900V로 전기가 공급된다. 그러나 한전변전소의 공급능력에 여유가 있고, 전력계통의 보호협조, 선로구성 및 계량방법에 문제가 없는 다음의 각 경우에 대해서는 22.9KV로 공급될 수 있다.

[전기공급약관 제14조 제5항 제1호 가목]

약관 제23조(전기공급방식, 공급전압 및 주파수) 제3항 1호의 "한전변전소의 공 급능력에 여유가 있고"란 한전 변전소의 공급능력을 포함하여 인출개폐장치에 여유가 있고, 변전소로부터 전기사용장소에 이르기까지 공급선로 구성에 문제가 없는 것을 말한다.
(1) 한전 변전소의 공급능력은 다음과 같이 계산한다.
변전소 공급능력(kW) = (최종규모의 Bank 용량 합계[KWA]-1Bank 용량 [KWA]) × 0.92
이 경우 최종규모라 함은 변전소 건설 시 설계된 최종 변압기 Bank 수를 말 한다.
(2) 인출개폐장치의 여유라 함은 고객의 신증설 요청시점에 사용계획이 있는 개 폐장치를 제외한 여유분을 말한다.)

[전기공급약관 제14조 제5항 제1호 전단]

약관 제23조(전기공급방식, 공급전압 및 주파수) 제3항 제1호의 "한전변전소의 공급능력에 여유가 있고"라 함은 기존 공급설비의 보강 또는 변전소간 부하분리 공사후 공급능력을 확보할 수 있는 경우도 포함한다.

① 계약전력 20,000KW 초과 40,000KW 이하의 신·증설 전기사용자

일반기준

① 한전변전소의 공급능력에 여유가 있고, ② Loop운전(**Loop운전은 쉽게 말해 배전선로 간 상호 연결을 말한다.**)되지 않도록 수전설비를 공급선로별로 완전히 분리 운전하고, ③ 10% 초과의 접압강하 현상 발생시 고객 부담으로 전압보상장치의 설치와 정전 대비 예비전력 계약체결을 조건으로(고객이 정전대비를 강구한다는 내용을 전기사용계약서 명시시 예비전력 계약체결 생략가능), ④ 계약전력 20,000KW 초과 40,000KW 이하의 신·증설 고객에게 22,900V 2회선으로 전기를 공급할 수 있다. ⑤ 단, 1회선 접속 부하설비 용량은 20,000KW 이하로 한다.(**전기공급약관 시행세칙 제14조 제5항 제1호 마목**)

한편, 전기공급약관 시행세칙 개정(2016. 11. 1. 시행)으로 22.9KV 2회선으로 전기를 공급받는 전기사용자는 ① 전기사용자 소유선로로 전기를 공급받거나, ② 전기사용자가 회선당 공급용량이 초과하지 않도록 최대수요전력 제한장치를 설치하고 상용전력간 병렬운전이 되지 않도록 인터록 장치를 설치한다면, 2회선 간 Loop연결을 할 수 있다.(**전기공급약관 시행세칙 제14조 제5항 제1호 마목 (1) 단서**)

한편, 계약전력 20,000KW 초과 40,000KW 이하의 신·증설 고객에게 22,900V 2회선으로 전기를 공급할 경우, 전기사용계약은 1계약을 체결하며, 계약전력은 공급선로별 수전설비 용량을 합산하여 산정한다.(**전기공급약관 시행세칙 제14조 제5항 제1호 바목 (6)**)

세부기준

지중(地中)배전선로 공급을 원칙으로 하며, 불특정 다수의 일반고객에게 지장이 없다면 한전과 고객은 협의하여 공중배전선로로 공급도 가능하다.(**전기공급약관 시행세칙 제14조 제5항 제1호 바목 (1)**)

공급선로는 부하설비 용량(≒계약전력)에 따라 ① 일반 배전방식(부하설비 용량 14,000KW 이하의 경우)에 의한 공급설비, ② 대용량 배전방식(부하설비 용량 14,000KW 초과 20,000KW이하의 경우)에 의한 공급설비로 구분된다. 다만, 전용공급설비(**전용공급설비는 특정 고객에게만 전기를 공급하기 위한 한전소유의 공급설비로써, 전기공급약관 제39조 제1항의 사유(다른 고객의 전기사용을 방해할 우려가 있는 경우 등)가 있거나, 계약전력 10,000KW 초과하는 고객이 전용공급설비를 희망하는 경우 등 특정 사유가 있는 경우에만 공급된다(전기공급약관 제36조, 전기공급약관 시행세칙 제3조 제13호))**를 이용하여 다른 전기사용자에게 전기를 공급할 필요가 있는 경우 한전과 전기사용자가 협의하여 당해 전용공급설비를 일반공급설비로 변경할 수 있다.(**전기공급약관 시행세칙 제14조 제5항 제1호 바목 (2))**

공급선로 2회선은 원칙적으로 동일 변전소의 서로 다른 주변압기에서 공급되어야 한다. 단, 변전소 공급능력 또는 인출개폐장치에 여유가 없거나 동일변전소에서 공급하는 것이 경제적, 지리적으로 불합리한 경우에는 다른 변전소에서 인출하여 공급할 수 있다.(**전기공급약관 시행세칙 제14조 제5항 제1호 바목 (3))**

22.9KV 2회선을 신규공급할 때 전용공급설비 또는 전기사용자 소유설비(**22.9KV로 전기를 공급받는 전기사용자는 ① 공급선로 시설장소가 한전이 자유로이 출입할 수 없는 지역·공급설비의 설치 및 유지보수가 곤란한 지역을 통과하는 경우 또는 ② 전기사용자가 희망하고, 한전이 불특정 다수의 일반 고객에게 전기를 공급하는데 지장이 없는 경우에만 전기사용자 소유선로를 통해 전기를 공급받을 수 있다(전기공급약관 시행세칙 제14조 제5항 제1호 아목))** 2회선으로 공급할 수 있고, 고객이 원하는 경우 1회선은 일반 공급설비(계약전력 10,000KW 이하)로 공급할 수 있다.(**전기공급약관 시행세칙 제14조 제5항 제1호 바목 (5))**

22.9KV 1회선 고객의 계약전력이 20,000KW 초과시 1회선은 전용 공급설비 또는 전기사용자 소유선로로 구성해야한다. 다만, 다른 1회선이 일반공급설비일 경우 계약전력은 10,000KW 이하로 한다. **(전기공급약관 시행세칙 제14조 제5항 제1호 바목 (4))**

계량은 전체를 일괄하여 합성계량**(합성전력량계(합성계량장치)는 인입선이 2회선 이상인 대규모 공장 등(보통 154KV 고압)에 설치된다. 기존에 점검 등 기타 이유로 한쪽 회선에만 부하가 걸릴 경우 양 회선의 정확한 전력피크 요금합산이 어려워 이를 개선하기 위해 개발되었다(이석희, "합성계량 기능 가진 전력량계 곧 나온다", 『전기신문』, 2013. 3. 7, 9면.))**하며, 합성계량장치는 고객이 설치·소유한다.**(전기공급약관 시행세칙 제14조 제5항 제1호 바목 (7))**

예비전력은 고객의 희망에 따라 1회선 또는 2회선을 설치하여 공급하되 예비 공급선로와 다른 선로는 Loop 운전되지 않도록 Inter-lock 장치 등을 설치하여야 한다. 상용 공급선로 2회선에 예비 공급선로 1회선을 설치하여 공급하는 경우 예비선로로 상용 2회선의 부하가 동시에 공급되지 않도록 해야 하며, 예비전력 계약전력은 상용 공급선로 변압기설비용량 중 큰 것을 기준으로 한다.**(한편, 계약전력 40,000KW 이하로 22.9KV의 전기를 공급받는 경우, 예비전력 기본요금은 상용전력의 요금적용전력을 상용전력과 예비전력의 계약전력 비율로 조정하여 산정된다.(전기공급약관 시행세칙 제45조 제3항 제3호))** 또한 상용 2회선 중 상용 1회선만 예비전력을 공급하는 경우 해당 상용회선 변압기설비 용량기준으로 예비전력의 계약전력을 산정한다.**(전기공급약관 시행세칙 제14조 제5항 제1호 바목 (8))**

② 계약전력 14,000KW 초과 20,000KW 이하의 신·증설 전기사용자

일반기준
① 한전 변전소의 공급능력에 여유가 있고 ② 일정요건을 충족한 경우**(신 · 증설 후 계약전력이 14,000KW 초과 20,000KW 이하이고 대용량 배**

전방식으로 공급하는 경우로서, 공급선로 시설장소가 한전이 자유로이 출입할 수 없는 지역 또는 공급설비의 설치 및 유지보수가 곤란한 지역을 통과하는 경우이 거나, 전기사용자가 전용공급설비 등을 희망하고 불특정 다수의 전기사용자에게 지장없이 전기공급하는 것이 가능한 경우), ③ 전기사용자는 22.9KV 전용 공급설비 또는 전기사용자 소유설비 1회선으로 전기를 공급받을 수 있다. ④ 예비전력은 원칙적으로 전기사용자의 요청에 따라 1회선이 설치된다. ⑤ 다만, 정전에 대비하여 스스로 대비책을 강구한다는 약 정을 한 경우 예비전력 계약을 체결하지 않을 수 있다.**(전기공급약관 시행세칙 제14조 제5항 제1호 라목)**

세부기준

위의 '계약전력 20,000KW 초과 40,000KW 이하의 신·증설 전기사 용자'의 경우와 동일하다.**(전기공급약관 시행세칙 제14조 제5항 라목)** 따 라서 ① 한전은 원칙적으로 지중배전선로로 공급하며, ② 예비전력 은 상용회선 변압기설비 용량을 기준으로 산정한다.

③ 계약전력10,000KW 초과 14,000KW 이하의 신·증설 전기사용자

일반선로(일반공급설비)

전기사용자가 최대수요전력 관리장치를 설치하여 최대수요전력을 10,000KW 이하로 사용하는 경우에는 일정요건(① 최대수요전력 10,000KW이하, ② 전 압강하 10%초과시 전압보상장치 설치, ③ 자가발전 등 정전대비책 강구)을 갖추면 22.9KV 일반공급설비(일반 배전방식)**(공급선로는 부하설비 용량에 따라 일 반 배전방식(14,000KW이하) 또는 대용량 배전방식(14,000KW초과 20,000KW이하) 으로 구분된다(전기공급약관 시행세칙 제14조 제5항 제호 바목 (2))**로 전기를 공급받 을 수 있다.**(전기공급약관 시행세칙 제14조 제5항 제1호 다목)**

전용선로 등(전용공급설비 등)

위의 '계약전력 14,000KW 초과 20,000KW 이하의 신·증설 전기사용 자'의 경우와 동일하게, 한전 변전소의 공급능력에 여유가 있고 전기

사용자가 희망한다면 일정요건(**계약전력 10,000KW초과 14,000KW 이하로서, 공급선로 시설장소가 한전이 자유로이 출입할 수 없는 지역 또는 공급설비의 설치 및 유지보수가 곤란한 지역을 통과하는 경우이거나, 전기사용자가 전용공급설비 등을 희망하고 불특정 다수의 전기사용자에게 지장없이 전기공급하는 것이 가능한 경우**)을 만족하는 경우 22,900V 전용공급설비 또는 전기사용자 소유설비 1회선으로 전기를 공급받을 수 있다. 또한 예비전력은 원칙적으로 전기사용자의 희망에 따라 1회선이 설치된다.

전용공급설비 등으로 공급하는 세부기준은 위 '계약전력 20,000KW 초과 40,000KW 이하의 신·증설 전기사용자'의 경우와 동일하다.(**전기공급약관 시행세칙 제14조 제5항 라목**) 따라서 ① 한전은 원칙적으로 지중배전선로로 공급하며, ② 예비전력은 상용회선 변압기설비 용량을 기준으로 산정한다.

④ 154KV 변전소 부지 제공

한전 요청에 따라 전기사용자가 전기사용자의 구내(區內)에 154KV 변전소 부지를 유·무상으로 제공하였다면, 변전소 공급능력의 1/3까지 22.9KV로 전기사용자 소유선로를 통해 전기를 공급받을 수 있다. 또한 부지제공을 포함하여 154KV 변전소 신설공사비를 한전과 전기사용자가 협의하여 분담하는 경우, 변전소 공급능력의 1/2까지 22.9KV로 전기사용자 소유선로를 통해 전기를 공급받을 수 있다. 이 경우 전기사용자 소유선로 1회선에 접속할 수 있는 부하설비 용량은 20,000KW 이하로 한다.(**전기공급약관 시행세칙 제14조 제5항 제1호 나목**)

2) 154KV로 공급하는 경우

원칙적으로 계약전력 10,000KW 초과 400,000KW 이하의 경우 교류 삼상 154KV로 전기가 공급된다.(**전기공급약관 제23조 제1항**) 또한 154KV 이상의 전기사용자는 원칙적으로 예비전력을 공급받아야 하나, 스스로 정전 대비책을 강구한다는 약정을 한 경우에는 예비전력 계약을 체결하지 않을 수 있다.**(전기공급약관 시행세칙 제14조 제5항 제1호 자목)** 한편, 계약전력 400,000KW를 초과하는 경우 전력계통의 공급능력에 여유가 있고**(이는 신뢰도 고시기준에 의한 상정사고시 설비 과부하가 발생하지 않는 것을 의미한다(전기공급약관 시행세칙 제14조 제5항 제1호 차목 전단))**전력계통의 보호협조, 선로구성 및 계량방법에 문제가 없다면 345KV가 아닌 154KV로 전기를 공급받을 수 있다.

① 최대수요전력 400,000KW 이하의 신·증설 전기사용자

계약전력이 400,000KW를 초과하는 신·증설 전기사용자가 최대수요전력을 400,000KW 이하로 제한하는 경우 154KV로 전기를 공급받을 수 있다.

② 최대수요전력 400,000KW 초과 500,000KW 이하의 신·증설 전기사용자

최대수요전력 400,000KW 초과하는 전기사용자가 154KV로 전기를 공급받기 위해서는 ① 자신의 부담으로 최대수요전력 제한장치를 설치하여 최대수요전력을 500,000KW 이하로 제한해야 하고, ② 회선당 최대수요전력이 400,000KW를 초과하지 않도록 해야하며, ③ 정전피해 예방을 위해 원칙적으로 2회선 이상을 설치해야 한다(보호협조 및 계량방법 등 기술적 문제가 없는 경우에는 병렬운전 가능).

[전기공급약관 시행세칙 제14조 제5항 제1호 카목 (1)]
설비고장 또는 긴급 보수 등의 사유로 정전발생시 피해를 예방하기 위하여 아래와 같이 2회선 이상을 설치하며, 보호협조 및 계량방법 등 기술적 문제가 없는 경우 병렬운전할 수 있다

최대수요전력	공급회선수		
	상용전력	예비전력	합계
400,000kW 초과 500,000kW 이하	2회선	1~2회선	3~4회선

또한 ④ 예비전력의 계약전력은 원칙적으로 상시 계약전력과 동일하며, 상용전력 2회선과 예비전력 1회선으로 공급하는 경우 예비전력의 계약전력은 400,000KW로 한다. ⑤ 공급선로가 서로 다른 변전소에서 공급되고, Loop운전이 불가한 경우 전기사용자 소유의 수전설비는 공급선로별로 완전히 분리되어야 한다. 또한 ⑥ 예비전력을 포함하여 2회선 이상으로 전기를 공급받는 경우 계량은 전체를 일괄하여 합성계량함을 원칙으로 하며 합성계량장치는 전기사용자가 설치·소유한다. ⑦ 아울러 154KV로 계속 공급하기 위해 발생하는 한전의 추가 투자비용은 전기사용자가 부담해야 한다.**(전기공급약관 시행세칙 제14조 제5항 제1호 카목)**

③ 최대수요전력 500,000KW 초과하는 증설 전기사용자

① 154KV의 최초 수급개시일로부터 5년이 경과되고, ② 설비증설로 최대수요전력이 500,000KW를 초과하게 되었으며, ③ 345KV로 공급하는 것이 경제적, 지리적, 법률적으로 불합리한 경우에는 전기사용자는 계속해서 154KV로 전기를 공급받을 수 있다. 다만 이 경우, ④ 기존 공급변전소 공급능력에 여유가 없다면 2개 이상의 변전소에서 전기를 공급받을 수 있으며, 1개 변전소별로 최대수요전력은 600,000KW 이하여야 한다. 또한 ⑤ 변전소별로 600,000KW 이하로 최대수요전력을 제한해야 하며(전기사용자 부담으로 최대수요전력 제한장치 설치), 변전소별 최대수요전력이 400,000KW를 초과할 경우 회선당 최대수요전력은 400,000KW를 초과할 수 없다.

나아가 ⑥ 정전 피해 예방을 위해 공급변전소별 2회선 이상을 설치해야 하고, 보호협조 및 계량방법 등 기술적 문제가 없다면 병렬운전을 할 수 있다.(아래 표 참조)

[전기공급약관 시행세칙 제14조 제5항 제1호 타목 (3)의 표]

최대수요전력	공급회선수		
	상용전력	예비전력	합계
400,000kW 이하	1회선	1회선	2회선
400,000kW 초과 600,000kW 이하	2회선	1~2회선	3~4회선

단, 서로 다른 공급변전소에서 전기를 공급받을 경우 전기사용자측 수전설비를 공급변전소별로 완전히 분리해야 한다. 한편, ⑦ 예비전력의 계약전력은 원칙적으로 상시 계약전력과 동일하며, 상용전력 2회선과 예비전력 1회선으로 공급하는 경우 예비전력의 계약전력은 400,000KW로 한다. ⑧ 예비전력을 포함하여 2회선 이상으로 전기를 공급받는 경우 계량은 전체를 일괄하여 합성계량함을 원칙으로 하며 합성계량장치는 전기사용자가 설치·소유한다. ⑨ 아울러 154KV로 계속 공급하기 위해 발생하는 한전의 추가 투자비용은 전기사용자가 부담해야 한다.(**전기공급약관 시행세칙 제14조 제5항 제1호 타목**)

④ 수급지점

154KV 이상의 전압으로 공급받는 전기사용자는 원칙적으로 인근의 발·변전소 또는 개폐소에 인출개폐장치를 설치한 후 전기공급을 받는다. 따라서 인출개폐장치의 전기사용자측 단자가 원칙적인 수급지점이다.

[전기공급약관 시행세칙 제14조 제5항 제3호]

가. (생략)

나. 154KV이상의 전압으로 공급하는 고객은 인근의 발·변전소 또는 개폐소에 인출개폐장치를 설치한 후 공급하는 것을 원칙으로 하며, 전력계통 운영상 특별히 필요한 경우에는 고객과 협의하여 발·변전소 또는 개폐소 인출개폐장치 이외의 지점에서 공급할 수 있다. 다만, 다음의 경우에는 송전선로에서 T분기로 공급할 수 있다.

(1) 신·증설 전기사용장소 인근을 통과하는 154KV 선로가 주요 계통간선이 아니고 계통보호에 문제점이 없는 경우

(2) 한전의 전력공급설비 형편상 T분기 공급이 불가피한 경우

다. 전 "나"의 단서에 따라 T분기로 공급하는 경우의 조건은 다음과 같다.

(1) 1개 선로구간(변전소간)에서 T분기 공급고객의 계약전력 합계는 선로구간 송전용량(90℃ 연속허용 전류)의 75% 이내로 한다.

(2) T분기 공급가능한 1고객의 계약전력은 1회선인 경우 송전용량의 50%, 2회선인 경우 송전용량의 25%까지로 한다.

(3) 2회선 송전선로에서는 2 T분기로 공급할 수 있으며, 이 때 2개 선로가 동시에 투입되지 않도록 인터록 장치를 하고 상시전원과 예비전원을 명시한다.

(4) T분기 공급시 필요한 경우 고객은 T분기점에 반송블러킹 장치를 시설해야 한다.

(5) T분기 긍장이 1km 이상인 경우로서 한전이 필요하다고 인정할 경우에는 T분기점 부근에 부하개폐능력을 보유한 선로개폐기를 시설해야 한다.

(3) 기타

신설 전기사용자는 66KV로 전기를 공급받을 수 없다.

[전기공급약관 시행세칙 제14조 제5항 제2호]

66kV 신·증설 고객에 대한 공급방안

가. 신설고객에게는 66kV로 공급하지 않는다. 다만, 전력공급설비상 66kV 전압으로 공급이 불가피한 경우는 예외로 한다. 이 때 66kV 선로정비시에는 한전이 정한 전압으로 수전해야 하며, 이에 따른 공사비는 고객이 부담한다.

나. 기설고객으로서 고객이 증설을 희망하는 경우에는 기존 66kV 공급설비 용량범위 내에서 증설을 허용한다. 다만, 66kV 공급설비를 22.9kV-Y 전압으로 정비할 경우 1979. 5. 22 이후 증설고객은 증설 전·후의 계약전력 비례로 한전과 고객이 다음과 같이 수전설비 변경공사비를 부담한다.

(1) 고객부담금 = 총공사비 - 한전부담금

(2) 한전부담금 = 총공사비 × 증설전의 계약전력 / 증설후의 계약전력

다. 수전설비 변경에 따른 시설부담금은 66kV 선로 정비공사 착공전에 납부해야 한다.

현재 22.9KV S.N.W 방식은 청와대, 정부대전청사에서 사용되고 있다.

[전기공급약관 시행세칙 제14조 제6항]

22KV S.N.W 방식의 공급방안은 다음과 같다.
1. 실시대상 지역
   지중공급지역, 지중공급예정지역 또는 공중전선로 지중화계획에 따라 지중화지역으로 공고된 지역중 22.9KV S.N.W용 전력공급설비의 시설이 가능하다고 한전이 선정한 지역에는 22.9KV S.N.W 방식으로 공급할 수 있다.
2. 공급대상 고객
   계약전력이 500KW이상 40,000KW이하인 경우로서 고객이 희망하고 한전의 공급여건이 충족되는 경우에는 22.9KV S.N.W방식으로 공급할 수 있다.

Ⅳ. 한전공급설비 설치공간 확보, 제공

전기공급약관 제24조 (한전공급설비 설치공간 확보, 제공)

① 건축법시행령 제87조(건축설비 설치의 원칙) 제6항에 따라 연면적이 500제곱미터 이상인 건축물의 대지에는 국토교통부령(건축물의 설비기준 등에 관한 규칙)이 정하는 바에 따라 한전이 전기를 배전(配電)하는데 필요한 전기설비를 설치할 수 있는 공간을 확보, 제공하여야 합니다.

② 고압 이상의 전기를 지중으로 공급받는 고객은 한전의 공급설비 설치장소를 제공해야 합니다.

③ 아파트 등 공동주택 고객은 기술적 또는 기타 사유로 부득이한 경우 전기사용장소 내에 한전의 공급설비 설치장소를 제공해야 합니다.

④ 제1항부터 제3항까지의 경우 한전의 공급설비 설치장소는 고객과 협의하여 결정합니다.

전기공급약관 시행세칙 제15조 (한전공급설비 설치공간 확보, 제공)

① 약관 제24조(한전공급설비 설치공간 확보, 제공) 제1항의 국토교통부령(건축물의 설비기준 등에 관한 규칙)이 정하는 기준은 다음과 같다.

수전전압	전력수전 용량	확보면적
특고압 또는 고압	100킬로와트 이상	가로 2.8미터, 세로 2.8미터
저압	75킬로와트 이상 150킬로와트 미만	가로 2.8미터, 세로 2.8미터
	150킬로와트 이상 200킬로와트 미만	가로 2.8미터, 세로 2.8미터
	200킬로와트 이상 300킬로와트 미만	가로 2.8미터, 세로 4.6미터
	300킬로와트 이상	가로 2.8미터 이상, 세로 4.6미터 이상

② 한전 공급설비 설치공간은 한전의 공급설비(개폐기, 변압기, 배전함, 배관, 맨홀 등)를 땅속에 설치하는데 지장이 없고 한전 전기설비의 설치, 보수, 점검 및 조작 등 유지관리를 위한 한전 직원의 출입이 용이한 위치에 제공해야 한다.

③ 한전 공급설비 설치공간은 해당 건축물 외부의 대지상에 확보, 제공해야 한다. 다만, 외부 지상공간이 좁아서 그 공간확보가 불가능한 경우에는 침수우려가 없고 습기가 차지 아니하는 건축물의 내부에 공간을 확보, 제공할 수 있다.

④ 수전전압이 저압이고 전력수전 용량이 300킬로와트 이상인 경우 등 건축물의 전력수전 여건상 필요하다고 인정되는 경우에는 제1항의 표를 기준으로 고객과 협의하여 확보면적을 따로 정할 수 있다. 다만, 전력 수전용량이 500KW이상인 경우 가로3.0미터 이상, 세로 9.8미터 이상의 공급면적을 확보하여야 한다.

⑤ 전기사용장소내 지중인입선 설치를 위해 시설하는 인입구조물(관로, 맨홀, 저압접속함, 케이블인입구, 핏트 등)은 고객이 시설·소유한다. 다만, 한전이 필요하다고 인정할 경우에는 한전에서 시설·소유할 수 있다.

⑥ 전기사용장소내의 한전 시설·소유 지중개폐장치로부터 타고객에 대한 연장공급 전망이 있는 경우에는 한전의 부담으로 예비인출관로를 설치할 수 있다. 이 때 한전소유의 예비인출관로를 고객의 부담으로 시공하였을 경우에는 그 시설공사비를 시설부담금에서 차감한다.

⑦ 전기사용장소내에 한전공급설비 설치공간을 제공받은 경우에는 한전공급설비 설치공간 제공협약서를 작성하여 영구보관하며, 한전은 해당 토지에 지상권을 설정하거나 고객과 토지 임대차계약을 체결한다.

※ 수전전압이 저압이고 전력수전 용량이 150KW 미만이면서 공중으로 전력을 공급받는 경우 전기설비 설치공간을 확보하지 않을 수 있다(건축물의 설비기준 등에 관한 규칙 제20조의 2).

※ 개정 전기공급약관 시행세칙(2017. 1. 1. 시행) 제15조 제2항은 '무상으로' 문구를 삭제하여 고객으로 하여금 유상으로 한전에 공급설비 설치공간을 제공할 수 있도록 하였다.

※ 저압접속함을 전기사용자가 시설·소유하는 경우, 전기사용자는 FRP(섬유강화플라스틱)재질의 접속함 덮개를 설치하여야 하며 FRP덮개를 설치할 수 없는 부득이한 사정이 있는 경우에는 한전규격에 적합한 절연 고무판을 설치해야 한다(전기공급약관 시행세칙 제21조 제3항).

V. 고객 변압기설비 공동이용

전기공급약관 제25조 (고객 변압기설비 공동이용)

① 2이상의 고객이 다음 각호를 모두 충족할 경우에는 세칙에서 정하는 바에 따라 한전으로부터 전기를 공급받는 변압기설비를 공동으로 이용(이하 "공용"이라 합니다)할수 있으며, 그 전부나 각각에 대하여 전기사용계약을 체결할 수 있습니다. 다만, 고객이 자가발전설비로 상시 전력을 충당할 경우에는 각 고객별로 전기사용계약을 체결합니다.

1. 각 고객의 전기사용장소가 서로 가깝게 붙어 있고, 그 사이에 제3자가 전기사용장소를 설정할 수 없거나 동일 전기사용장소 내에서 전기사용계약단위를 분리하여 전기를 공급받을 경우

2. 변압기설비를 공용하는 것이 경제적, 기술적으로 타당한 경우

3. 설비의 공용범위, 요금체납 해지시 대표고객 및 공동이용고객에 대한 해지시공방법, 전기사업법상의 책임한계 등 공용으로 인해 예상되는 사항에 대한 책임 및 처리방법을 고객 간에 명확히 정하는 경우

② 한전과 공용고객간의 전기안전 책임한계점은 대표고객의 수급지점으로 하며, 전기안전 책임은 대표고객에게 있습니다.

1. 개설(概說)

(1) 취지

변압기설비 공동이용제도는 새로운 전기사용자가 별도의 변압기 설치 없이 이미 설치된 변압기를 통해 전기를 공급받도록 하여, 변압기설비의 활용성을 높이고 또 전기사용자의 공사비 부담을 경감시

키고자 마련된 것이다. 그런데 변압기 공동이용제도는 이미 설치된 변압기를 사용한다는 점에서 이미 설치된 변압기의 소유자(대표 전기사용자) 동의가 반드시 필요하다.

(2) 일반요건

① 전기사용장소가 인접하며 그 사이에 제3자가 별도의 전기사용계약을 체결할 수 없는 상황이거나, 동일 전기사용장소 내 전기사용계약단위를 분리하여 전기를 공급받고 있는 상황일 것, ② 변압기설비를 공동이용하는 것이 경제적·기술적으로 타당할 것, ③ 설비의 공용범위, 체납해지시 해지시공방법(**요금미납으로 해지사유 발생시 대표 전기사용자 또는 공동이용 전기사용자에 대하여 해지시공이 가능하도록 전기사용자 부담으로 전용개폐기를 설치한 경우를 말한다. 다만, 전용개폐기 설치가 물리적 · 경제적으로 불합리하다고 한전이 인정한 경우에는 한전이 전기사용자 소유 개폐장치 등을 차단할 수 있도록 전기사용계약서에 명시한 경우 등을 포함한다(전기공급약관 시행세칙 제16조 제2항 제1호 마목))**,책임한계 등을 전기사용자간 명확히 정할 것이라는 위 ①,②,③ 요건을 모두 충족해야 변압기설비를 공동으로 이용할 수 있다.**(전기공급약관 제25조 제1항)**

(3) 적용대상

① 고압 이상으로(**종전 시행세칙 제16조 제1항 제1호는 '66KV 이상의 전압으로 공급받고 있는 고객'이라고 규정되어 있었으나 '고압 이상의 전압으로 공급받고 있는 고객'으로 개정되었다(2014. 7. 10. 시행) 한편, 고압은 직류 750볼트 초과 7,000볼트 이하, 교류 600볼트 초과 7,000볼트 이하의 전압을 말하므로(전기공급약관 시행세칙 제3조 제10호), '고압 이상'은 고압을 포함한 22.9KV, 66KV(신규신청 불가), 154KV, 345KV(실제사용자 극소수)를 의미한다. 간단히 말하면 아래의 전기공급약관 제23조 제1항 표 중 '계약전력 1,000KW 미만'을 제외한 공급전압을 '고압 이상'으로 보아도 전기공급약관 문언상 무방하다**)
전기를 공급받는 전기사용자와 동일구내에 있거나(예를 들어 대규모

산업단지의 경우) 인접한 전기사용장소에 있는 전기사용자가(예를 들어 공장끼리 인접한 경우) 변압기 공용을 희망하거나, ② 고압 또는 22.9KV 이하 특별고압으로 전기를 공급받는 전기사용자와 동일 전기사용장소에서 계약종별이 다르거나 전기사용계약단위가 구분되는 경우, 대표 전기사용자의 동의를 얻어 변압기를 공용할 수 있다.(전기공급약관 시행세칙 제16조 제1항)

[전기공급약관 제23조 제1항 표]

계약전력	공급방식 및 공급전압
1,000 kW 미만	교류 단상 220V 또는 교류 삼상 380V중 한전이 적당하다고 결정한 한가지 공급방식 및 공급전압
1,000 kW 이상 10,000 kW 이하	교류 삼상 22,900V
10,000 kW 초과 400,000 kW 이하	교류 삼상 154,000V
400,000 kW 초과	교류 삼상 345,000V 이상

전기를 공급받는 전기사용자와 동일구내에 있거나(예를 들어 대규모 산업단지의 경우) 인접한 전기사용장소에 있는 전기사용자가(예를 들어 공장끼리 인접한 경우) 변압기 공용을 희망하거나, ② 고압 또는 22.9KV 이하 특별고압으로 전기를 공급받는 전기사용자와 동일 전기사용장소에서 계약종별이 다르거나 전기사용계약단위가 구분되는 경우, 대표 전기사용자의 동의를 얻어 변압기를 공용할 수 있다.(전기공급약관 시행세칙 제16조 제1항)

(4) 전기사용계약 체결방법

변압기 공용의 경우 각 부분을 1전기사용계약단위로 하는 경우와 전체를 1전기사용계약단위로 하는 경우로 나누어진다.

1) 각 부분을 1전기사용계약단위로 하는 경우

① 적용대상

동일한 전기사용장소 내에서 계약종별이 다르거나 전기사용주체가 서로 다른 경우, 또는 동일 구내는 아니나 인접 전기사용장소에 있는 전기사용자가 변압기설비 공용을 희망하는 경우 각 부분을 1전기사용계약단위로 할 수 있다.**(전기공급약관 시행세칙 제16조 제2항 제1호)**

② 계약전력 산정

계약전력 산정은 변압기설비나 사용설비로 결정된다. ① 변압기설비로 계약전력을 산정하는 경우 '총 계약전력'은**(아래의 전기공급약관 별지 2-2호 서식에 '계약전력'란과 '변압기설비 공동이용의 계약전력'란이 혼재되어 있어 전자를 편의상 '총 계약전력'이라 표현하였다)** (a) 고객별 2차변압기 용량을 합산하여 정해지거나(1차변압기를 공용하면서 각 고객별로 2차변압기 사용시), (b) 1차변압기 용량을 기준(각 고객별 2차변압기 없는 경우)으로 정해진다.**(전기공급약관 시행세칙 제16조 제2항 제1호 다목 (1))** ② 사용설비로 계약전력을 산정하는 경우 총 계약전력은 고객별 전력량계 2차측 사용설비 용량을 합산하여 산정된다.**(전기공급약관 시행세칙 제16조 제2항 제1호 다목 (2))** ③ 다만, 고객별 2차변압기 용량을 합산하거나(①의 (a)) 사용설비 용량을 합산하여(②) 계약전력을 산정할 때, 특별한 사정이 있다면 고객은 1차변압기 용량의 120% 범위까지 계약전력으로 산정할 수 있다.**(전기공급약관 시행세칙 제16조 제2항 제1호 다목)**

③ 계약체결 방법·수급지점 등

각 전기사용자별로 전기사용계약을 각 체결하며, 수급지점은 한전의 공급설비와 대표 전기사용자의 공급설비와의 접속점으로 한다. 또한

전 기 사 용 계 약 서

(변압기설비 공동이용고객용)

홍길동(이하 '*대표고객*'이라 함), △△△(이하 '*공동이용고객*'이라 함)과 한국전력공사(이하 '한전'이라 함)는 전기를
사용함에 있어 다음과 같이 계약을 체결하고 이 계약서 *3부*를 작성하여 각각 1부씩 보유합니다.

계 약 종 별		고 객 번 호	
선 택 요 금		전기사용장소	
변 압 기 설 비		전기사용용도	
사 용 설 비		공 급 방 식	
계 약 전 력		계 량 전 압	
수급개시(예정)일		업무대행업체	
수 급 시 점	상 용		
	예 비		
전기사용계약기간	전기사용계약(변경) 성립일 이후 요금적용 개시일부터 1년이 되는 날까지		
변압기설비 공동이용	고 객 명			
	고객번호			
	계약종별			
	계약전력			
	선택요금			
	계량전압			

변압기설비 공동이용 전기사용자가 희망하는 경우 저압으로 계량할
수 있다.**(전기공급약관 시행세칙 제16조 제2항 제1호 나목)**

전기사업법상 준수사항(전기사업법 제73조의 안전관리자 선임의무 등
등)은 전기사용자별 계약설비를 기준으로 하되, 대표 전기사용자는 1
차변압기를 포함한다.**(전기공급약관 시행세칙 제16조 제2항 제1호 라목)**

2) 전부를 1전기사용계약단위로 하는 경우

① 적용대상

변압기 공동이용계약 체결시 각 부분별이 아닌 전부를 1전기사용계

약단위로 정하기 위해서는 전기사용장소가 연접(連接)한 건물이거나 연접한 공장이어야 한다. 구체적으로 살펴보면, ① 연접한 건물의 경우 ⓐ 공동이용 전기사용자들의 계약종별이 모두 일반용 전력일 것, ⓑ 수전설비 설치비용을 공동부담할 것이라는 요건을 충족해야 한다.**(전기공급약관 시행세칙 제16조 제2항 제2호 가 (1))** ② 연접한 공장의 경우 ⓐ 공동이용 전기사용자들의 계약종별이 모두 산업용 전력일 것, ⓑ 공장 건물이 서로 연접하거나 인접한 2이상의 구내로써 그 사이에 제3자가 별도의 전기사용계약을 체결할 수 없을 것, ⓒ 수전설비 설치비용을 공동부담할 것이라는 요건을 충족해야 한다. **(전기공급약관 시행세칙 제16조 제2항 제2호 가 (2))**

③ 계약체결 방법·수급지점 등

전기사용계약은 대표 전기사용자와 체결하며,**(한전은 대표 전기사용자와 전기공급계약을 체결하므로 전기요금 납부의무자는 대표 전기사용자이다 또한 한전은 대표 전기사용자에 대해서만 전력량계를 설치하므로 변압기 공동이용 전기사용자는 개별적으로 전력량계를 부착하여 대표 전기사용자와 내부적으로 전기사용량을 정산해야 한다 반면에, '각 부분을 1전기사용계약단위로 하는 경우'에는 한전과 대표·공동이용 전기사용자 모두가 계약당사자이다)** 수급지점은 한전 전선로(인입선)와 전기사용자의 전기설비 연결점으로 한다.**(전기공급약관 시행세칙 제16조 제2항 제2호 나)**

전기사업법상 준수사항(전기사업법 제73조의 안전관리자 선임의무 등)은 1전기사용장소로 획정된 전체 전기설비를 기준으로 한다.**(전기공급약관 시행세칙 제16조 제2항 제2호 다)**

3) 계약 변경

전기사용계약 내용에 변경이 있는 경우 대표 전기사용자 및 변경이 있는 공동이용 전기사용자는 전기사용계약을 다시 체결해야 한다.

(전기공급약관 시행세칙 제16조 제3항) (실무상 소용량 전기사용자가 계약을 변경하는 경우(기본요금 절약을 위해 공실(空室)을 주택용 전력 3KW로 변경하는 경우 등), 전기사용자의 편의를 고려하여 전기사용계약서를 다시 작성하지는 않는다) 다만, 공동이용 전기사용자의 이사, 폐업 등으로 전기사용계약 해지사유가 명백한 경우에는 해지신청시(계약전력 감소 제외) 대표 전기사용자의 동의를 생략할 수 있다.(전기공급약관 시행세칙 16조 제3항 단서)

(5) 공급전압 및 전력량계

공동이용 전기사용자의 공급전압은 대표 전기사용자의 공급전압과 동일하게 적용한다.(전기공급약관 시행세칙 제16조 제5항) 계량점 전압이 고압 이상인 경우, 공동이용 전기사용자는 대표 전기사용자와 동일한 유형의 전력량계를 설치해야 하는 것이 원칙이다. 계량점 전압이 저압인 경우, 전기사용자가 희망한다면 본인의 부담으로 최대수요전력량계를 설치 및 소유·관리한다. 다만, 한전의 필요에 의해 최대수요전력량계가 설치되었다면 한전의 비용부담으로 한다.(전기공급약관 시행세칙 제16조 제4항)

한편, 자가발전설비로 상시전력을 충당하는 경우에 대표 전기사용자의 전력량계에 나타난 사용전력량보다 공동이용 전기사용자의 사용전력량이 많을 경우 그 잉여전력량은 한전이 대표 전기사용자로부터 전력을 구입한 것으로 간주한다.(전기공급약관 시행세칙 제16조 제6항)

(6) 변압기 공용고객의 요금체납시 해지 시공방법

'전부를 1전기사용계약으로 체결하는 경우'와 달리 '각 부분을 1전기사용계약단위로 하는 경우' 계약당사자는 대표 전기사용자, 공동이용 전기사용자, 한전이므로 해지 시공시 주의를 요한다.

1) 대표 전기사용자의 요금체납

대표 전기사용자가 전용개폐기 설치한 경우, 대표 전기사용자가 전기요금을 체납하였다면 전용개폐기를 개방해야 한다. 전용개폐기를 설치하지 않은 경우에는 수급지점의 개폐기를 개방해야 한다.

> **[전기공급약관 별지 2-2호 서식 중 <변압기설비 공동이용 공급조건> 제5조]**
>
> 가. 대표고객
> (1) 대표고객이 전용개폐기 설치시
>   ○ 대표고객의 전용개폐기를 개방합니다.(이 경우 변압기손실량 요금은 전체 계약전력 중 공동이용고객의 계약전력비율로 조정하여 고객별로 산정합니다.)
> (2) 대표고객이 전용개폐기 미설치시
>   ○ 한전과 대표고객간의 수급지점 개폐기를 개방합니다. (대표고객 및 공동이용고객 모두 전기공급 정지)
> 나. (생략)

2) 공동이용 전기사용자의 요금체납

공동이용 전기사용자가 전용개폐기를 설치한 경우, 공동이용 전기사용자가 전기요금을 연체하였다면 전용개폐기를 개방해야 한다. 전용개폐기를 설치하지 않은 경우에는 계량기 2차 배선을 분리 후 계량기를 철거해야 한다.

> **[전기공급약관 별지 2-2호 서식 중 <변압기설비 공동이용 공급조건> 제5조]**
>
> 가. (생략)
> 나. 공동이용고객은 전기계기 2차측을 개방한 후 전기계기를 철거합니다.

(7) 계약전력·최대수요전력 및 예비전력

1) 대표 전기사용자의 계약전력

대표 전기사용자의 계약전력은 전체 계약전력에서 공동이용 전기사용자의 계약전력을 차감하여 산정한다. 다만, 공동이용 전기사용자가 심야전력(갑)인 경우에는 차감하지 않는다.**(전기공급약관 시행세칙 제49조 제7항 제1호 가목)** 또한 위와 같이 대표 전기사용자의 계약전력을 산정하는 것이 비합리적인 경우 각 전기사용자별 2차 변압기 또는 사용설비를 조사하여 전체 계약전력을 균분하여 산정한다.**(전기공급약관 시행세칙 제49조 제7항 제1호 나목)**

2) 대표 전기사용자의 최대수요전력 및 사용전력량

① 공동이용 전기사용자가 동일한 유형의 전력량계를 설치한 경우

공용이동 전기사용자가 대표 전기사용자와 동일 유형의 전력량계를 설치한 경우 대표 전기사용자의 전력량계에 시현된 최대수요전력 및 사용전력량에서 공동이용 전기사용자의 계기에 시현된 최대수요전력 및 사용전력량을 차감하여 대표 전기사용자의 최대수요전력 및 사용전력량을 산정한다.**(전기공급약관 시행세칙 제49조 제7항 제2호 가목 본문)** 만약, 공동이용 전기사용자의 최대수요전력을 계량할 수 있는 전력량계, 계기용변성기, 계기용변류기 등이 고장인 경우에는 대표 전기사용자의 최대수요전력에서 공동이용 전기사용자의 고장 직전 3개월간 유효하게 시현된 최대수요전력의 평균치를 차감한다. **(전기공급약관 시행세칙 제49조 제7항 제2호 나목)**

② 공동이용 전기사용자가 다른 유형의 전력량계를 설치한 경우

공동이용 전기사용자가 대표 전기사용자와 다른 유형의 전력량계를 설치한 경우, 아래 표를 기준으로 대표 전기사용자의 최대수요전력 및 사용전력량을 산정한다.**(전기공급약관 시행세칙 제49조 제7항 제2호 가목 본문)** 다만, 계량점 전압이 고압 이상인 공동이용 전기사용자가 최대수요전력량계를 설치하지 않은 경우, 대표 전기사용자의 최대수요전력을 대표 전기사용자와 공동이용 전기사용자의 사용전력량 비율로 안분하여 공동이용 전기사용자의 최대수요전력을 산정한다.
[전기공급약관 시행세칙 제49조 제7항 제2호 가목 단서]

공동이용고객 유형	대표고객 최대수요전력 (공동이용고객 D/M 미설치)	대표고객 사용전력량 (대표고객이 시간대 구분계기 설치)
23시간 전력을 균등 사용하는 고객 [통신방송중계소, 신호등 등]	대표고객의 최대수요전력에서 공동이용 고객의 요금적용전력을 차감. 다만 공동 이용고객의 사용량이 없는 경우 계약 전력의 50%를 차감	대표고객의 야간시간대 (18:00~09:00)의 시간비율로 공동이용 고객의 사용전력량을 배분하여 차감
야간에만 주로 전력을 사용하는 고객 [가로등, 경비초소 등]	대표고객의 최대수요전력에서 공동이용고객의 요금적용전력을 차감. 다만 공동이용고객의 사용량이 없는 경우 계약전력의 50%를 차감	대표고객의 전력량계에 시현된 경부하시간대 사용전력량에 공동이용고객의 사용전력량을 차감
심야전력(갑) 심야전력(을)1	대표고객의 최대수요전력에서 공동이용고객의 요금적용전력을 차감하지 않음. 다만, 대표고객의 최대수요전력이 과다 시현된 것이 명확한 경우에는 대표 고객의 최대수요전력을 조정	
대표고객의 시간대별 사용전력량비율과 유사한 고객 [주택용전력, 일반용(갑)1, 산업용(갑)2, 임시전력 등]	대표고객의 최대수요전력에서 공동이용고객의 사용량이 없는 경우 계약전력의 50%를 차감	대표고객의 전력량계에 시현된 시간대별 사용전력량 비율로 공동이용고객의 사용전력량을 배분하여 차감 [다른 계약종별과 공동이용하는 경우 심야전력(갑)·심야전력(을)1 경부하시간대 사용전력량을 먼저 차감후 나머지 사용전력량의 시간대별 비율로 다른 계약종별 공동이용고객의 사용전력량을 배분하여 차감

대표고객과 공동이용고객의 시간대별 사용전력량 비율 차이가 명확한 경우에는 공동이용 고객이 속하는 업종의 시간대별 사용전력량 비율로 공동이용고객의 사용전력량을 배분하여 차감 |
| 심야전력(을)2 | 대표고객의 최대수요전력에서 공동이용고객의 요금적용전력을 차감. 다만 공동이용고객이 기본요금을 적용하지 않는 월은 차감하지 않음 | 경부하시간대 : 공동이용고객의 경부하시간대 사용전력량을 차감

기타시간대 : 대표고객의 기타시간대 (09:00~23:00)의 시간비율로 공동이용고객의 사용전력량을 배분하여 차감 |
| 대표고객만 수요관리형 선택요금2를 전용받는 경우 | 대표고객의 최대수요전력에서 공동이용고객의 요금적용전력을 차감. 다만, 공동이용고객의 사용량이 없는 경우 계약전력의 50%를 차감 | 경부하시간대 : 공동이용고객이 시간대 구분계기를 미설치한 경우 상기 방법에 따라 산정후 차감하고, 시간대구분계기를 설치한 경우 공동이용고객의 경부하 |

| | | 시간대 사용전력량을 차감 |
| | | 기타 시간대 : 대표고객의 기타시간대 (09:00~23:00)의 시간비율로 공동이용 고객의 사용전력량을 배분하여 차감 |

③ 전기사용계약단위의 분리

설비의 변경없이 약관 제18조의 2(전기사용계약단위)에 따른 전기사용계약단위의 분리로 대표 전기사용자의 계약전력이 감소한 경우에는 예상최대수요전력을 적용하지 않고 종전 대표 전기사용자의 최대수요전력을 그대로 적용한다.**(전기공급약관 시행세칙 제49조 제7항 제2호 다목)**

[전기공급약관 시행세칙 제49조 제2항]

최대수요전력을 계량할 수 있는 전력량계, 계기용변성기, 계기용변류기 등을 설치한 고객이 계약전력을 감소시키는 경우, 감소일 전일까지는 약관 제68조(요금적용전력의 결정) 제1항에 따라 요금적용전력을 결정하고 감소일 이후는 감소전 최대수요전력에 대한 예상 최대수요전력과 감소일 이후의 최대수요전력중 큰 것으로 요금적용전력을 결정한다. 이 때 예상 최대수요전력은 다음과 같이 산정한다.
예상 최대수요전력 = 감소전 최대수요전력 × 감소후 계약전력 / 감소전 계약전력

3) 대표 전기사용자의 예비전력

대표 전기사용자가 예비전력을 공급받는 경우 공동이용 전기사용자도 예비전력의 요금이 부과되나, 공동이용 전기사용자가 예비전력을 공급받지 않도록 조치를 한 경우에는 예비전력의 요금이 부과되지 않는다.**(전기공급약관 시행세칙 제45조 제3항 제2호)** 한편, 대표 전기사용자의 예비전력 요금은 예비전력 요금을 적용받는 공동이용 전기사용자의 계약전력을 차감한 후 산정된다.**(전기공급약관 시행세칙 제45조 제3항 제4호)**

2. 법적쟁점(法的爭點)

(1) 대표 전기사용자의 동의

변압기설비 공동이용 전기사용자는 공동이용 신청을 하거나 기존 공동이용계약의 내용을 변경하는 경우 대표 전기사용자의 동의를 얻어야 한다.**(전기공급약관 시행세칙 제16조 제1항 및 제3항)** 그런데 집합건물 또는 아파트의 경우 대표 전기사용자가 누구인지 문제된다.

1) 집합건물

집합건물법상 공용부분은 전유부분에 속하지 않는 부분을 말하며, 건물의 부속물도 포함한다.**(집합건물법 제2조 제4호)** 그런데 아래의 판례에 따르면 수전설비는 건물의 종물에 해당하므로, 건물의 부속물로써 집합건물법상 공용부분에 해당된다고 볼 수 있다. 공용부분의 관리는 구분소유자 과반수 동의와 의결권 과반수 동의를 얻어야 한다.**(집합건물법 제16조 제1항)** 한편, 한전의 공급설비로부터 수급지점까지의 설비는 한전이 설치·소유하고 수급지점 이후의 설비는 전기사용자가 소유한다.**(전기공급약관 제28조 제2항)** 그런데 집합건물 구내의 수전시설은 수급지점 이후의 설비이므로 전기사용자가 소유하고, 또 집합건물법상 공용부분에 해당하므로 집합건물의 구분소유자들이 공유하게 된다. 그 결과 집합건물 구내의 수전시설은 집합건물법 제16조에 따라 관리단 집회를 통해 구분소유자의 과반수 동의 및 의결권의 과반수 동의를 얻어 관리하게 된다. 따라서 관리단 집회를 통한 구분소유자 과반수 동의 및 의결권의 과반수 동의를 받아야만 전기공급약관 시행세칙 제16조 제1항의 대표 전기사용자의 동의를 받은 것으로 볼 수 있다. 그러나 관리단 규약으로 관리인에게 전기사용계약(변압기설비 공동이용계약)에 대한 업무를 위임하였다면, 관리인은 관리단 집회 결의 없이 관리단을 대표하여 대표 전기사용자로서 변압기설비 공동

이용에 대한 동의를 할 수 있다.(집합건물법 제31조)

> **서울중앙지방법원 2001. 8. 10.선고 2001가단16058 판결(항소기각 확정)**
>
> 고압변압기 1대(이하 '이 사건 물건'이라 한다)는 이 사건 건물의 옥상에 설치되어 있는 수전설비로서 이 사건 건물의 원소유자이던 위 甲이 이 사건 건물의 부속시설로서 설치한 것으로……(중략)……한편 이 사건 물건은 독립한 물건이기는 하나 그 용도, 설치된 위치와 그 위치에 해당하는 이 사건 건물의 용도, 이 사건 건물의 형태, 목적, 용도에 대한 관계를 종합하여 볼 때, 이 사건 건물에 연결되거나 부착하는 방법으로 설치되어 이 사건 건물이 건물로서의 기본적인 효용과 기능을 하기에 필요불가결한 시설로서 이 사건 건물의 상용에 제공된 종물이라 할 것이다.

2) 아파트

의무관리대상 아파트(**의무관리대상 공동주택은 300세대 이상의 공동주택, 150세대 이상으로서 승강기가 설치된 공동주택, 150세대 이상으로서 중앙집중식 난방방식의 공동주택, 주택이 150세대 이상인 복합건축물을 말한다(공동주택관리법 시행령 제2조)**)의 관리방법은 크게 자치관리와 위탁관리로 나뉘어 진다. 자치관리·위탁관리 모두 주택관리사(보)를 관리사무소장으로 임명해야 한다.(**공동주택관리법 제64조**) 한편, 자치관리의 경우 관리규약상 전기사용계약에 관한 권한 일체가 관리주체(**자치관리기구의 관리사무소장, 주택관리업자, 관리업무 인계 전의 사업주체, 임대사업자를 말한다(공동주택관리법 제2조 제1항 제10호)**)에게 일임되었다면, 관리주체로부터 받은 동의를 대표 전기사용자의 동의로 볼 수 있다. 만약 관리규약에 이에 관한 구체적 규정이 없다면 입주자대표회의는 전기의 유지·운용기준에 대해 입주자대표회 구성원 과반수 결의로 의결할 수 있기 때문에, 입주자대표회의의 과반수 결의를 받았다면 이를 대표 전기사용자의 동의로 볼 수 있다.(**공동주택관리법 제14조 제2항 제8호**) 나아가 위탁관리의 경우에 있어서도 적법한 위탁관리용역계약서에 전기사용계약에 관한 일체 권한이 주택관리업자에게 일임되었다면, 주택관리업자(관리주체)로부터 받은 동의를 대표 전기사용자의 동의로 볼 수 있다.

한편, 최근 대법원은 비의무관리대상 공동주택에도 공동주택관리법이 적용되어야 한다고 판시하여 집합건물법과 공동주택관리법의 관계를 정리하였다.**(아래의 판례 참조)** 따라서 변압기설비 공동이용을 신청한 전기사용자는 비의무관리대상인 공동주택과 의무관리대상인 공동주택 모두 공동주택관리법에 따라 입주자대표회의의 동의를 받아야 한다. 즉, 비의무관리대상인 공동주택의 관리규약에 특별한 규정이 없다면, 변압기설비 공동이용 신청을 한 전기사용자는 입주자대표회의의 과반수 동의를 받아야 한다.

서울고등법원 2017. 3. 31.선고 2016나2050304판결(상고기각 확정)

피고(A아파트 입주자대표회의)는 서울 노원구 A아파트(이하 '이 사건 아파트'라고 한다) 115세대의 라인별 대표자들로 구성된 비법인사단이다. 원고(甲)는 2006. 4. 20. 위 아파트 0동 0호에 주민등록을 마친 입주자이다.....(중략).....을 5호증의 기재에 변론 전체의 취지를 종합하면 이 사건 아파트는 주택으로 쓰는 층수가 5개층 이상인 주택인 사실이 인정된다. 위 인정사실에 앞서 본 관련 법령의 내용을 종합하면, 이 사건 아파트는 구 '건축법 시행령' [별표1]의 2. 가.항 및 구 '주택법 시행령' 제2조 제1항에 따라 구 '주택법'이 정한 공동주택에 해당하여, 구 '주택법 시행령' 제51조 제1항에 따라 입주자대표회의에서 관리규약의 개정안 제안을 의결하고, 위 제안에 관하여 구 '주택법 시행령' 제57조 제2,3항에 따라 전체 입주자등의 과반수가 찬성하는 방법으로 관리규약을 개정할 수 있다고 할 것이므로, 이 사건 아파트의 관리규약 개정에 관하여 구분소유자와 의결권의 3/4의 찬성을 요구하는 집합건물법 제29조 제1항의 적용을 받지 않는다고 할 것이다.

---

(2) 계약상 권리행사(전기요금 청구 등) 대상

변압기설비 공동이용 전기사용자가 각 부분을 1전기사용계약단위로 설정하는 경우**(전기공급약관 시행세칙 제16조 제2항 제1호)**

변압기설비 공동이용 전기사용자는 대표 전기사용자, 한전과 함께 삼면계약을 체결한다. 결국 한전과 공동이용 전기사용자, 한전과 대표 전기사용자간의 계약이 별도로 체결되는 것이기 때문에 특별한 합의가 없는 한, 한전은 요금 청구 등 계약상 권리 행사를 계약당사자에게 직접 하여야 한다. 예를 들어 대표 전기사용자에게 요금을 과소 청구하였고 이로 인해 공동이용 전기사용자에게 요금이 과다 청구되었다면, 한전은 대표 전기사용자에게 미지급요금을 청구하고 공동이용 전기사용자에게는 초과징수 요금을 환불해야 하는 것이지, 대표 전기사용자와 공동이용 전기사용자간의 요금을 내부적으로 정산하도록 요구할 수는 없다.(다만, 당사자간 합의를 통해 대표 전기사용자와 공동이용 전기사용자가 내부적으로 정산하는 것은 가능하다) 아울러, 변압기설비 공동이용 전기사용자가 전부를 1전기사용계약으로 체결하는 경우(전기공급약관 시행세칙 제16조 제2항 제2호) 역시 대표 전기사용자와 한전이 전기사용계약을 체결하므로 한전은 대표 전기사용자가 아닌 변압기설비 공동이용 전기사용자에게 전기요금을 청구할 수 없다.

(3) 변압기설비 공동이용계약 변경신청에 대한 대표 전기사용자의 부동의

공동이용 전기사용자와 대표 전기사용자간의 내부적 분쟁으로 공동이용 전기사용자의 전기사용계약 변경신청에 대해 대표 전기사용자가 부동의하는 경우가 종종 발생한다. 전기공급약관에 따라 대표 전기사용자의 동의가 없다면 한전은 공동이용 전기사용자의 계약변경 신청을 받아줄 수 없다. 한편, 대표 전기사용자의 부동의가 적법한지 여부는 공동이용 전기사용자와 대표 전기사용자 간의 내부적 관계를 살펴보아야 한다. 예를 들어 상가임차인이 임대차 계약기간 동안 자신의 영업활동을 위해 계약전력을 증가시키려고 하는 경우 대표 전기사용자(임대인)가 애초 임대차계약서에 계약전력 변경이 불가능하다는 계약조건을 두는 등의 특별한 사정이 없음에도 이를 거부한다면 대표 전기사용자의 부동의는 적법하다고 볼 수 없을 것이다.

Ⅵ. 수급지점

전기공급약관 제27조 (수급지점)

① 고객과 한전이 전기를 수급하는 지점(이하 "수급지점"이라 합니다)은 한전의 전선로 또는 인입선과 고객 전기설비와의 연결점으로 합니다.

② 수급지점은 세칙에서 정하는 전기사용장소내의 한 지점으로 하되, 한전 전선로에서 가장 가까운 거리에 있는 지점을 기준으로 고객과 한전이 협의하여 결정합니다. 다만, 다음 중의 하나에 해당할 경우에는 고객과 한전이 협의하여 전기사용장소 이외의 지점을 수급지점으로 할 수 있습니다.

1. 1건물내 2이상의 전기사용계약단위에 전기를 공급하는 경우로서 각 전기사용계약단위까지의 전기설비가 한전이 관리하기 곤란한 장소를 통과할 경우

2. 제25조(고객 변압기설비 공동이용)에 따라 전기를 공급할 경우

3. 제30조(공중인입선) 제2항에 따라 전기를 공급할 경우

4. 제31조(지중인입선) 제4항에 따라 전기를 공급할 경우

5. 제36조(전용공급설비)에 따라 전기를 공급할 경우

6. 제86조(임시공급설비의 시설부담금) 제2항에 따라 전기를 공급할 경우

7. 22,900V를 초과하는 전압으로 전기를 공급할 경우

8. 기타 특별한 사정으로 부득이한 경우

1. 개설(槪說)

(1) 수급지점의 의의

수급지점은 전기사용장소 내의 한 지점으로, 한전의 전선로·인입선과 전기사용자의 전기설비와의 연결점을 말한다. 수급지점은 소유권의 경계점이자 전기안전책임의 한계점이 된다.(**전기공급약관 제28조 및 제 52조**) 즉, 한전은 수급지점까지의 전기공급설비를 설치 및 소유·관리 하고, 수급지점 이후의 전기설비는 전기사용자가 설치하고 소유·관리 한다. 수급지점의 의미에 대하여 판례는 아래와 같이 판시하였다.

> **대법원 1982. 5. 25. 선고 81다1168판결**
>
> 전기공급자인 피고(한전)와 수급자 사이의 전기수급의 경계지점은 원칙적으로 각자의 재산한계점이므로 전원(電源)으로부터 수급지점까지의 전기공급설비는 피고(한전)의 소유로, 수급지점으로부터의 전기설비는 수용가의 소유로 하여 각자가 전기수급지점을 경계로 그 책임 하 자기소유의 전기설비에 관하여 보안·유지·보수를 하여야 한다.

(2) 수급지점의 결정기준

수급지점은 원칙적으로 전기공급약관 시행세칙에서 정하는 전기사용장소 내의 한 지점이다. 다만, ① 1건물 내 2이상의 전기사용계약 단위가 있고 각 전기사용계약단위까지의 전기설비가 한전이 관리 곤란한 장소를 통과하는 경우, ② 변압기 공동이용의 경우, ③ 고압 이상의 전압으로 공중인 입선을 통해 전기를 공급받는 경우, ④ 공 중으로 전기를 공급해야 하는 지역에서 고객의 희망에 따라 지중인 입선으로 연결하는 경우, ⑤ 전용공급설비로 전기를 공급받는 경우, ⑥ 임시공급설비로 전기를 공급받는 경우로써 수급지점의 수시 변 경이 예상되거나 임시공급설비 설치가 용이하지 않은 경우, ⑦ 22.9KV를 초과하는 전압으로 전기를 공급받는 경우, ⑧ 기타 특별 한 사정으로 부득이한 경우('**배전선로의 경과지 확보가 곤란한 경우 등 전**

기사용장소의 위치 및 특성상 부득이한 경우를 말한다(전기공급약관 시행세칙 제18조 제3항))에는 전기사용장소 이외의 지점을 수급지점으로 할 수 있다.(전기공급약관 제27조 제2항 단서) ⑨ 또한 공중지역에서 전기사용자가 저압으로 지중인입을 희망하는 경우 정액등, 가로등과 같이 사용장소가 건물이 아니거나 계약전력이 10kW 이하인 소용량이라면 인입전주의 인입선 연결점, 즉 전기사용장소 외의 지점을 수급지점으로 한다.(전기공급약관 시행세칙 제18조 제2항 제7호)

한편, 전기공급약관 시행세칙 제18조 제1항은 전압별 인입시설 유형에 따른 수급지점을 아래 표와 같이 정하고 있다.

전압별	시설유형	수급지점
저압	공중인입(연접 공동인입 포함)	인입선과 인입구배선 연결점
	지중인입 - 공중·지중지역	고객구내 인입선과 인입구배선 접속점
고압 또는 22.9kV 이하의 특별고압	공중인입(연접, 공동인입 포함)	인입전주의 인입선 접속점
	지중인입 - 공중지역 - 지중지역	인입전주에 시설하는 개폐기 고객측 단자 접속점 전기사용소내에 당사가 시설하는개폐기의 고객측 단자 연결점
22.9kV 초과 특별고압	공중 또는 지중	공급변전소의 인출개폐 장치 고객측 개폐기의 고객측 단자 또는 고객과 한전이 합의하여 정하는 지점

공급설비 유형에 따른 수급지점은 ① 전용공급설비의 경우 상기 전기공급약관 시행세칙 제18조 제1항의 표 중 '고압'의 경우와 동일하게 적용하고 ② 변압기설비 공동이용 전기사용자는 대표 전기사용자의 수급지점과 동일하게 적용하며 ③ 고압 임시공급설비의 수급지점은 전용공급설비와 동일하게 적용하되 전기사용자가 희망할 경우 '개폐

기 전기사용자측 단자 연결점'으로 한다. ④ 저압으로 공급하는 호별 계약아파트는 (a) 지중전선로에서 지중인입선으로 공급하는 경우 지상 설치형 변압기의 2차측 단자연결점, (b) 공중전선로에서 지중인입선으로 공급하는 경우 공중전선로와 지중인입선의 연결점 또는 주상변압기의 2차측 단자연결점, (c) 공중전선로에서 공중인입선으로 공급하는 경우 공중인입선과 인입구배선의 연결점으로 한다. ⑤ 전기사용자가 설치·소유하는 공급설비의 수급지점은 한전 전선로와 전기사용자 소유 전선로의 분기 연결점으로 한다. ⑥ 또한 22.9KV S.N.W 방식으로 공급하는 경우의 수급지점은 원칙적으로 한전에서 설치하는 케이블 분기접속장치 부하측 연결점으로 한다. 다만, 한전 전기공급설비 구성상 부득이한 경우에는 22.9KV S.N.W 변압기 1차측에 전기사용자가 시설하는 개폐장치의 전원측 연결점으로 할 수 있다. ⑦ 또한 공중지역에서 전기사용자가 저압으로 지중인입을 희망하는 경우, 정액등·가로등과 같이 사용장소가 건물이 아니거나 계약전력이 10kW 이하인 소용량이라면, 인입전주의 인입선 연결점을 수급지점으로 한다.(전기공급약관 시행세칙 제18조 제2항 제7호)

2. 법적쟁점(法的爭點)

통상 전기사용장소가 건물인 경우 건물의 벽면 등에 연결점을 설치하여 한전의 인입선이 연결되므로, 그 연결점은 수급지점이 된다. 그런데 비닐하우스와 같이 벽면 등의 고정된 부위가 존재하지 않는 경우에는 어느 지점을 수급지점으로 해야 하는지 문제된다. 하급심은 통상의 수급지점 결정과는 달리, 비닐하우스의 경우 전기사용장소 외의 지점(인근 전신주의 전선퓨즈)을 수급지점으로 정할 수 있다고 판시하였다.

가) 이 사건 약관 제27조 제1항에서는 '수급지점은 한전의 전선로 또는 인입선과 고객 전기설비와의 연결점으로 한다'라고 정하고 있고, 제6조 제6호에서는 '인입선'을 공중 및 지중 전선로의 지지물로부터 다른 지지물을 거치지 않고 전기사용장소의 연결점이나 인입구(引入口)에 이르는 전선'이라고 정하고 있다. 이에 비추어 보면 이 사건 약관에서 정한 수급지점은 피고(한전)의 설비에 해당하는 인입선이 고객의 전기설비 내지 전기사용장소의 연결점과 만나는 부분임을 알 수 있는바, 원칙적으로는 '고객의 전비설비' 내지 '전기사용장소의 특정 연결점'을 전제로 하고 있음을 알 수 있다.

나) 건물의 사용을 위하여 피고(한전)로부터 전기를 공급받는 통상의 경우에는, 전기를 공급받아 사용하는 건물소유자 또는 사용자 등이 피고(한전)로부터 전기를 공급받기 위하여 해당 건물의 벽면이나 지붕 등 고정된 부위에 전기인입설비 또는 연결점을 설치하고, 여기에 피고(한전)의 인입선을 연결함으로써 전기공급을 받게 되며, 이 경우 앞서 본 바와 같이 피고(한전)의 인입선과 전기사용자의 전기인입설비 또는 연결점이 수급지점으로 된다. 그런데 이 사건과 같이 전기사용장소가 비닐하우스의 경우에는 건물의 경와는 달리 건물의 벽면 등과 같은 고정된 부위가 존재하지 아니하므로 비닐하우스 자체에 전기인입설비 또는 연결점을 설치할 수 없다. 따라서 이 사건에서는 통상의 경우와 같이 수급지점을 정할 수는 없으며, 이 사건 비닐하우스에 위와 같은 전기인입설비가 존재하지 아니하는 이상 원고(甲)의 주장과 같이 이 사건 비닐하우스의 어느 지점이 수급지점이라고 섣불리 단정할 수는 없다. 다) 한편 이 사건 전력량계의 경우 피고(한전)가 이를 소유, 관리하고 있다는 사실은 앞서 본 바와 같다. 그러나 전력량계의 경우 피고(한전)가 공정한 방법으로 전기요금을 산정하기 위하여 피고(한전)의 책임 하에 설치하는 기계로서 전기사용량을 계측하는 장치일 뿐이다. 이 사건 전력량계도 그와 같아서 전기의 원활한 공급 자체와는 무관한 설비인데다, 달리 이 사건 전력량계를 이 사건의 수급지점이라고 인정할 어떠한 합리적인 근거도 없다. 따라서 이 사건 전력량계를 수급지점으로 보아야 한다는 원고(甲)의 주장 역시 선뜻 납득하기 어렵다. 라) 오히려 아래와 같은 사정들을 고려하여 본다면, 이 사건의 경우 피고(한전)의 주장과 같이 이 사건 전선퓨즈를 수급지점으로 보는 것이 보다 더 합리적이다. (1) 전선퓨즈는 전선에 규정 값 이상의 과도한 전류가 계속 흘러 전기 과부하가 발생할 때 구성부분 중의 하나를 녹임으로써 전류를 차단하도록 고안된 장치이다. 이와 같이 전선퓨즈는 전기의 정상적인 공급과 밀접한 관련을 맺고 있는 전기접속장치이며, 이 사건 전선퓨즈의 경우도 마찬가지이다. (2) 전선퓨즈의 경우 그 양쪽에 전선을 연결할 수 있는데, 농사용전기 사용 신청이 접수되면 피고(한전)는 통상 아래 사진과 같이 전선을 전신주까지 늘인 다음 그 전선에 전선퓨즈의 한쪽을 연결하여 전신주에 고정시킨다. 그 후 전기사용자가 자신의 비용으로 전기공사허가를 득한 전기공업사 등을 통하여 전선퓨즈의 나머지 한쪽을 그의 전선으로 연결한 후 그 전선을 이용하여 필요한 곳에 전기를 공급받는다.

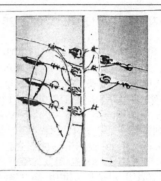

(3) 이와 같이 농사용전기를 공급하는 경우 전선퓨즈는 전기사용자측 전선과 공급자인 피고측 전선이 연결되는 연결점이므로, 전기사용장소 내의 어느 지점에 전기사용자측 전기설비가 별도로 존재하지 아니하는 이 사건과 같은 경우 일응 이 사건 약관 제6조 제25호에서 정한 '한전의 전선로 또는 인입선과 고객 전기설비와의 연결점'에 대응하는 부분으로 보인다....(중략).....이 사건 전신주의 경우 이 사건 비닐하우스와 불과 2~3m 정도 이격되어 있어 그 거리가 매우 가까우므로, 이를 이용하여 이 사건 비닐하우스 내에 전기를 공급하는 것이 비교적 용이한 것으로 보인다. 나아가 원고(甲)로서는 이 사건 전신주를 이용할 경우 전기인입설비를 위한 별도의 지지물 등을 설치할 필요가 없게 되어 전기공급에 필요한 비용부담을 줄일 수 있기도 하다. 이와 같은 점을 고려해 보면 이 사건 전신주를 이용하는 것이 원고(甲)에게 불리하다고 볼 수도 없다.....(중략).....피고(한전)는 통상 원고(甲) 이외의 다른 비닐하우스 전기사용자에 대하여도 그 부근의 전신주를 이용하게 하고 전신주 상의 전선퓨즈를 수급지점으로 지정해 온 것으로 보이는 점 등에 비추어 보면, 원고(甲)는 최초 전기공급시부터 피고(한전)와 사이에 전기사용장소 외의 이 사건 전신주를 사용하고 여기에 수급지점을 지정하는 것에 대하여 묵시적으로나마 협의를 하였거나, 적어도 그에 대하여 사후적으로 추인하였다고 봄이 상당하다.

Ⅶ. 공급설비의 시설

전기공급약관 제28조 (공급설비의 시설)

① 한전이 시설하는 전선로는 공중전선로로 합니다. 다만, 다음 중의 하나에 해당할 경우에는 지중전선로로 시설합니다.

  1. 한전의 전선로 지중화계획에 따라 지중화지역으로 선정, 공고된 지역 및 지중화 지역으로 선정, 공고된 지역의 인접지역

  2. 지중배전선로가 이미 설치되어 지중으로 공급하고 있는 지역

  3. 기술적 및 기타 부득이한 사유가 있는 경우

  4. 고객이 지중전선로를 희망하고 한전이 이를 타당하다고 인정하는 경우

② 한전의 공급설비부터 수급지점까지의 설비는 한전이 시설·소유합니다. 이 때 고객은 제9장(시설부담금)에 따라 시설부담금을 부담해야 합니다.

전기공급약관 시행세칙 제19조 (지중공급설비의 시설)

약관 제28조(공급설비의 시설) 제1항 제1호의 "인접지역"이라 함은 다음의 지역을 말한다.

  1. 지중화지역으로 선정·공고된 도로에 접한 지역

  2. 지중화지역으로 선정·공고된 도로와 교차하는 1블럭 이내의 지선도로에 접하는 지역. 이 때 1블럭이란 도로(이면도로 포함)로 구분하여 획정된 구역을 말한다.

Ⅷ. 고객소유의 전기설비 인수

전기공급약관 제29조 (고객소유의 전기설비 인수)
한전은 고객의 요청이 있고 필요하다고 인정하는 경우에는 고객 소유의 전기설비를 인수할 수 있습니다.

전기공급약관 시행세칙 제20조 (고객소유의 전기설비 인수)
① 한전이 인수할 수 있는 고객소유 전기설비는 한전의 설계기준과 산업통상자원부장관이 고시하는 전기설비 기술기준(이하 "기술기준"이라 한다)에 적합해야 한다. 다만, 다른 고객과 공용하고 있는 고객소유 선로의 공용부분을 한전의 필요에 따라 인수할 경우에는 예외로 할 수 있다.
② 고객소유의 전기설비가 한전의 설계기준과 기술기준에 부적합하더라도 인수 전에 해당 설비의 보강공사비를 고객이 부담하는 경우에는 한전의 설계기준과 기술기준에 적합한 설비로 인정할 수 있다.

Ⅸ. 공중인입선

전기공급약관 제30조 (공중인입선(空中引入線))

① 한전의 전선로와 고객의 전기설비를 인입선으로 연결할 경우에는 공중으로 하는 것을 원칙으로 하며, 한전이 인입선 연결점의 애자(완철을 포함합니다)까지 시설합니다. 이 때 "인입선 연결점"은 한전 전선로의 가장 적합한 전주에서 전기사용장소내의 가장 가까운 건조물이나 보조지지물(고객의 구내전주 등)을 기준으로 고객과 한전이 협의하여 결정합니다.

② 고압 이상의 전압으로 전기를 공급받는 고객은 제1항에도 불구하고 공중인입선을 고객이 시설·소유합니다. 이 때 한전은 원칙적으로 공중전선로의 가장 적합한 전주에 있는 고객 전선로와의 연결점(고객 인입용애자를 포함합니다)까지 시설합니다.

③ 인입선 연결을 위해 전기사용장소내에 구내전주 등 보조지지물을 시설하거나 고객의 희망에 따라 한전 규격품 이외의 완철등 인입지지물을 시설할 경우에는 고객이 그 지지물을 시설합니다.

1. 개설(槪說)

공중인입선은 인입선의 원칙적인 형태이다. 공중인입선은 쉽게 말해, 전주에서 고객의 전기사용장소 내의 가장 가까운 건물 또는 보조지지물(전기사용자의 구내 전주 등)까지의 전선로를 말한다. 한편, 한전은 인입선 뿐만 아니라 인입선 연결점의 애자(碍子), 완철(腕鐵)도 설치한다. 고압 이상의 경우 공중인입선을 전기사용자가 설치·소유하되, 한전은 고객전선로와의 연결점까지의 전기설비를 설치한다. 전기사용자가 희망하는 경우 본인 부담으로 한전 규격품 이외의 인입지지물을 설치할 수 있다.

X. 지중인입선

전기공급약관 제31조 (지중인입선(地中引入線))

① 한전의 지중전선로와 고객의 전기설비를 연결하거나 지중화지역
   으로 선정 공고된 지역의 공중전선로와 고객의 전기설비를 연
   결할 경우에는 지중인입선으로 연결하며 지중인입선 연결점까
   지 한전이 시설합니다. 이 때 "지중인입선 연결점"은 전기사용
   장소내에 한전이 시설하는 개폐기의 고객측 연결점이나 인입선
   연결점에 상당하는 부분으로 합니다.

② 제1항의 개폐기나 인입선 연결점에 상당하는 부분의 시설장소는
   한전 전선로의 가장 적당한 분기점이나 전주로부터 가장 가까운
   거리에 있고 안전하게 시설할 수 있는 장소를 기준으로 고객과
   한전이 협의하여 결정합니다. 다만, 위의 범위를 벗어나는 경우
   전기사용장소내의 지중인입선은 고객이 시설·소유합니다.

③ 지중인입선을 설치하기 위하여 전기사용장소내에 시설하는 구조
   물(맨홀·관로·케이블인입구 등)은 고객이 시설·소유합니다. 다만,
   한전이 필요하다고 인정할 경우에는 한전에서 시설·소유할 수
   있습니다.

④ 제1항에 따라 지중인입선으로 연결해야 하는 지역 이외의 지역
   에서 고객이 희망하여 지중인입선으로 연결할 경우에는 제1항
   에도 불구하고 고객이 지중인입선을 시설·소유합니다.

1. 개설(槪說)

가. 지중으로 전기를 공급하는 지역의 경우 한전은 지중인입선으로
    전기사용자의 전기설비를 연결하며, 지중인입선 연결점은 전기
    사용장소 내의 한전 개폐기 전기사용자측 연결점이나 인입선

연결점으로 볼 수 있는 부분으로 한다.**(실무상 지중공급지역에서는 전기사용자의 케이블과 한전 개폐기의 연결을 한전이 시행한다.)** 한편, 수급지점은 소유권의 경계점이다. 따라서 지중인입선 연결점까지의 설비는 한전이 설치하고 소유한다. 지중인입선 설치를 위한 구조물(맨홀·관로·케이블인입구 등)은 원칙적으로 전기사용자가 설치·소유한다. 그러나 전기공급약관에 따른 개폐기나 지중인입선 연결점을 고객과 한전과 협의하여 전기사용장소 내의 다른 장소로 하였다면 이로 인하여 추가 설치되는 지중인입선은 전기사용자가 설치·소유한다.

나. 지중화 지역 이외의 지역에서 저압으로 공급받는 전기사용자가 지중인입을 희망하는 경우 전기사용자 본인이 지중인입선을 시설하고 소유한다.**(전기공급약관 시행세칙 제21조 제2항)**

다. 고압 이상으로 전기를 공급받는 공동주택, 의료법에 따른 종합병원이나 기타 한전에서 필요하다고 인정하는 전기사용자의 경우, 가급적 예비회선을 설치해야 하며 그렇지 않을 경우 그에 따른 책임소재를 전기사용계약서에 명시해야 한다.**(전기공급약관 시행세칙 제21조 제1항)**

XI. 연접인입선 및 공동인입선

전기공급약관 제32조 (연접인입선(連接引入線) 및 공동인입선(共同引入線))

① 한전은 건물 밀집장소 등 특별한 사정이 있는 장소에서는 연접인입선이나 공동인입선으로 전기를 공급할 수 있습니다. 특히, 공동주택 등으로서 1건물내 2이상의 고객에게 전기를 공급할 경우에는 원칙적으로 공동인입선으로 공급합니다.

② 한전은 다른 고객의 전기공급을 위해 필요할 경우 고객의 승낙을 받아 고객의 구내전주·인입선·인입구배선 등을 공용할 수 있습니다.

1. 개설(槪說)

건물 밀집장소 등에서는 연접·공동인입선으로 전기를 공급하며,(대개 전주에서 하나의 인입선(공동인입선)으로 하나의 주택에 전기가 공급되며, 전기를 공급받은 건물에서 밀접해 있는 다른 주택에 다른 지지물을 거치지 않고 곧바로 인입선을 연결하여 전기를 공급받게 된다) 특히 공동주택의 경우 원칙적으로 공동인입선으로 전기를 공급한다. 연접인입선은 1전기사용장소의 인입선에서 지지물을 거치지 않고 다른 전기사용장소의 인입선 연결점까지 연결하는 전선을 말하며, 공동인입선이란 2이상의 고객에게 1인입선으로 전기를 공급하는 경우 공동으로 사용하는 부분을 말한다.(전기공급약관 시행세칙 제22조 제1항)

공중 연접인입선 또는 공중 공동인입선으로 전기를 공급하기 위해 필요한 경우 한전은 전기사용자의 승낙을 받아 전기사용자의 구내

전주·인입선·인입구배선 등을 공용할 수 있으며, 이 경우 전기사용자의 승낙을 얻어 공중 연접·공동인입선을 한전이 소유 및 유지·관리할 수 있다.**(전기공급약관 시행세칙 제22조 제2항)**

XII. 인입구배선 · 인입선의 연결 · 인입선 등의 위치변경

전기공급약관 제33조 (인입구배선(引入口配線))

① 인입선 연결점부터 전기사용장소내의 고객 소유 인입개폐기에 이르는 배선(이를 "인입구배선"이라 합니다)은 고객이 시설·소유합니다.

② 저압용 인입구배선은 케이블선이나 금속관배선 또는 합성수지관 배선으로 노출 시설해야 합니다. 다만, 부득이한 경우에 는 고객과 한전이 협의하여 노출 시설하지 않을 수 있습니다.

전기공급약관 제34조 (인입선의 연결)

한전의 전선로나 인입선과 고객의 전기설비와의 연결은 한전이 시공합니다. 다만, 한전에서 필요하다고 인정할 경우에는 한전이 지정한 자에게 위탁하여 시공할 수 있습니다.

전기공급약관 제35조 (인입선 등의 위치변경)

① 한전이 필요하다고 인정할 경우에는 인입선이나 전기계기의 설치장소를 변경할 수 있습니다. 이 때 인입구배선의 변경이 필요할 경우에는 한전이 소요비용을 부담하여 시공합니다.

② 고객의 희망에 따라 인입선이나 전기계기 등의 설치장소를 변경할 경우에는 고객이 소요비용을 부담합니다.

XⅢ. 전용공급설비

전기공급약관 제36조 (전용공급설비)
다음 중의 하나에 해당할 경우에는 특정 고객에게만 공급하기 위한 설비(이하 "전용공급설비"라 합니다)를 시설하여 공급할 수 있습니다. 다만, 2 이상의 고객이 서로 합의하여 전용공급설비로 사용하고자 할 경우에는 2 이상의 고객이 전용할 수 있습니다.
1. 제39조(전기사용에 따른 보호장치 등의 시설) 제1항에 따른 경우
2. 고객이 희망하고 다른 고객에 대한 전기공급에 지장이 없다고 한전이 인정하는 경우

1. 개설(槪說)

전용공급설비는 특정고객에게만 공급하기 위한 한전소유의 공급설비이다.**(전기공급약관 제6조 제13호)** 전용공급설비는 ① 전기공급약관 제39조 제1항의 사유(다른 고객의 전기사용을 방해하거나 방해할 우려가 있는 경우)가 있거나**(아래 전기공급약관 조항 참조)** ② 전기사용자(계약전력 10,000KW초과)가 희망하고 다른 전기사용자의 전기공급에 지장이 없는 경우,**(전기공급약관 제36조 제2호 및 전기공급약관 시행세칙 제23조 제2항)** ③ 2이상의 전기사용자가 전용공급설비 사용을 희망하는 경우에 공급된다.**(전기공급약관 제36조 단서)** 한편, 변전소 내에 설치된 한전 소유의 변압기, 인출개폐장치는 전용공급설비에 포함되지 않는다.**(전기공급약관 시행세칙 제23조 제2항)**

[전기공급약관 제39조 제1항]
① 고객이 다음 중 하나의 원인으로 다른 고객의 전기사용을 방해하거나 방해할 우려가 있을 경우 또는 한전의 전기설비에 지장을 미치거나 미칠 우려가 있을 경우에는 고객의 부담으로 한전이 인정하는 조정장치나 보호장치를 전기사용장

소에 시설해야 하며, 특히 필요할 경우에는 공급설비를 변경하거나 전용공급설비를 설치한 후 전기를 사용해야 합니다.
1. 각 상간(各 相間)의 부하가 현저하게 평형을 잃을 경우
2. 전압이나 주파수가 현저하게 변동할 경우
3. 파형(波形)에 현저한 왜곡(歪曲)이 발생할 경우
4. 현저한 고조파(高調波)를 발생할 경우
5. 기타 상기에 준하는 경우
② 부득이한 사유로 전기공급이 중지되거나 결상될 경우 경제적 손실이 발생될 우려가 있는 고객은 비상용 자가발전기, 무정전전원공급장치(UPS), 결상보호장치, 정전경보장치 등 적절한 자체보호장치를 시설하여 피해가 발생하지 않도록 주의해야 합니다.

XIV. 전기계기 등의 설치 및 소유

전기공급약관 제37조 (전기계기 등의 설치 및 소유)

① 제18조의2(전기사용계약단위)에 따라 한전과 전기사용계약을 체결한 고객의 요금계산에 필요한 전기계기(타임스위치, 시험용단자대 포함)와 동 부속장치(계기용변류기 등)는 한전이 시설·소유합니다. 다만, 고압 이상의 전압으로 전기를 공급받는 고객의 부속장치(계기용변성기, 계기용변류기 등)와 합성계량장치는 고객이 시설·소유합니다.

② 전기계기와 동 부속장치의 시설에 필요한 배선설비(전기계기함·변성기함·변성기 배선·배선용 금속관·접지시설·가대(架臺)·부설판 등) 및 고객 구내의 통신설비는 고객이 시설·소유합니다. 다만, 옥외에 시설하는 저압 단독계기함은 한전이 시설·소유합니다.

③ 한전은 고객으로부터 전기계기 및 동 부속장치의 설치장소를 제공받습니다. 이 때 전기계기의 설치위치는 계량이 적정하게 되고 검침 및 검사를 안전하고 용이하게 할 수 있는 장소로 하며, 고객과 한전이 협의하여 결정합니다. 특히, 저압으로 전기를 공급받는 고객의 전기계기는 옥외에 설치함을 원칙으로 합니다.

④ 전기계기 및 동 부속장치의 재검정, 시험 및 수리는 소유자가 시행합니다.

1. 개설(槪說)

전기공급약관 제18조의 2에 따라 전기사용계약이 체결된 경우, 요금계산에 필요한 『전기계기』(타임스위치, 시험용단자대 포함) 및 『부속장치』(계기용변성기 등)는 원칙적으로 한전이 소유·관리하도록 되어 있다. 다만, 고압이상으로 전기를 공급받는 전기사용자의 『부속장치』(계기용변성기,계기용변류기 등)와 『합성계량장치』(**합성계량장치는 동일구내에서 동일 회계주체가 동일한 계약종별로 2이상 전기사용계약을 체결하고 있는 경우로서 물리적으로 합성계량을 위한 배선이 가능한 경우에 설치할 수 있으며, 합성계량장치를 설치한 이후에는 원칙적으로 1전기사용계약을 체결한다(전기공급약관 시행세칙 제24조 제2호))**는 전기사용자가 설치하고 소유·관리하도록 되어 있다.

저압으로 전기를 공급받는 전기사용자의 전기계기는 옥외에 설치하는 것이 원칙이며, 이때 『옥외 저압 단독계기함』은 한전이 설치 및 소유·관리한다. 또한 실무상 저압의 경우 전력량계는 요금의 공정한 산정을 위해 원칙적으로 한전이 소유·관리하고 있다(아래 판례 참조). 따라서 저압으로 전기를 공급받는 경우에는 전력량계와 단독계기함은 한전이 설치·소유하고, 그 외의 계기함은 전기사용자가 설치·소유하게 된다. 반면에, 고압으로 전기를 공급받는 경우에는 전기계기(시험용단자대 등)는 한전이 설치·소유하되, 부속장치(계기용변성기 등), 합성계량장치는 전기사용자가 설치·소유해야 한다.

청주지방법원 2017. 6. 2. 선고 2016나12008 판결 (확정)

원고(甲)는 2007. 6. 7. 별지 목록 기재 각 부동산(이하 '이 사건 과수원'이라 한다)에 관하여 2007. 6. 2.자 매매를 원인으로 한 소유권이전등기를 마친 후, 그 지상의 비닐하우스 4동(이하 '이 사건 비닐하우스'라 한다)에서 포도나무를 재배하였다.....(중략).....한편 이 사건 전력량계의 경우 피고(한전)가 이를 소유, 관리하고 있다는 사실은 앞서 본 바와 같다. 그러나 전력량계의 경우 피고(한전)가 공정한 방법으로 전기요금을 산정하기 위하여 피고(한전)의 책임하에 설치하는 기계로서 전기사용량을 계측하는 장치일 뿐이다.

저압으로 계량하는 변압기설비 공동이용 전기사용자의 전기계기 『부속장치』(계기용 변성기 등)는 한전이 설치·소유한다. 다만, 계약전력 500KW 이상인 경우에는 전기사용자가 설치·소유한다.(**전기공급**

약관 시행세칙 제24조 제1항 제1호)

전기계기 및 부속장치의 설치장소는 전기사용자로부터 제공받되, 설치위치는 전기사용자·한전간 협의하여 결정하며 전기계기 및 부속장치의 재검정·시험 및 수리는 소유자가 시행한다.

XV. 전기계기의 설치기준

전기공급약관 제38조 (전기계기의 설치기준)

① 한전은 1전기사용계약에 대하여 1전력량계를 설치합니다. 다만, 부득이한 경우에는 전력량계 설치기준을 달리할 수 있습니다.

② 한전은 고압이상의 전압으로 전기를 공급받는 고객에게는 최대수요전력과 무효전력을 계량할 수 있는 전력량계를 설치하며, 일반용전력(갑)Ⅱ, 산업용전력(갑)Ⅱ, 일반용전력(을), 교육용전력(을), 산업용전력(을)의 요금을 적용받는 고객에게는 사용량을 시간대별로 구분하여 계량할 수 있는 전력량계를 설치합니다.

③ 한전은 교육용 저압고객과 대표고객의 변압기 설비를 공동이용하는 고객 중 저압계량하는 고객에게는 최대수요전력을 계량할 수 있는 전력량계를 설치할 수 있습니다.

④ 한전은 저압으로 전기를 공급받는 고객 중 전기사용의 특성 및 용도 등을 고려하여 세칙에서 정한 고객에게는 최대수요전력과 무효전력을 계량할 수 있는 전력량계를 설치할 수 있습니다.

1. 개설(槪說)

(1) 설치기준

원칙적으로 1전기사용계약에 대해 1전력량계가 설치된다. 다만, 부득이한 경우에는 달리 정해질 수 있다. 1전기사용계약에 2전력량계를 설치할 수 있는 경우는 개정 전기공급약관 시행세칙 제24조 제1항 제4호(2016. 11. 1. 시행)에 규정되어 있다. 즉, 고압 이상으로 전기를 공급받는 전기사용자가 구내 계기용 변성기 고장에 따른 정전을 대비하기 위해 계기용 변성기를 이중화한 경우에는 합성계량 장치를 설치하는 조건으로 1전기사용계약에 대하여 2전력량계를 설치할 수 있다.

※합성전력량계(합성계량장치)는 인입선이 2회선 이상인 대규모 공장 등(보통 154KV 고압)에 설치된다. 기존에 점검 등 기타 이유로 한쪽 회선에만 부하가 걸릴 경우 양 회선의 정확한 전력피크 요금합산이 어려워 이를 개선하기 위해 개발되었다(이석희, "합성계량 기능 가진 전력량계 곧 나온다", 『전기신문』, 2013. 3. 7, 9면)

※합성계량기는 동일구내에서 동일 회계주체가 동일한 계약종별로 2이상 전기 사용계약을 체결하고 있는 경우 물리적으로 합성계량을 위한 배선이 가능할 때 설치할 수 있으며, 합성계량장치를 설치한 이후 원칙적으로 1전기사용계약을 체결한다(전기공급약관 시행세칙 제24조 제1항 제2호)

(2) 최대수요전력량계

고압 이상으로 전기를 공급받는 경우 한전의 비용으로 '최대수요전력량계'가 설치된다.(아래 약관조항 참조)

[전기공급약관 제6조 제10호]
최대수요전력(最大需要電力)은 최대수요전력을 계량할 수 있는 전력량계에 의하여 15분 단위로 누적 계산되는 전력을 말한다

[전기공급약관 제68조 제1항]
제38조(전기계기의 설치기준) 제2항 및 제3항에 따라 최대수요전력을 계량할 수 있는 전력량계를 설치한 고객(제16조 (전기사용계약의 해지후 재사용시의 고객부담) 제1항에 해당하는 고객 포함)은 검침 당월을 포함한 직전 12개월 중 12월분, 1월분, 2월분, 7월분, 8월분, 9월분 및 당월분의 최대수요전력 중 가장 큰 최대수요전력을 요금적용전력으로 하며, 가장 큰 최대수요전력이 계약전력의 30% 미만인 경우에는 계약전력의 30%를 요금적용전력으로 합니다.

[전기공급약관 부칙 (2017. 1. 1)]

(시행일) 이 약관은 2017년 1월 1일부터 시행합니다.

(경과조치)

1. 약관 38조 제3항의 개정 규정 중 대표고객의 변압기 설비를 공동이용하는 고객의 경우 한전의 계획에 따라 모든 대상 고객의 최대수요전력량계를 교체한 이후 부터 약관 제68조 제1항을 적용합니다. 다만, 고객부담으로 설치·소유할 경우는 설치일로부터 약관 제68조 제1항을 적용합니다.

한편, 전기공급약관 제38조 제3항 개정되어(2017. 1. 1. 시행), 저압으로 전기를 공급받는 전기사용자(교육용 저압 전기사용자, 저압으로 계량하는 변압기설비 공용이용 전기사용자, 저압으로 공급받는 계약전력 20KW 이상의 전기사용자) 역시 한전 부담으로 '최대수요전력량계'를 설치할 수 있다.**(전기공급약관 시행세칙 제24조 제2항)** 한편, 일반용전력(갑)II, 산업용전력(갑)II, 일반용전력(을), 교육용전력(을), 산업용전력(을)의 요금을 적용받는 경우 한전의 부담으로 시간대별(경부하, 중간부하, 최대부하) 구분 전력량계**(쉽게 말해 시간대별 구분 전력량계는 시간대별로 전기요금이 다른 경우, 그 사용량을 계량하여 전기요금을 계산하기 위한 것이다)**가 설치된다.

(3) 무효전력량계

'무효전력량계'는 역률에 따른 전기요금의 산정(증액·감액)을 위해 설치된다.**(전기공급약관 제43조 제1항)** 저압으로 전기를 공급받는 계약전력 20kW 이상의 일반용전력, 산업용전력, 농사용전력, 임시전력의 경우 무효전력량계는 한전의 비용부담으로 설치된다.**(전기공급약관 시행세칙 제24조 제2항)** 고압이상의 전압으로 전기를 공급받는 일반용전력, 교육용전력, 산업용전력, 농사용전력, 임시전력의 경우 역시 한전의 비용부담으로 무효전력량계가 설치된다.**(전기공급약관 제43조 제1항)**

제4장

전기사용에 따른 협력

제4장 전기사용에 따른 협력

I. 전기사용에 따른 보호장치등의 시설

전기공급약관 제39조 (전기사용에 따른 보호장치 등의 시설)

① 고객이 다음 중 하나의 원인으로 다른 고객의 전기사용을 방해
하거나 방해할 우려가 있을 경우 또는 한전의 전기설비에 지장
을 미치거나 미칠 우려가 있을 경우에는 고객의 부담으로 한전
이 인정하는 조정장치나 보호장치를 전기사용장소에 시설해야
하며, 특히 필요할 경우에는 공급설비를 변경하거나 전용공급설
비를 설치한 후 전기를 사용해야 합니다.

1. 각 상간(各 相間)의 부하가 현저하게 평형을 잃을 경우
2. 전압이나 주파수가 현저하게 변동할 경우
3. 파형(波形)에 현저한 왜곡(歪曲)이 발생할 경우
4. 현저한 고조파(高調波)를 발생할 경우
5. 기타 상기에 준하는 경우

② 부득이한 사유로 전기공급이 중지되거나 결상될 경우 경제적 손
실이 발생될 우려가 있는 고객은 비상용 자가발전기,무정전전원
공급장치(UPS), 결상보호장치, 정전경보장치 등 적절한 자체보
호장치를 시설하여 피해가 발생하지 않도록 주의해야 합니다.

1. 개설(槪說)

다른 고객의 전기사용을 방해하거나 한전의 전기설비에 지장을 미
치는 등 원할한 전기공급에 지장이 있는 경우, 전기사용자의 부담으

로 보호장치 등을 설치하며 필요한 경우 전용공급설비**(전용공급설비는 특정 고객에게만 전기를 공급하기 위한 한전소유의 공급설비로써, 전기공급약관 제39조 제1항의 사유(다른 고객의 전기사용을 방해할 우려가 있는 경우 등)가 있거나, 계약전력 10,000KW 초과하는 고객이 전용공급설비를 희망하는 경우 등 특정 사유가 있는 경우에만 공급된다(전기공급약관 제36조, 동 약관 시행세칙 제3조 제13호))**를 설치하거나 공급설비를 변경해야 한다.

부득이한 사유에 의한 전기공급 중지 등으로 경제적 손실 발생 우려가 있는 전기사용자는 비상용 자가발전기 등(이하 '정전피해 방지시설')을 설치하여 정전피해를 최소화 해야 한다. 실무상, 양어장·축산농가·농수산물 가공업 등의 경우 전기사용자에게 정전피해 방지시설을 설치하도록 안내하고 있으며, 정전피해 방지시설을 설치하지 않아 발생한 손해에 대해서는 한전이 책임지지 않는다는 점을 전기사용계약서에 명시하고 있다.

2. 법적쟁점(法的爭點)

전기공급약관 제39조 제2항의 '부득이한 사유'의 의미에 대하여 하급심은 아래와 같이 판시하고 있다.

대전지방법원 홍성지원 2015. 4. 17. 선고 2014가합76 (대전고등법원 2015 나11753 강제조정 확정)

을 제3,4호증의 각 기재에 의하면, 원고(甲)가 남편인 乙을 통하여 피고(한전)에게 전기사용신청을 하면서 '부득이한 사유로 전기공급 중지시 피해가 발생될 우려가 있을 경우에는 전기공급약관에 따라 비상용 자가발전기 등의 적절한 자체 보호장치 설치를 검토하겠으며, 이를 설치하지 않아 발생한 피해에 대해서는 피해보상을 요구하지 않겠습니다.'라는 문구가 기재된 전기사용신청서를 작성한 사실, 이 사건 양어장의 전기공급에 관하여 체결된 전기사용계약서에도 '3. 고객은 한전의 부득이한 사유로 전기의 공급이 중지되었을 경우 발생될 피

해를 예방하기 위하여 비상용 자가발전기 등의 적절한 자체보호장치를 시설할 필요가 있습니다.'라는 문구가 기재되어 있는 사실이 인정된다. 그러나 위와 같은 약정에 따라 피고(한전)가 면책되려면 '부득이한 사유'로 전기공급이 중지되었어야 하는바, 여기서 부득이한 사유란 반드시 천재지변 등에 국한되는 것은 아니라 하더라도 최소한 피고(한전)의 귀책사유가 개입된 경우는 포함되지 않는다고 해석함이 상당하다. 피고(한전)에게 이 사건 전선의 설치, 관리상의 과실이 있었음은 앞서 본 것과 같으므로 이 사건의 경우 위 약정에 따라 피고(한전)의 책임이 배제된다고 보기 어렵다.....(중략) 원고(甲)가 이 사건 양어장에 비상용 자가발전기를 설치한 사실을 인정할 자료가 없는 점(24시간 동안 계속 전기장치가 가동되어야 하는 양식장에서는 정전에 대비하여 비상용 자가발전기를 설치할 필요가 있어 보인다), 이 사건 사고로 수중 모터 등의 작동이 중단된 채 양식장 내 메기들이 상당 시간 방치되어 있었던 것으로 보이는바 원고(甲)에게도 양어장에 대한 관리를 소홀히 하고 정전사태를 조속히 발견하지 못한 책임이 있는 점 등을 감안하면, 원고(甲)의 위와 같은 과실 역시 이 사건 사고로 인한 손해의 발생 내지 확대에 기여하였다고 봄이 상당하므로 피고(한전)의 손해배상책임을 정함에 있어 이를 참작하되, 원고(甲)의 과실비율을 30%로 보아 피고(한전)의 책임을 70%로 제한한다.

대구고등법원 2016. 5. 18.선고 2015나21722 판결(대법원 2016다228956 상고기각 확정)

이 사건 사고로 인하여 원고(甲)가 입은 손해는 냉해 및 동해로 인하여 감소된 2013년도 방울토마토의 매출액이라 할 것이다.....(중략).....살피건대, 원고(甲)와 피고들(한전, A주식회사)이 제출한 각 증거 및 변론 전체의 취지를 종합하여 인정할 수 있는 다음과 같은 사정들, 즉 ① 이 사건 공급계약상 약관 제39조 제2항에서는 전기공급이 중지되거나 결상될 경우 경제적 손실이 발생될 우려가 있는 고객은 비상용 자가발전기 등 적절한 자체보호장치를 시설하여 피해가 발생하지 않도록 주의해야 한다고 규정하고 있음에도 원고(甲)는 비상용 자가발전기 등 적절한 자체보호장치를 설치하지 아니하였고 이러한 점이 원고(甲)의 피해확대에 상당한 기여를 한 것으로 보이는 점(원고(甲)는, 위 약관 조항은 단순한 주의촉구규정으로 계약상대방에 대해 작위의무를 부과하는 규정이 아니고, 가사 의무부과규정이라고 하더라도 약관의 규제에 관한 법률 제3조 제3항의 '약관에 정하여져 있는 중요한 내용'에 해당한다고 할 것인데 피고 한전이 위 약관 조항을 설명한 적이 없으므로 원고에게 효력이 없고, 설령 효력이 있다 하더라도 '부득이한 사유로 전기공급이 중지되거나 결상'된 경우에만 적용되므로, 이 사건과 같이 피고들(한전, A주식회사)의 '고의적인 전기차단행위'의 경우에는 적용되지 아니한다고 주장하나, 갑 제2호증의 2의 기재에 의하면 전기사용신청접수증명서 1면의 하단에 전기사용신청시 전기사용자 확인 내용으로 위 약관 조항이 기재되어 있으므로, 피고 한전은 원고(甲)에게 위 약관 내용을 설명·명시하였다고 봄이 상당하고, 그 내용 또한 단순한 주의촉구규정으로 해석하기 어려우며, 이 사건과 같이 피고들(한전, A주식회사)의 변압기 수리공사 등 부득이한 사유로 인하여 전기공급이 중단될 경우를 대비하여 자체 보호장치를 시설할 의무를 부과한 것으로 해석되므로, 원고(甲)의 위 주장은 이유없다).....(중략).....이 사건 사고 당시는 원고(甲)가 이 사건 온실에서 방울토마토를 처음 재배하기 시작한 시점이어서 생산량이 평균생산량에 미치지 못하였을 가능성도 있는 점 등을 감안하여 피고들(한전, A주식회사)의 손해배상책임을 위에서 인정한 액수의 50%로 제한함이 상당하다.

II. 전기사용장소의 출입

전기공급약관 제40조 (전기사용장소의 출입)

한전은 다음 중의 하나에 해당할 경우 고객의 승낙을 받고 신분증을 제시한 후 고객의 토지 및 건물에 출입할 수 있습니다. 이때 고객은 정당한 사유가 없는 한 출입을 승낙해야 합니다.

1. 한전 공급설비의 설계·시공·개수·순시 및 점검을 할 경우
2. 제53조(전기안전을 위한 고객의 협력) 및 제54조(고객 소유의 전기설비에 대한 공사)에 따른 경우
3. 이 약관에 위배되는 전기사용을 방지하기 위해 고객의 전기설비를 검사하거나 전기기기를 시험할 경우
4. 전력량계를 검침하거나 시험할 경우
5. 고객의 역률을 측정할 경우
6. 제13조(고객의 요청에 따른 전기사용계약의 해지), 제15조(고객의 책임으로 인한 전기사용계약의 해지) 또는 제45조(고객의 책임으로 인한 공급의 정지)에 따른 필요 조치를 할 경우

※ 전기사용장소의 출입은 정당한 사유가 없는 한 고객이 승낙해야 하며, 이를 거부할 경우 한전은 전기공급약관 제45조 제3항 제7호에 따라 전기공급을 정지할 수 있다. 전기사용장소의 출입 사유 중 단전 조치를 위한 출입(전기공급약관 제40조 제6호)을 방해하는 경우 한전은 단전방해금지가처분 신청을 통해 단전업무를 수행할 수 있다.

Ⅲ. 역률의 유지

전기공급약관 제41조 (역률의 유지)

① 고객은 전체 사용설비의 역률을 지상역률(遲相力率) 90%(이하 "기준역률"이라 합니다) 이상으로 유지해야 합니다.

② 고객은 제1항의 기준역률을 유지하기 위하여 적정용량의 콘덴서를 개개 사용설비별로 설치하되, 사용설비와 동시에 개폐되도록 해야 합니다. 다만, 고객의 전기사용 형태에 따라 한전이 기술적으로 타당하다고 인정할 경우에는 사용설비의 부분별로 또는 일괄하여 콘덴서를 설치할 수 있습니다. 이때 고객은 콘덴서의 부분 또는 일괄개폐장치 등 한전이 인정하는 조정장치를 설치하여 진상역률(進相力率)이 되지 않도록 해야 합니다.

※ 쉽게 말해 역률이 높을수록 낭비되는 전기가 적다는 것이다. 에너지 **효율** 향상 등을 위해 전기공급약관은 기준역률 이상으로 역률을 유지할 의무를 부과하고 있다.

Ⅳ. 역률의 계산

전기공급약관 제42조 (역률의 계산)

① 전기를 사용하지 않은 달의 역률과 무효전력을 계량할 수 있는 전력량계를 설치하지 않은 고객의 역률은 지상역률(遲相力率) 90%로 봅니다.

② 무효전력을 계량할 수 있는 전력량계가 설치된 고객은 전력량계에 의하여 30분 단위로 누적된 계량값으로 역률을 계산합니다. 다만, 저압으로 전기를 공급받는 고객과 원격검침이 되지 않는 고객은 전력량계에 1개월간 누적된 계량값으로 역률을 계산합니다.

※ 전기사용자가 무효전력량계를 설치하지 않았다면 지상역률을 90%로 간주한다. 고압 전기사용자, 일정요건(계약전력 20KW 이상)을 갖춘 저압 전기사용자는 한전의 비용부담으로 무효전력량계가 설치되므로, 설치된 무효전력량계를 통해 계측된 값을 기준으로 역률이 측정된다.

V. 역률에 따른 요금의 추가 또는 감액

전기공급약관 제 43 조 (역률에 따른 요금의 추가 또는 감액)

① 역률에 따른 요금의 추가 또는 감액 대상 고객은 제38조(전기계기의 설치기준)에 따라 무효전력을 계량할 수 있는 전력량계가 설치된 고객으로서 다음 각 호에서 정한 고객으로 합니다.

  1. 저압으로 전기를 공급받는 계약전력 20kW 이상의 일반용전력, 산업용전력, 농사용전력, 임시전력

  2. 고압이상의 전압으로 전기를 공급받는 일반용전력, 교육용전력, 산업용전력, 농사용전력, 임시전력

② 역률에 따른 요금의 추가 또는 감액은 다음 각 호와 같이 시간대별로 구분하여 산정합니다.

  1. 09시부터 23시까지의 역률에 따른 요금의 추가 또는 감액

    가. 지상역률(遲相力率)에 대하여 적용하며, 평균역률이 90%에 미달하는 경우에는 미달하는 역률 60%까지 매1%당 기본요금의 0.2%를 추가하고, 평균역률이 90%를 초과하는 경우에는 역률 95%까지 초과하는 매 1%당 기본요금의 0.2%를 감액합니다.

    나. "가"의 평균역률은 제42조(역률의 계산) 제2항의 본문에 따라 계산된 30분 단위의 역률을 1개월간 평균하여 계산합니다. 다만, 30분 단위의 역률이 지상역률 60%에 미달하는 경우 역률 60%로, 지상역률 95%를 초과하는 경우 역률 95%로 간주하여 1개월간 평균역률을 계산합니다.

    다. "나"에도 불구하고, 제42조(역률의 계산) 제2항의 단서에 해당하는 고객의 평균역률은 전력량계에 1개월간 누적된 계량값으로 역률을 계산합니다.

  2. 23시부터 다음 날 09시까지의 역률에 대한 요금의 추가

    가. 진상역률(進相力率)에 대하여 적용하며, 평균역률이 95%에 미달하는 경우에 미달하는 매 1%당 기본요금의 0.2%를 추가합니다.

    나. "가"의 평균역률은 제42조(역률의 계산) 제2항의 본문에 따라 계산된 30분 단위의 역률을 1개월간 평균하여 계산합니다. 다만, 30분 단위의

역률이 진상역률 60%에 미달하는 경우에는 역률 60%로, 지상역률인 경우에는 역률 100%로 간주하여 1개월간 평균역률을 계산합니다.

　다. "나"에도 불구하고, 제42조(역률의 계산) 제2항의 단서에 해당하는 고객은 진상역률 요금을 적용하지 않습니다.

③ 해당월에 지상역률 또는 진상역률의 추가요금이 발생한 경우 첫 번째 달에는 추가요금의 청구를 예고하고 두 번째 달부터 추가요금을 청구합니다.

1. 개설(槪說)

역률 요금 할인·할증이 적용되는 전기사용자는 무효전력량계를 설치한 ① 저압으로 전기를 공급받는 계약전력 20KW 이상의 일반용·산업용·농사용·임시전력 전기사용자와 ② 고압이상의 전압으로 전기를 공급받는 일반용·교육용·산업용·농사용·임시전력 전기사용자이다.

역률 요금은 지상역률 요금(09~23시)과 진상역률 요금(23시~다음날 09시)으로 구분되며 기준 역률(지상역률 90%, 진상역률 95%)을 기준으로 역률 1%개선될때마다 0.2%의 기본요금의 할인·할증이 이루어진다. 해당월에 역률에 따른 추가요금이 발생한 경우 첫번째 달에는 추가요금청구의 예고를 하고 두번째 달부터 추가요금을 청구한다.

역률의 구체적 계산방법은 아래와 같다.

전기공급약관 시행세칙 제27조 (역률의 계산)

① 무효전력을 계량할 수 있는 전력량계 설치대상 고객의 역률은 다음과 같이 계산한다.

1. 무효전력을 계량할 수 있는 전기계기를 새로 설치하는 경우의 당월 역률은 설치전·후로 역률을 구분하여 계산한다.

2. 계약전력의 증가나 감소, 계약종별이나 공급전압이 변경되는 경우에는 변경전·후의 사용전력량 및 무효전력량에 따라 변경전후로 역률을 구분하여 계산한다.

---

3. 무효전력을 계량할 수 있는 전력량계에 이상이 있는 경우에는 직전 3개월 간의 평균역률의 평균치를 이상이 있는 월의 역률로 한다. 다만, 고객소유 의 계기 부속장치 이상으로 직전 3개월간의 평균역률의 평균치를 3개월간 계속 적용한 경우에는 넷째월분부터 지상역률 90%와 이상 직전 3개월간 의 평균역률의 평균치 중 낮은 것을 당월의 역률로 한다.
4. 제3호에 해당하는 고객의 전력량계를 교체한 경우 해당월의 역률은 다음 과 같이 계산한다.
   가. 전월검침일부터 교체일 전일까지의 역률은 제3호에 따라 계산한다.
   나. 교체일로부터 정기검침일 전일까지의 역률은 신설고객에 준하여 계산한다.
5. 무효전력을 계량할 수 있는 전력량계를 설치한 후 최초 검침시 고장인 경 우의 해당월 역률은 다음과 같이 계산한다.
   가. 기설고객은 무효전력을 계량할 수 있는 전력량계를 설치하지 않은 것 으로 본다.
   나. 신설고객은 우선 지상역률 90%로 계산한 후 다음의 기준에 따라 최 초 월까지 소급정산하되, "(2)"의 경우에는 무효전력을 계량하는 전력 량계를 설치할때 까지 지상역률 90%를 적용한다.
   (1) 고장월을 포함한 셋째 조정월까지 무효전력을 계량할 수 있는 전력 량계를 교체할 경우에는 교체 후의 평균역률
   (2) 고장월을 포함하여 셋째 조정월까지 무효전력을 계량할 수 있는 전 력량계를 교체하지 않을 경우에는 지상역률 90%
6. 변압기설비 공동이용 고객의 역률은 다음과 같이 구분하여 적용한다.
   가. 대표고객의 역률
   (1) 공동이용고객이 무효전력을 계량할 수 있는 전력량계를 설치하지 않 은 경우에는 약관 제42조(역률의 계산)에 따라 계산한다.
   (2) 공동이용고객이 무효전력을 계량할 수 있는 전력량계를 설치한 경우 에는 대표고객의 전력량계에 1개월간 누적계량된 전체 사용전력량 및 무효전력량에서 공동이용고객의 사용전력량 및 무효전력량을 차 감하여 계산한 역률을 적용한다.
   나. 공동이용고객의 역률
   (1) 공동이용고객이 무효전력을 계량할 수 있는 전력량계를 설치하지 않 은 경우 대표고객의 역률을 적용한다.
   (2) 공동이용고객이 무효전력을 계량할 수 있는 전력량계를 설치한 경우 에는 해당고객의 전력량계에 1개월간 누적계량된 사용전력량 및 무 효전력량에 따라 계산한 역률을 적용한다.
   다. 대표고객과 공동이용고객이 희망하는 경우에는 약관 제42조(역률의 계산)에 따라 계산된 대표고객의 역률을 적용할 수 있다. 다만, 대 표고객이 주택용전력, 가로등, 심야전력(갑)인 경우에는 제외한다.

Ⅵ. 위약금

전기공급약관 제44조 (위약금)

① 고객이 이 약관을 위반하여 전기를 사용함으로써 요금이 정당하
   게 계산되지 않았을 경우, 한전은 정당하게 계산되지 않은 금액
   의 3배를 한도로 위약금을 받습니다. 다만, 직전 위약금 부과일
   로부터 1년 이내에 이 약관을 다시 위반하여 전기를 사용함으
   로써 요금이 정당하게 계산되지 않았을 경우, 최대 5배를 한도
   로 위약금을 받습니다.

② 제1항의 정당하게 계산되지 않은 금액이란 이 약관에 정해진
   공급조건에 따라 산정한 금액과 정당하지 않은 사용방법에 의
   해 산정된 금액과의 차액을 말합니다.

③ 요금이 정당하게 계산되지 않은 기간을 확인할 수 없는 경우에는
   6개월 이내에서 고객과 한전이 협의하여 결정할 수 있습니다.

④ 제16조(전기사용계약 해지 후 재사용시의 고객부담)의 규정에
   의하여 해지후 재사용 고객이 해지의 원인이 된 미납요금을 납
   부하지 않을 목적으로 다른 고객 명의로 전기사용을 신청하거
   나 제68조(요금적용전력의 결정)의 규정에 의하여 업종변경 없
   이 명의만 변경하는 고객이 기본요금을 납부하지 않을 목적으
   로 동일고객임에도 다른 고객명의로 변경을 신청하는 경우에는
   미납요금의 100%를 추가하여 위약금을 받습니다.

1. 개설(槪說)

(1) 위약금의 의의

전기공급약관 위반에 따른 위약금은 ① 전기요금 면탈액(고객이 요

금으로 당연히 지불하였어야 하나 지불하지 아니한 금액), ② 위약추징금(위약에 따라 제재적 의미의 벌과금 성격으로 청구하는 금액), ③ 전력산업기반기금(별도의 전력산업기반기금 관련 법령, 즉 전기사업법 제51조 제1항에 의하여 전기요금 면탈액에 부과하는 부담금), ④ 부가가치세(전기요금 면탈액에 부과하는 부가가치세)로 구분된다.**(부산지방법원 2016. 11. 11.선고 2016나54220 판결 참조)**

(2) 위약금 발생사유 및 계산방법

1) 위약금 발생사유

① 전기설비를 개조·변조·훼손·조작하여 부정하게 전기를 사용하거나, ② 전기사용절차를 따르지 않고 무단으로 전기를 사용하거나 계약한 전기사용장소 이외의 장소에서 전기를 사용한 경우(무단으로 예비전력 공급선로를 구성한 때에는 그 선로상의 개폐기가 차단(off)된 경우도 이에 포함한다), ③ 무단으로 전기설비를 증설한 경우, ④ 한전과 계약한 계약종별 이외의 계약종별에 해당하는 용도로 전기를 사용한 경우, ⑤ 한전과 계약한 사용시간 이외의 시간이나 휴지기간에 전기를 사용한 경우, ⑥ 1주택수가구 요금적용 고객의 가구수 감소 신고누락 및 허위신고한 경우에는 전기사용자에게 위약금이 발생한다.**(전기공급약관 시행세칙 제29조 제1항)** 또한 ⑦ 해지 후 재사용 중인 전기사용자(전기공급약관 제16조)가 해지의 원인이 된 미납요금을 납부하지 않을 목적으로 다른 전기사용자의 명의로 전기사용을 신청하거나, 업종변경 없이 명의만 변경하는 전기사용자가 기본요금을 납부하지 않을 목적으로 동일 전기사용자임에도 다른 전기사용자 명의로 변경을 신청하는 경우 역시 위약금 발생사유에 해당한다.**(전기공급약관 제44조 제4항)**

2) 계산방법

위약금 계산시 그 적용기간, 업종별 사용시간은 실제 사용한 기간 및 시간을 기준으로 하되, 확인이 불가능하다면 사용기간 및 시간과 배수적용은 아래의 별표 1,2,3을 기준으로 전기사용자와 협의하여 정한다.(**전기공급약관 시행세칙 제29조 제2항 제1호**)

◆ **별표1 - 위약유형별 산정기준표**

위약유형	기간	배수	계약종별	기기(업종)명	기간	비고
(무단사용) 1. 계약없이 사용 2. 1차측 도전 3. 계기조작	6	3	가. 주택용 전력	조명등(전등)	7	1. 이기준에 없는 기기에 대한 적용은 사업소장이 결정한다. 2. 약관에 정하는 예비사용설비 및 불사용설비는 제외한다. 3. 위약유형 1~3호중 계약종별 "다"의 사용설비로서 이기준에 명시된 적용시간 이상을 사용하는 사용설비는 실가동시간을 적용하며 각종 로(爐)는 24시간 적용한다. 4. 계절적인 사용기기는 실사용시간에 한하여 적용한다. 5. 실측이 가능한 경우에는 실측지에 의한 면탈액을 산정할 수 있다. 6. 위약유형 1~3호중 계약종별 "다"의 업종별 고객은 약관(별표2)의 산업분류표에 따라 적용한다. 7. 해당기기가 없는 경우에는 동일한 계약종별내에서 가장 유사한 기기를 준용한다.
				환풍기, 전기세탁기, 토스터, 커피포트, 믹서	0.5	
				TV, 선풍기, 전기스토브	6	
				전기밥솥, 전기오븐	6	
				냉장고	8	
				에어컨	6	
				전기장판, 전기온돌	8	
				보온밥통	8	
				소형모터, 곤로	2	
			나. 주택용 및 산업용을 제외한 모든 계약종별	조명용전등	6	
				라디오, TV, 전축, 전기다리미	6	
				선풍기, 세탁기, 스토브, 환풍기	6	
				전기인두, 토스터, 커피포트, 믹서	0.5	
				에어컨	8	
				냉장고	12	
				냉동기, 냉동고	16	
				전기미싱, 곤로	6	
				양수모터, 전동기	3	
				엘리베이터	5	
			다. 산업용 전력	농림업	4	
				수산업	4	
				석탄, 금속광업	10	
				비금속광업	6	
				식료품제조업	6	
				얼음, 장류, 사료제조업	8	
				음료제조업	8	
				섬유제조업	12	

				의류, 가죽류 제조업	6	
				제재 및 목재품 제조업	8	
				펄프 및 제지업	13	
				인쇄관련업	6	
				공화학제품 제지업	13	
				기타 화학제품 제조업	10	
				석유정제업 및 관련업	12	
				석탄가공업	8	
				고무제품 제조업	10	
				석유정제업 및 관련업	12	
				석탄가공업	8	
				고무제품 제조업	10	
				도자기 및 점토품 제조업	8	
				유리 및 유업제품 제조업	13	
				금속 및 기계제품 제조업	6	
				수도사업	13	
				기타 제조업 (기타사업 포함)	5	
4. 사용량 협정중인 고객으로 협정일 이후 무단증설(계약위반)	6	3	해당계약종별			
5. 무단증설	4	2	해당계약종별			
6. 계약종별 위반	4	2	해당계약종별			
7. 사용기간 및 시간위반	4	2	해당계약종별			
8. 주택용 폐지 고객으로 계기 2차측 연결사용	4	2	해당계약종별			
9. 1주택수가구수 감소 신고 누락 및 허위신고	4	2	해당계약종별			

◆ **별표2 - 잠정사용설비의 사용시간 기준표**

사용설비	기준 사용시간 및 기간
탈곡기 용접기 연마기	· 용량×10시간×실사용일수 · 주택수리:용량×3시간×5일 · 주택신축:용량×3시간×10일 · 사용량 = 평수×6kWh · 사용시간(일): (사용량÷요금적용전력)÷8시간

◆ **별표3 - 계절사용설비 및 사용기간 적용기준표 (2007. 5. 22 개정)**

계절구분	기기명	기준사용기간	추가사용기간
하계 (3월~10월)	선풍기, 에어컨	6.1~8.31	3.1~5.31 9.1~10.31
동계 (11월~2월)	전기스토브, 전기장판, 전기온돌	12.1~2.28	11.1~11.30

전기사용자의 설비 일부를 계약한 종별과 다르게 사용하거나 무단 증설한 설비가 다른 계약종별에 해당하는 경우 각각 구분하여 위약금을 적용한다. 이때 계약종별별로 사용량을 확인할 수 없는 경우 계약종별별 설비비례로 안분하여 위약금을 계산한다.**(전기공급약관 시행세칙 제29조 제2항 제2호)**

전력사용량 및 요금은 역월에 따른 1개월 단위로 하고 위약조사일과 검침일이 틀릴 경우 최초월과 최종월은 일수 계산한다.**(전기공급약관 시행세칙 제29조 제2항 제4호)**
※위약시 면탈요금 산정기준(위약기간과 배수)은 요금업무처리지침에서 상세히 규정하고 있다.

전기사용 특성상 부득이하게 배수의 면제 또는 조정이 필요한 경우 한전은 별표1의 기준배수를 면제하거나 조정할 수 있다.**(전기공급약관 시행세칙 제29조 제2항 제3호)**
※위약금 산정시 배수면제 또는 조정 대상은 요금업무처리지침에서 상세히 규정하고 있다.

2. 법적쟁점(法的爭點)

전기공급약관 위반하여 전기를 사용한 경우 전기사용자는 위약금을 지급해야 한다. 그런데 여기서 전기공급약관을 위반하여 전기를 사용하였다는 것은 최종 소비자로서 소비한 경우만을 의미하는 것은 아니다.

서울중앙지방법원 2013. 10. 31. 선고 2013나4707 판결 (확정)

.....(중략).....

가. 약관 제44조 제1항(약관위반 전기사용 위약금)에서의 '전기 사용'은 최종 소비자로서 소비한다는 것만 의미하고, 최종적으로 소비하지 않은 피고(A공사)가 전기사용하였다고 해석한다면 위 약관조항은 사업자가 부담할 위험을 고객에게 떠넘기는 것으로서 이는 위 법(약관규제법) 제7조 제2호에 따라 무효라는 주장

살피건대, 전기의 '사용'이라 함은 직접이나 간접을 불문하는 것으로 위 약관조항이 그 문언에 비추어 불명확하다고 보기 어렵고, 피고(A공사)는 B체육문화센터 사용의 대가로 C시설관리공단과 전기요금을 정산하기로 한 점 등에 비추어 원고(한전)가 부담할 위험을 피고(A공사)에게 떠넘기는 조항이라고 보기도 어려워 피고(A공사)의 위 주장은 받아들이기 어렵다.

위약금은 손해배상예정과 위약벌의 성격을 함께 지니고 있다.

부산지방법원 2016. 7. 20. 선고 2015가단223912(본소) 2015가단232473 (반소) 판결 (확정)

약관에서 규정하는 위약금은 약관 기타 관련 규정 위반행위에 대한 응징의 성격을 지니고 있는 점, 피고(한전) 스스로 위약금이라는 용어를 쓰고 있고 약관에 의하여 그 행위 태양에 따라 최대 3배 내에서 부과하도록 되어 있는 점, 전기공급약관에 위약금을 부과한다는 규정이 있을 뿐 그와 별도로 면탈요금 자체 또는 손해배상을 청구할 수 있도록 하는 규정은 없고 면탈한 금액에 대해서만 부가가치세 상당을 가산하도록 되어 있는 점 등을 감안하면, 이 사건 위약금은 손해배상액의 예정과 위약벌의 성질을 함께 가지는 것으로 봄이 상당하고(대법원 2013. 4. 11. 선고 2011다112032 판결 참조), 손해배상예정의 경우 예정액이 부당하게 과다한 경우에는 당사자의 주장이 없더라도 법원은 직권으로 이를 감액할 수 있고, 위약벌의 경우 채무의 이행을 확보하기 위하여

정해지는 것으로서 손해배상의 예정과는 다르므로 손해배상의 예정에 관한 민법 제398조 제2항을 유추적용하여 그 액을 감액할 수는 없고 다만 그 의무의 강제에 의하여 얻어지는 채권자의 이익에 비하여 약정된 벌이 과도하게 무거울 때는 민법 제103조에 따라 그 일부 또는 전부가 공서양속에 반하여 무효가 된다. 위 법리를 기초로 이 사건에 관하여 보건대, 이 사건 위약금 중 면탈금액(전력기금 및 부가가치세 포함)에 해당하는 부분은 손해배상의 예정에 해당한다고 보아야 할 것이고 위 금액은 계약종별 위반행위로 인한 실제 손해의 범위에 정확하게 상응하는 점, 을 제13호증의 기재에 의하더라도 원고(甲)가 주장하는 바와 같이 피고(한전)에게 휴지기간 중인 전력계약을 해지할 의무가 있다거나 원고(甲)의 위반행위에 대하여 피고(한전)가 적극적으로 조사 확인하여 계약을 해지할 의무가 있다고 보이지 않는 점, 이 사건 위약금 중 면탈 전기요금을 초과하는 부분은 전기사용계약 위반행위에 대한 제재로서 위약벌의 성질을 가지는 것으로 전기를 부정사용하거나 전기요금을 면탈하는 등의 계약 위반행위를 억제해야 할 정책적 필요성이 상당한 점, 원고(甲)는 전기계량기를 조작하는 방법을 사용하여 적극적으로 전기요금을 면탈하였을 뿐 아니라 원고(甲)의 농사용 전력 사용기간 및 정도 등을 종합하면 이 사건 위약금 액수가 부당히 과다하다고 보기 어려우므로 원고(甲)의 위 주장은 받아들이지 않는다.

한전은 전기사용계약 체결시 위약금 조항만을 별도로 설명할 의무가 없다. 또한 위약금 조항의 부정사용에 전기사용자의 착오, 과실에 의한 부정사용이 포함된다고 보더라도 약관규제법에 위반되는 것은 아니다.

서울고등법원 2014. 7. 3. 선고 2013나2018200 판결(확정)

나아가 전기를 사용하고자 하는 고객은 미리 전기공급약관을 승낙하여야 한다고 정하고 있는 전기공급약관 제8조의 규정과 전기공급약관 및 시행세칙은 피고(한전)의 사업소와 인터넷 홈페이지에 게시되고 있는 점에다가 전기사업의 경우는 계약을 체결할 때 약관의 내용을 일반적으로 예상되는 방법으로 분명하게 밝히고 고객이 요구할 경우 그 약관의 사본을 고객에게 내주어 약관의 내용을 알 수 있게 하여야 한다는 약관규제법 제3조 제2항 본문의 적용조차 배제되는 점(같은 항 단서 제2호 참조) 등을 아울러 고려하면 피고(한전)가 전기를 공급받는 모든 사용자에게 일일이 위약금 규정까지 설명할 의무가 있다고 인정하기도 어렵다(대법원 2012. 11. 29. 선고 2011다67576 판결 참조). 또한 앞서 본 바와 같이 전기공급약관 제44조, 시행세칙 제29조의 위약금 규정에 정해진 전기의 부정사용이 착오나 과실로 인한 경우를 포함한다고 하더라도, 앞서 본 사정들에 비추어 보면, 약관의 뜻이 명백하지 아니한 경우에는 고객에게 유리하게 해석되어야 한다는 조항이나(약관규제법 제5조), 공정성을 잃은 약관 조항(약관규제법 제6조) 내지 피고(한전)가 부담하여야 할 위험을 고객에게 떠넘기는 조항(약관규제법 제7조 제2호)에 해당한다고 볼 수도 없다. 한편, 원고(A공사)가 주장하는 시행세칙 제29조 제2항 제3호에 의하면 위약금의 면제는 피고(한전)의 재량사항으로 규정되어 있음이 분명할 뿐 아니라, 위 2)항에서 본 사실관계를 종합하면 원고(A공사)의 이 사건 전기 부정사용에 대하여 위약금을 면제함이 상당할 정도의 참작사유가 있다고 보기도 어렵다. 따라서 이 사건에서 위약금이 발생하지 않는다거나 위약금이 면제되어야 한다는 원고(A공사)의 위 주장은 받아들일 수 없다.

위약금은 전기요금 면탈액, 위약추징금, 전력산업기반기금, 부가가치세로 이루어져 있다. 이 중 위약추징금을 부과하기 위해 '전기사용자에게' '고의·중대한 과실'이 있어야 한다. 이에 대한 해석론은 아래 판례와 같다.

대구지방법원 2017. 1. 19. 선고 2015가단129295 판결(대구지방법원 2017나302187 확정) [고의·중과실 유무]

원고(한전)는 위약금 중 위약추징금도 고의나 과실에서 비롯된 것인지 여부와 상관없이 계약위반 행위만 있으면 적용된다고 주장한다. 그러나 원고(한전)의 약관 및 그 시행세칙에 의하면 위약추징금은 제재적 의미의 벌과금 성격으로 청구하는 금액이라고 정하고 있는 점, 위약추징금의 부과사유로 규정되어 있는 내용들이 채무자가 채무의 내용에 좇은 이행을 하지 아니하는 경우라기보다는 계약 내용 없이 또는 원고(한전)를 속여 부당하게 이득을 취한 경우인 점, 위약추징금의 내용도 계약위반에 따른 손해액이라기보다는 위법, 부당행위의 제재적 의미로 면탈사용료의 3배 또는 2배수로 정한점, 원고(한전)의 약관에서도 위약에 대한 고객의 고의성이 없는 경우로서 고객의 특성상 부득이하게 배수면제 또는 조정이 필요한 경우 위약추징금을 면제하도록 규정하고 있는 점, 원고(한전)의 약관이나 그 시행세칙의 작성 과정에서 사용자가 참여함이 없이 일방당사자인 원고(한전)가 작성한 것인 점 등을 고려하면, 위약금 중 위약추징금은 고의나 그에 준하는 중대한 과실로 약관이나 그 시행세칙에서 정한 위약금 부과 사유에 해당한 경우에 적용된다고 할 것이다.

서울중앙지방법원 2013. 8. 16.선고 2012가합536159판결(항소기각 확정)
[위약 당사자의 범위]

원고 공사는 당시 모고객인 인재개발원 거래용 전력량계(MOF, Metering Out Fit: 계기용 변성기)를 거쳐 자고객인 A대학 거래용 전력량계로 이어져 전력을 공급받던 배선을 자고객 A대학 거래용 전력량계에 직접 연결하는 것으로 배선을 변경하였다. 원고 공사는 2010. 6. 초순경 공사를 마치고 피고(한전) 공사에 자가용 수전설비 사용전 검사를 신청하였고, 피고(한전) 공사는 2010. 6. 5.경 및 2010. 6. 27.경 인재개발원 및 A대학의 수전설비에 관한 사용전 검사를 마치고 사용전 검사 확인증을 발급하였다. 원고 공사는 2012. 6. 29.경 처음으로 역률(피상전력에 대한 유효전력의 비율을 말하고, 실제 전기기기에 걸리는 전압과 전류가 유효하게 일하는 비율을 의미한다)이 저하되는 것을 발견하고 2011. 7. 6.경 이를 피고(한전) 공사에 통보하였다. 원, 피고(한전) 공사가 사태를 파악하여 본 결과 기존 모-자 관계였던 계량기가 배선 변경으로 모-모 관계로 전환되면서 기존 모-자관계 배선에서 A대학의 사용량을 제외하고 인재개발원에 부과되던 전기 요금이 A대학이 모-모관계 배선으로 변경되고 난 후에도 A대학의 사용량을 제외하고 부과되는 것이 밝혀졌다.....(중략).....원고 공사가 이 사건 공사 후 사용전 검사를 신청하여 검사를 받은 점은 앞서 본 바와 같으나, 원고 공사가 전기 요금이 평소보다 적게 부과되었음에도 피고(한전) 공사에게 이를 문의하지 않은 점, 이 사건 공사업자는 원고 공사의 이행보조자로서 그 과실은 원고 공사 자신의 과실로 평가되어야 하는 점에 비추어 볼 때, 전기요금 면탈에 관하여 원고에게 귀책사유가 있다고 보아야 한다.

위약금 계산에 있어 실제 사용한 기간 및 시간을 확인할 수 없는 경우 6개월 범위 내에서 전기사용자와 한전이 협의하여 위약기간 및 시간 등을 정할 수 있다.(**전기공급약관 제44조 제3항**) 이 때 전기공급약관 시행세칙 별표 1,2,3이 위약기간 등을 정하는 기준이 된다.(**전기공급약관 시행세칙 제29조 제2항 제1호**) 특히 요금업무처리지침은 면탈요금 산정과 적용배수를 자세히 정하고 있어, 실무상 이에 따라 위약금이 계산된다.(**요금업무처리지침 제5장 3. 나. 참조**) 한편, 아래 하급심은 실제 사용된 전력사용장치들이 구체적으로 확인되어야만 전기공급약관 시행세칙 별표1,2,3이 적용될 수 있다고 판시하였다.

위약금 채권의 소멸시효기간은 5년이며 소멸시효 기산점은 정기검
침일이다. 이에 관한 하급심 판례는 아래와 같다.

의 각 기재에 의하면 위 전기요금 지급채무의 이행기는 매달 말일인 사실을 인정할 수 있는 바(검침일은 매달 30일, 요금납부의무는 정기검침일에 발생-전기공급약관 제76조), 계약종별 위반 사용에 대한 위약금 지급채무의 이행기 역시 매달 말일이라고 할 것이어서, 2006년 11월 이전의 원고(한전)의 피고(A공사)에 대한 위약금지급채권은 이 사건 소제기 전에 5년이 경과하여 시효로 소멸하였다고 할 것이므로, 피고(A공사)의 위 주장은 위 인정 범위 내에서 이유 있고 나머지 주장은 이유 없다.

위약금 채무의 입증책임은 한전에게 있으며, 위약금 규정은 전기사용자(고객)의 이익을 위해 엄격하게 해석·적용되어야 한다.

서울고등법원 2009. 11. 27. 선고 2009나23223판결(상고기각 확정)

이 사건 전기공급약관 제44조 제1항의 위약금 규정이 원고(주식회사A)에 대한 관계에서 적법한 계약 내용으로 편입되어 효력이 있다고 하더라도, 위 규정은 원고(주식회사A)를 비롯한 고객의 이익을 위하여 엄격하게 해석·적용되어야 한다. 그리고 피고(한전)가 원고(주식회사A)에게 부과한 이 사건 위약금 채무는 피고(한전)가 그 존재를 증명할 책임을 부담한다......(중략).....피고(한전)가 원고(주식회사A)에게 전기를 공급하기 시작한 2004. 5월경부터 계량된 원고(주식회사A)의 전기 사용량에 큰 변화가 없다고 하더라도 위와 같은 사정만으로는 원고(주식회사A)가 그 무렵부터 이 사건 계기용 변성기의 내부 배선을 임의로 조작하여 도전하였다고 단정할 수 없다.

Ⅶ. 고객의 책임으로 인한 공급의 정지

전기공급약관 제45조 (고객의 책임으로 인한 공급의 정지)

① 고객이 다음 중의 하나에 해당할 경우에는 그 고객에 대한 전기공급을 즉시 정지할 수 있습니다.

1. 고객의 책임으로 전기안전에 긴박한 위험이 발생한 경우

2. 고객이 전기사용장소내에 있는 한전의 전기설비를 고의로 손상하거나 망실하여 한전에 중대한 손해를 끼친 경우

3. 제34조(인입선의 연결)을 위배한 경우

4. 고객이 전기설비를 개조, 변조, 훼손 및 조작(造作)하여 부정하게 전기를 사용한 경우

② 고객이 요금 이외의 한전에 납부해야 할 금액(제79조(요금의 보증)에 따른 보증금을 포함합니다)을 지정한 날까지 납부하지 않은 경우 공급정지 7일전까지 미리 알린 후 한전은 그 고객에 대한 전기공급을 즉시 정지할 수 있습니다.

③ 고객이 다음 중의 하나에 해당하고 한전에서 그 사유의 해소를 요청해도 시정하지 않을 경우에는 그 고객에 대한 전기공급을 정지할 수 있습니다.

1. 고객의 책임으로 전기안전에 위험이 있는 경우

2. 고객의 고의나 중대한 과실로 한전의 전기공급을 방해하거나 방해할 우려가 있는 경우

3. 고객이 한전과 계약한 사용설비 및 변압기설비 이외의 설비로 전기를 사용한 경우

4. 고객이 계약된 전기사용장소 또는 계약종별을 위반하여 전기를 사용한 경우

5. 제81조(전력사용의 휴지 등)에 따른 고객이 휴지기간에 전기를 사용한 경우

6. 고객이 제39조(전기사용에 따른 보호장치 등의 시설) 제1항에 따른 조정장치나 보호장치를 시설하지 않은 경우

7. 고객이 제40조(전기사용장소의 출입)에 따른 한전 직원의 출입을 정당한 이유없이 거절한 경우

8. 고객이 제41조(역률의 유지)에 따른 적정용량을 초과하는 콘덴서를 부설하여 진상역률이 되는 경우

9. 법령에 의하여 시·도지사 그 밖의 행정기관의 장이 전기공급의 정지를 요청하는 경우

10. 고객이 산업통상자원부장관의 전기사용의 중지 또는 제한에 따른 사항을 이행하지 않는 경우

1. 개설(槪說)

전기사용자의 책임으로 인한 공급의 정지는 ① 즉시 정지, ② 예고후 즉시 정지, ③ 한전의 일정사유 해소요청 불이행에 따른 정지로 구분되며, 구체적 공급정지 사유는 다음과 같다.

종류	정지 사유
즉시 정지	○고객의 책임으로 전기안전에 긴박한 위험이 발생한 경우 ○고객이 전기사용장소내에 있는 한전의 전기설비를 고의로 손상하거나 망실하여 한전에 중대한 손해를 끼친 경우 ○제34조(인입선의 연결)을 위배한 경우 ○고객이 전기설비를 개조, 변조, 훼손 및 조작(造作)하여 부정하게 전기를 사용한 경우
예고 후 즉시정지	○시설부담금, 위약금, 보증금, 전기사용장소 내의 한전설비 손망실에 따른 설비 ○변상금을 지정한 날까지 납부하지 않아 공급정지 7일전까지 미리 알린 경우 한전은 전기공급 즉시 정지 가능 **(전기공급약관 시행세칙 제30조 제1항)**

한전의 일정사유 해소요청 불이행에 따른 정지	○ 고객의 책임으로 전기안전에 위험이 있는 경우 ○ 고객의 고의나 중대한 과실로 한전의 전기공급을 방해하거나 방해할 우려가 있는 경우 ○ 고객이 한전과 계약한 사용설비 및 변압기설비 이외의 설비로 전기를 사용한 경우 ○ 고객이 계약된 전기사용장소 또는 계약종별을 위반하여 전기를 사용한 경우 ○ 제81조에 따른 고객이 휴지기간에 전기를 사용한 경우 ○ 고객이 제39조 제1항에 따른 보호장치를 설치하지 않은 경우 ○ 고객이 제40조에 따른 한전 직원의 출입을 정당한 이유 없이 거절한 경우 ○ 고객이 제41조에 따른 적정용량을 초과하는 콘덴서를 부설하여 진상역률이 되는 경우 ○ 법령에 의하여 시도시자 그 밖의 행정기관의 장이 전기공급의 정지를 요청하는 경우 ○ 고객이 산업통상자원부장관의 전기사용의 중지 또는 제한에 따른 사항을 이행하지 않는 경우

'한전의 일정사유 해소요청 불이행에 따른 정지'의 의미 : 공급정지 해소 요청후 10일이 경과하여도 시정하지 않을 경우 전기공급정지를 한다. 다만 한전에서 인정하는 경우에는 예외로 할 수 있다(전기공급약관 시행세칙 제30조 제2항).

2. 법적쟁점(法的爭點)

전기공급약관 제45조의 '고객의 책임'이 무엇을 의미하는지 문제된다. 이를 '고객의 지배영역 범위 내에 있는 일체의 사유'로 보게 되면, 고객에게 지나치게 불리한 확장해석이 될 수 있다.(**약관규제법 제6조 제2항 제1호**) 따라서 '고객의 책임'은 고객의 고의·과실을 의미한다고 보아야 한다.

Ⅷ. 공급의 중지 또는 사용의 제한

전기공급약관 제47조 (공급의 중지 또는 사용의 제한)

① 한전은 다음 중 하나에 해당할 경우에는 부득이 전기공급을 중지하거나 전기사용을 제한할 수 있습니다.

1. 법령의 규정에 따라 산업통상자원부장관이 지시하는 경우
2. 전기의 수급조절로 인해 부득이한 경우
3. 한전의 전기설비에 고장이 발생하거나 발생할 우려가 있는 경우
4. 한전의 전기설비에 대한 수리, 변경 등의 공사로 인해 부득이한 경우
5. 전압 및 주파수에 심한 불균형이나 변동이 발생하거나 발생할 우려가 있는 경우
6. 비상재해 및 기타 불가항력으로 인한 경우
7. 기타 전기안전을 위하여 필요한 경우

② 한전은 제1항의 경우에는 그 내용을 신문, 방송 또는 기타 방법으로 미리 고객에게 통지합니다. 다만, 긴급하거나 부득이한 경우에는 예외로 합니다.

1. 개설(槪說)

공급의 중지·사용의 제한은 공급의 정지(**전기공급약관 제45조**)와 달리 전기사용자의 책임과 무관한 사유(전기의 수급조절로 인해 부득이한 경우 등)로 발생한다. 원칙적으로 한전은 공급의 중지를 위해 그 내용을 신문 등에 공고함으로써 전기사용자에게 미리 알려야 한다. 다만, 긴급하거나 부득이한 경우에는 예외로 한다.

2. 법적쟁점(法的爭點)

한전은 전기의 공급을 중지할 때 미리 전기사용자에게 통지해야 하나, 긴급하거나 부득이한 경우에는 이를 생략할 수 있다. 한편, 부득이한 사유가 없음에도 한전이 통지의무를 해태하였다면 손해배상책임을 부담할 수 있다. 하급심은 '부득이한 경우'를 엄격하게 제한하여 해석하고 있다.

대구고등법원 2016. 5. 18. 선고 2015나21722 판결(상고기각 확정)

가사 원고(甲)의 귀책사유로 제1변압기가 파손되었다 하더라도, 피고들(한전, A주식회사)은 그 수리를 위하여 제1,2 변압기를 통해 공급되던 모든 전기를 차단함에 있어 이 사건 공급계약상 약관 제47조 제2항에 따라 원고(甲)에게 통지의무를 이행하였어야 하고, 원고(甲)에게 귀책사유가 있다는 것만으로는 피고들(한전, A주식회사)이 단전조치를 통지하지 아니한 채 전기공급을 중지하여도 되는 부득이한 경우에 해당된다고 볼 수도 없다. 그러므로 원고(甲)의 귀책사유로 수리를 개시하여 전기공급이 차단되었다고 하더라도 그것이 손해배상액을 산정함에 있어 피고들(한전, A주식회사)의 책임을 제한하는 사유가 될 수 있는 것은 별론으로 하고, 피고들(한전, A주식회사)의 통지의무와 그 불이행에 따른 책임을 면하게 할 사유는 될 수 없다 할 것이다.....(중략).....이 사건 공급계약상 약관 제39조 제2항에서는 전기공급이 중지되거나 결상될 경우 경제적 손실이 발생될 우려가 있는 고객은 비상용 자가발전기 등 적절한 자체보호장치를 시설하여 피해가 발생하지 않도록 주의해야 한다고 규정하고 있음에도 원고(甲)는 비상용 자가발전기 등 적절한 자체보호장치를 설치하지 아니하였고.....(중략).....이 사건 사고 당시는 원고(甲)가 이 사건 온실에서 방울토마토를 처음 재배하기 시작한 시점이어서 생산량이 평균생산량에 미치지 못하였을 가능성도 있는 점 등을 감안하여 피고들(한전, A주식회사)의 손해배상책임을 위에서 인정한 액수의 50%로 제한함이 상당하다.

IX. 중지 또는 제한에 따른 요금감액

전기공급약관 제48조 (중지 또는 제한에 따른 요금감액)

① 한전은 제47조(공급의 중지 또는 사용의 제한)에 따라 1개월 중 중지 또는 제한한 연시간수(延時間數) 1시간마다 1시간분의 기본요금을 감액합니다. 이 경우 연시간수는 1회 연속 10분이상 중지 또는 제한한 시간을 합산하되, 1시간 미만의 단수가 발생한 경우에는 30분 이상은 절상하고 30분 미만은 절사하여 계산합니다.

  1. 공급을 중지한 경우

    감액요금 = 기본요금(또는 월액요금) ×0.2% ×중지시간수

  2. 사용을 제한한 경우

    감액요금 = 기본요금(또는 월액요금) X 제한전력 ÷ 요금적용전력 X 0.2% X 제한시간수

② 제1항의 경우에 고객의 사정으로 인한 경우에는 요금을 감액하지 않습니다.

1. 개설(槪說)

전기공급약관 제47조 제1항에 따라 전기사용자의 책임이 아닌 사유로 전기공급 중지·사용제한을 하였다면, 한전은 보상**(손해의 '배상'은 가해자의 고의, 과실을 요구한다는 점에서 '보상'과 차이가 있다.)**차원에서 전기사용자에게 전기요금 중 기본요금의 일정부분을 감액해 주고 있다. 만약 감액요금 산정시 신규신청에 따른 전기사용개시가 있거나 기존계약이 해지되었다면 사용개시 또는 해지가 있었던 당해 월의 1개월분 기본요금을 기준으로 감액요금을 산정한다.**(전기공급약관**

시행세칙 제32조 제1항) 또한 최저요금을 적용한 주택용 전력 전기사용자와 임시전력(갑) 전기사용자의 요금감액은 최저요금 1,000원**(주택용 전력 고객과 임시전력(갑) 고객의 월간 전기요금(기본요금 + 전력량요금)이 1,000원 미만인 경우, 1,000원을 월간 전기요금으로 본다(전기공급약관 별표 1))**을 기본요금으로 하여 산정한다.**(전기공급약관 시행세칙 제32조 제2항)** 그러나, 전기사용자의 사정으로 전기공급약관 제47조 제1항에 따라 전기공급이 중지되거나 전기사용이 제한되었다면 기본요금은 감액되지 않는다.

X. 손해배상의 면책

전기공급약관 제49조 (손해배상의 면책(免責))
한전은 다음 중의 하나에 해당하는 사유로 고객이 받은 손해에 대하여는 배상책임을 지지 않습니다.

1. 제15조(고객의 책임으로 인한 전기사용계약의 해지)에 따라 전기사용계약을 해지한 경우
2. 제45조(고객의 책임으로 인한 공급정지)에 따라 전기공급을 정지한 경우
3. 제47조(공급의 중지 또는 사용의 제한) 제1항 제1, 2, 6호에 따라 전기 공급을 중지하거나 사용을 제한한 경우
4. 한전의 직접적인 책임이 아닌 사유로 제47조(공급의 중지 또는 사용의 제한) 제1항 제3, 4, 5, 7호에 따라 전기공급을 중지하거나 사용을 제한한 경우
5. 한전의 책임이 아닌 원인으로 누전 및 기타 사고가 발생한 경우

1. 개설(概說)

한전은 한전의 책임 없는 사유로 발생한 전기사용자의 손해에 대해 책임지지 않는다. 전기공급약관은 이러한 경우를 자세히 규정하고 있다. 즉, ① 전기사용자의 책임으로 인해 전기공급계약이 해지된 경우, ② 전기사용자의 책임으로 인해 전기공급이 정지된 경우, ③ 전기수급조절을 위해 부득이한 경우, ④ 법령의 규정에 따라 산업통상자원부장관이 지시하는 경우, ⑤ 비상재해 및 기타 불가항력으로 인한 경우, ⑥ 한전의 직접적 책임이 없는 사유로 발생한 다음의 경

우 ⓐ 한전 전기설비의 고장 또는 고장의 우려가 있는 경우, ⓑ 한전 전기설비에 대한 수리 등으로 부득이한 경우, ⓒ 전압 및 주파수에 심한 불균형이나 변동이 발생하거나 발생할 우려가 있는 경우 ⓓ 기타 전기안전을 위해 필요한 경우, ⑦ 한전의 책임이 아닌 원인으로 누전 및 기타 사고가 발생한 경우에는, 한전은 전기사용자의 손해에 대해 책임을 지지 않는다.

2. 법적쟁점(法的爭點)

전기공급약관 제49조 제4호의 '한전의 직접적인 책임이 아닌 사유'의 의미에 대해 하급심은 '한전의 지배영역 밖에서 생긴 사유'라고 보아 한전의 면책 범위를 엄격하게 제한하고 있다.

광주지방법원 2015. 10. 30. 선고 2014나54287 판결(확정)

전기공급약관 제49조 제3호는 피고(한전)의 직접적인 책임이 아닌 사유로 전기공급이 중단된 경우 손해배상책임을 면할 수 있다고 하고 있는바, 이 때 '직접적인 책임이 아닌 사유'란 피고(한전)의 지배영역 밖에서 생긴 문제에 대하여는 피고(한전)가 책임을 지지 않는다는 의미이지, 이를 반드시 '고의 또는 중과실이 아닌 경우'만으로 한정하여 경과실의 경우 피고(한전)의 책임이 면책된다는 의미로 보기는 어렵다. 그렇다면 위 인정사실 및 이로부터 알 수 있는 다음과 같은 사정들, 즉 ① 이 사건 정전사고는 피고(한전)가 소유·관리하는 가스절연개폐장치의 고장으로 인하여 발생한 것이 분명한 점, ② 위 가스절연개폐장치의 수명은 약 20년이고 이 사건 정전사고 당시 약 설치 후 15년이 경과하였던 점, ③ 전기의 공급은 피고(한전)가 독점하면서 그 관리 역시 피고(한전)가 전담하는 점, ④ 가스절연개폐장치 등의 점검이나 보수 등에 관련된 기술도 피고(한전)만이 보유하고 있는 점 등에 비추어 볼 때, 이 사건 정전사고는 피고(한전)의 직접적인 책임이 아닌 사유로 발생하였다고 보기 어렵다. 따라서 피고(한전)는 원고(甲, 乙)의 예비적 청구에 대하여 살펴볼 필요 없이 원고들(甲, 乙)에게 채무불이행에 기하여 이 사건 정전사고로 말미암아 원고들(甲, 乙)이 입은 손해를 배상할 책임이 있다.

판례에 따르면 전기공급약관 제49조의 면책규정은 한전에게 고의·중과실이 없을 경우에만 적용된다.

창원지방법원 밀양지원 2016. 7. 1. 선고 2015가합68 판결(확정)

전기공급약관 제47조 제1항 제3호, 제49조 제3호는 피고(한전)의 전기설비에 고장이 발생하거나 발생할 우려가 있는 때 피고(한전)는 전기의 공급을 중지하거나 그 사용을 제한할 수 있고, 이 경우 피고(한전)는 수용가가 받는 손해에 대하여 배상책임을 지지 않는다고 규정하고 있는바, 이는 면책약관의 성질을 가지는 것으로서 피고(한전)의 고의 또는 중대한 과실로 인한 경우까지 적용된다고 보는 경우에는 약관의 규제에 관한 법류 제7조 제1호에 위반되어 무효이나, 그 외의 경우에 한하여 피고(한전)의 면책을 정한 규정이라고 해석하는 한도에서는 유효하다(대법원 1995. 12. 12. 선고 95다11344 판결). 한편, 전기산업의 경우 한국전력공사가 일반 수요자들에 대한 공급을 사실상 독점하고 있고, 관련 시설의 유지 및 관리에 필요한 기술과 책임도 사실상 단독으로 보유하고 있는 등 그 특수성에 비추어 전기공급 중단의 경우 한국전력공사의 책임이 면제되지 않는 고의에 준하는 중대한 과실의 개념은 위와 같은 한국전력공사의 특수한 지위에 비추어 마땅히 해야 할 선량한 관리자의 주의의무를 현저히 결하는 것이라고 봄이 상당하다(대법원 20002. 4. 12. 선고 98다57099 판결). 위와 같은 법리에 비추어 볼 때, 피고(한전)의 위 면책규정은 유효하다고 할 것이다.

XI. 한전의 직접적인 책임으로 공급중지 또는 사용제한 시 손해배상

전기공급약관 제49조의 2 (한전의 직접적인 책임으로 공급중지 또는 사용제한시 손해배상)

① 한전은 한전의 직접적인 책임으로 제47조(공급의 중지 또는 사용의 제한) 제1항 제3, 4, 5, 7호에 따라 전기공급을 중지 또는 사용을 제한하는 경우에는 고객이 받은 손해에 대하여 배상합니다.

② 제1항에도 불구하고 한전의 경과실로 제47조(공급의 중지 또는 사용의 제한) 제1항 제3, 4, 5, 7호에 따라 5분 이상 전기공급을 중지하거나 사용을 제한한 경우에는 고객이 받은 손해에 대하여 아래와 같이 배상합니다.

1. 공급중지 또는 사용제한 시간이 1시간 이내인 경우에는 해당 시간 전기요금 3배를 한도액으로 합니다.

2. 공급중지 또는 사용제한 시간이 1시간 초과 2시간 이내인 경우에는 해당 시간 전기요금 5배를 한도액으로 합니다.

3. 공급중지 또는 사용제한 시간이 2시간 초과 하는 경우에는 해당 시간 전기요금 10배를 한도액으로 합니다.

4. 배상금액이 1,000원미만인 경우에는 1,000원으로 하고 1개월분 요금을 초과하는 경우 1개월 요금으로 배상합니다.

③ 제2항의 배상금액 산정은 공급중지 또는 사용제한 직전 3개월간의 청구요금을 평균하여 산정하며, 공급중지 또는 사용제한시간은 분단위로 계산(30초 이상은 절상)합니다.

1. 개설(槪說)

전기공급약관 제47조 제1항 제3호·제4호·제5호·제7호의 사유가 있는 경우, ①'한전의 직접적인 책임'으로 인해 전기의 공급중지 또는 사용제한이 발생하였다면 한전은 전기사용자가 '받은' 손해를 배상하여야 하나, ②'한전의 경과실'로 인해 전기의 공급중지 또는 사용제한이 발생하였다면 한전은 '공공급중지 또는 사용제한된 시간 동안의 전기요금'을 기준으로 배상하여야 한다.

[전기공급약관 제47조 제1항]

한전은 다음 중 하나에 해당할 경우에는 부득이 전기공급을 중지하거나 전기사용을 제한할 수 있습니다.
1.~2. (생략)
3. 한전의 전기설비에 고장이 발생하거나 발생할 우려가 있는 경우
4. 한전의 전기설비에 대한 수리, 변경 등의 공사로 인해 부득이한 경우
5. 전압 및 주파수에 심한 불균형이나 변동이 발생하거나 발생할 우려가 있는 경우
6. (생략)
7. 기타 전기안전을 위하여 필요한 경우

2. 법적쟁점(法的爭點)

전기공급약관 제49조의 2 제2항은 한전의 경과실이 있는 경우를, 동조 제1항은 그외의 경우를 규정하고 있어 양 조항간의 해석이 문제된다. 하급심은 동조 제2항은 경과실을, 동조 제1항은 고의·중과실을 의미한다고 판시하였다.

서울중앙지방법원 2016. 9. 27. 선고 2015가단5353230 판결(확정)

위 전기사용계약에 적용되는 전기공급약관에 의하면, 피고(한전)는 피고(한전)의 직접적인 책임으로 전기공급을 중지 또는 사용을 제한한 경우에 고객이 받은 손해에 대하여 배상하고, 피고(한전)의 직접적인 책임인 경우에도 경과실로

인한 때에는 5분 이상 전기공급을 중지하거나 사용을 제한한 경우에 한하여 공급중지 또는 사용제한 시간 동안의 전기요금의 3배 내지 10배를 한도액으로 하여 배상하도록 규정되어 있다(제49조의2 제1, 2항).....(중략)..... 그런데 전기공급약관에 의하면, 피고(한전)의 직접적인 책임으로 인한 경우에도 경과실로 인한 때에는 5분 이상 전기공급을 중지하거나 사용을 제한한 경우에 한하여, 즉 5분 이내의 공급중지 또는 사용제한의 경우에는 중과실로 인한 경우에만 피고(한전)는 손해배상 책임을 진다. 이 사건 전기공급 중단은 0.085초간, 0.135초간으로서 5분 이내이므로 피고(한전)는 중과실로 인한 경우에만 손해배상책임을 진다.

※ ① 손해배상 면책의 경우(전기공급약관 제49조) 하급심은 '한전의 직접적인 책임이 아닌 사유'를 고의·중과실이 없는 경우 뿐만 아니라 한전 지배영역 밖에서 생긴 문제이어야 한다고 해석하여 한전의 면책범위를 좁게 해석하고 있으나(광주지방법원 2015. 10. 30. 선고 2014나54287 판결), ② 손해배상의 경우, 동 약관 제49조의 2 제1항의 '한전의 직접적인 책임'은 한전의 고의·중과실을 의미하고, 제2항은 한전의 경과실을 의미한다고 판시하였다(서울중앙지방법원 2016. 9. 27. 선고 2015가단5353230 판결).

XII. 설비의 손망실에 대한 배상

전기공급약관 제50조 (설비의 손망실에 대한 배상)

고객이 고의 또는 과실로 전기사용장소내 한전의 전기설비·전기기기 및 기타 설비를 손상하거나 망실한 경우에는 그 설비에 대하여 다음의 금액을 배상해야 합니다.

1. 수리가 가능한 경우 : 실 수리비와 소요공사비를 합한 금액으로 하며 검정품은 검정료를 포함합니다.

2. 망실 또는 수리가 불가능한 경우 : 해당 자재의 가액과 소요공사비를 합한 금액으로 하며 검정품은 검정료를 포함합니다.

전기공급약관 시행세칙 제33조 (설비의 손망실에 대한 배상)

① 고객이 고의나 과실로 전기사용장소내의 한전 설비를 손상하거나 망실한 경우에는 손해를 배상해야 한다. 다만, 다음 각 호의 어느 하나에 해당하는 경우는 제외한다.

1. 계약전력에 미달하는 용량의 전기계기가 과부하로 손상된 경우

2. 옥외에 부설한 전기계기가 당해 고객의 귀책이 아닌 사유로 파손, 망실, 도난된 경우

3. 건축물 멸실로 인한 전기계기의 망실이나 도난으로 배상을 청구할 고객의 소재가 불명인 경우

4. 변압기가 과부하로 손상된 경우. 다만, 고객이 기본공급약관을 위반하여 전기를 사용한 것이 손상의 직접적인 원인이 된 경우는 제외

② 고객의 귀책사유로 정전이 된 경우, 고객은 사고 정전시간에 발생한 공급지장전력 손해액을 배상해야 한다. 다만, 고객 구내사고 등으로 인한 파급사고 및 변압기 손상의 경우와 피해복구를 위한 전원측 휴전시간 및 가복구 후 정상 복구공사에 수반되는 휴전시간은 제외한다.

XIII. 재사용 및 재사용수수료

전기공급약관 제46조 (전기사용계약 해지·휴지 또는 공급정지후 재사용 및 재사용수수료)

① 고객이 제13조(고객의 요청에 따른 전기사용계약의 해지) 및 제15조(고객의 책임으로 인한 전기사용계약의 해지)에 따라 전기사용계약 해지후 해지사유를 해소하였거나 제45조(고객의 책임으로 인한 공급의 정지)에 따라 전기공급 정지후 전기사용계약이 해지되기 이전에 공급정지 사유를 해소하였을 때, 제81조(전력사용의 휴지 등)에 따라 전력사용 휴지후 재사용을 신청하였을 때에는 전기를 다시 공급합니다.

② 제1항에 따라 전기사용계약이 해지 또는 휴지되거나 전기공급이 정지된 장소에서 전기를 다시 공급받는 고객은 재사용수수료를 납부해야 합니다. 다만, 다음의 경우에는 그렇지 않습니다.

1. 전류제한기를 철거한 후 정상 공급하는 주거용 주택용전력의 경우

2. 제13조 제3항에 따라 전기사용을 해지하거나 계약전력을 일부 감소시킨 고객이 아닌 다른 고객이 해지 후 1년 이내에 동일한 전기사용장소에서 동일한 조건으로 전기를 재사용하는 경우

1. 개설(槪說)

(1) 재사용수수료의 의미

전기사용계약이 해지(解止)·휴지(休止)(휴지(休止)제도는 농사용전력, 유수

지 배수펌프장, 도로 결빙방지 전기설비 등 일정기간 동안만 전기를 사용하는 자들을 배려하기 위한 제도로, 휴지기간 중 전기사용자는 전기요금 납부의무가 면제된다(전기공급약관 제81조 제1항) 한편, 해지와 휴지는 계약이 유효하게 존재하는지에 대해서 차이점을 보인다. 즉, 계약 '해지'시 해지권 행사 이후의 장래에 대해 계약이 소멸하나, 계약 '휴지'시 종전의 계약이 소멸하지 않고 계속 유효하게 존재한다)·정지(停止)된 전기사용자가 전기의 재사용 신청을 하였다면, 한전은 다시 전기를 공급하여야 한다. 이 때 한전은 위탁업체에게 전기의 재공급을 위한 일정한 조치를 요청하고 해당 비용을 지급하게 되는데, 이 비용을 재사용수수료라 한다. 전기공급약관은 원칙적으로 재사용자가 재사용수수료를 납부하도록 규정하고 있다.

(2) 재사용수수료 대상

① 전기사용자의 요청으로 전기사용계약이 해지된 후(전기공급약관 제13조) 같은 전기사용장소에서 재사용신청이 있는 경우, ② 전기사용자의 책임으로 인해 전기사용계약이 해지된 후(동 약관 제15조) 같은 전기사용장소에서 재사용 신청이 있는 경우, ③ 전기사용자의 책임으로 인해 공급정지된 후(동 약관 제45조) 공급정지사유가 해소되어 같은 전기사용장소에서 재사용 신청이 있는 경우, ④ 휴지 신청 후 (동 약관 제81조 제1항) 같은 전기사용장소에서 재사용 신청이 있는 경우, 재사용자는 재사용수수료를 납부하여야 한다. 특히 위 ①, ②의 경우 기존에 미납된 전기요금이 전부 납부되어야만 전기를 재공급받을 수 있다.(전기공급약관 시행세칙 제31조 제1항)

(3) 재사용수수료 면제 대상

① 주거용 주택용전력의 전기사용자(단, 전기공급약관 제13조에 따라 해지한 전기사용자는 제외), ② 계약전력 감소 후 재사용시 계기교환이 수반되지 않는 전기사용자, ③ 휴지 후 재사용하는 저압 전기사용자, ④ 한전이 임시해지한 전기사용자,(휴지기간이 1년을 초과하거나 계약전력 3KW 이하로서 1년간 사용전력량이 없는 경우 한전은 임시해지를 할

수 있다(전기공급약관 제81조 제3항)) ⑤ 해지 후 재사용시 공급조건 변경으로 표준시설부담금과 재사용수수료가 함께 발생한 전기사용자, ⑥ 기타 고객 안내 미비 등의 특별한 사정이 있는 전기사용자는 재사용수수료 납부의무가 면제된다.**(동 약관 시행세칙 제31조 제3항)** 한편, 위 ②에서 계약전력 감소 후 재사용시 계기교환이 수반되었다면 재사용자는 재사용수수료를 부담해야 한다.**(이는 전기공급약관 시행세칙 제31조 제3항 제5호의 반대해석상 당연한 것이다)** 또한 ⑦ 전류제한기를 철거한 후 정상 공급하는 주거용 주택용전력의 경우와 ⑧ 이사, 설비변동 등의 사유로 전기사용계약이 해지되거나 계약전력 일부가 감소된 후 1년 이내에 다른 전기사용자가 동일한 전기사용장소에서 동일한 조건으로 재사용 신청을 한 경우에도 재사용수수료는 면제된다.**(전기공급약관 제46조 제2항 단서(2018. 1. 1.시행))**

(4) 재사용수수료 금액

① 전력량계가 철거되지 않는 전기사용자는 8,000원(단상 공급), 16,000원(삼상 공급)을 재사용수수료로 지급해야 하며, 근무시간 이외의 시간에 재사용하는 경우 위 금액에 50%를 더하여 지급해야 한다. 또한 ② 전력량계가 철거된 전기사용자는 17,000원(단상 공급), 39,000원(삼상 공급)을 재사용수수료로 지급해야 하며, 근무시간 이외의 시간에 재사용하는 경우 위 금액에 50%를 더하여 지급해야 한다.

XIV. 업무협조

전기공급약관 제51조 (업무협조)

① 고객의 전기사용용도나 사용설비 또는 변압기설비용량 등이 변경된 경우 고객은 변경일로부터 1개월 이내에 그 내용을 한전에 통지해야 합니다.

② 한전이 법령에 따라 고객에게 필요한 자료의 제출을 요구할 경우 고객은 정한 기일 내에 정확한 자료를 한전에 제출해야 합니다.

③ 제2항에 따라 한전에 제출한 자료의 내용이 변경되었을 경우 고객은 지체없이 그 내용을 통보하고 필요한 자료를 다시 제출해야 합니다.

④ 고객이 제2항 및 제3항에 따른 자료제출을 정당한 이유없이 거절 또는 지연하거나 위조, 변조 등 부실한 자료를 제출하여 한전이 가산세를 부담할 경우 고객은 그 금액을 배상해야 합니다.

전기공급약관 시행세칙 제34조 (업무협조)

약관 제51조(업무협조) 제3항의 "자료의 내용이 변경되었을 경우"란 다음 각 호의 어느 하나에 해당하는 경우를 말한다.

1. 상호 변경
2. 사업자등록번호 또는 주민등록번호 변경
3. 사업자 주소(住所) 또는 거소 이전(居所 移轉)
4. 법인 대표자 변경
5. 사업종류 변경
6. 사업장 이전
7. 기타 법령에 따라 요구되는 자료

※ 전기사용용도 등이 변경된 날부터 이후 1개월까지의 기간은 전기공급약관이 전기사용자에게 보장한 '변경통지 기간'이다.

XV. 고객 개인정보의 보호

전기공급약관 제51조의 2 (고객 개인정보의 보호)

① 한전은 전기사용신청, 전기사용계약, 시설부담금·요금의 청구 및 납부 등 전기의 공급 및 사용과 관련하여 필요한 고객 개인정보를 수집할 수 있으며 고객 개인정보의 수집은 전기공급 및 사용 등 관계업무 수행을 위한 최소한의 범위로 합니다.

② 고객 개인정보는 고객이 직접 제출하거나 관련법령에 의하여 고객의 사전 동의를 얻은 경우에는 정부의 행정정보공동이용센터를 통해 한전이 직접 열람할 수 있습니다.

③ 한전은 관련법령에 의하여 고객의 주민등록번호 등 고유식별정보가 포함된 자료를 처리할 수 있습니다.

④ 한전은 다음 각 호의 경우와 고객의 동의가 있는 경우를 제외하고는 고객 개인정보를 이용하거나 제3자에게 제공하지 아니합니다.

  1. 전기공급 및 사용 등 관계업무에 직접 이용하는 경우

  2. 법령에 의하여 제3자에게 제공하는 경우

⑤ 고객 개인정보는 수집목적을 달성한 이후에는 폐기하는 것을 원칙으로 합니다. 다만, 상법 등 관련법령의 규정에 의하여 권리의무관계의 확인 등을 위하여 개인정보를 보유할 필요가 있는 경우에는 일정기간동안 보유할 수 있습니다.

⑥ 고객은 개인정보 처리에 관한 정보를 제공받을 수 있으며 관련법령에 의하여 열람청구권 등 개인정보 처리와 관련한 권리를 보장받을 수 있습니다.

⑦ 한전은 고객 개인정보를 처리하는 직원 또는 고객 개인정보의 처리업무를 위탁받은 자가 직무상 알게 된 개인정보를 누설 또는 권한없이 처리하거나 타인의 이용에 제공하는 행위 등 부정한 방법으로 사용하지 않습니다.

※ 개인정보보호에 관한 내용은 개인정보보호법, 전기사업법 시행령에 자세히 규정되어 있다.

제5장

전기사용의 안전

제5장 전기사용의 안전

Ⅰ. 전기안전의 책임한계

전기공급약관 제52조 (전기안전의 책임한계)
고객과 한전간의 전기설비에 대한 안전 및 유지보수의 책임한계는 수급지점으로 하며 전원측은 한전이, 고객측은 고객이 각각 책임을 집니다. 다만, 현장설비의 상태나 기술적 요인으로 부득이한 경우에는 고객과 한전이 협의하여 수급지점 이외 지점을 전기안전의 책임한계점으로 할 수 있습니다.

※ 수급지점은 소유권 경계점이자 안전 및 유지·보수 책임의 한계점이다.

Ⅱ. 전기안전을 위한 고객의 협력

전기공급약관 제53조 (전기안전을 위한 고객의 협력)
① 다음 중의 하나에 해당할 경우 고객은 그 내용을 지체없이 한전에 통지해야 합니다.

   1. 인입선, 전기계기 등 전기사용장소 안에 시설한 한전의 전기설비에 이상 또는 고장이 발생하였거나 발생할 우려가 있을 경우

   2. 고객의 전기설비에 이상 또는 고장이 발생하였거나 발생할 우려가 있고 그것이 한전의 공급설비에 영향을 미칠 우려가 있을 경우

② 고객이 한전의 공급설비에 직접 영향을 미칠 물건의 설치,변경 또

는 수리공사를 하고자 할 경우(전기사업법의 기술기준에서 정한 전기안전거리가 부족하게 되는 경우를 포함합니다)에는 그 내용을 미리 한전에 통지해야 하며, 한전은 전기안전을 위하여 특히 필요할 경우 고객에게 공사내용의 변경을 요구할 수 있습니다.

③ 변압기설비를 설치하는 고객은 대한전기협회가 제정한 내선규정의 "수전설비 표준결선도" 및 "옥내의 사용전압과 회로구성"에 적합하도록, 미리 한전과 협의한 후 시설해야 합니다. 이 때 수전용 변압기, 수전용 차단기, 수전용 보호계전기, 수전용 차단기의 전원측 기기 등은 정부 공인기관의 합격품을 사용해야 합니다.

④ 고압 이상의 전압으로 전기를 공급받는 고객으로서 한전이 필요하다고 인정할 경우에는 수급개시전에 수전전력의 차단방법(보호계전방식 및 보호협조 포함) 등을 한전과 협의해야 합니다.

⑤ 고객이 기술기준에 따라 고객과 한전간에 전력보안통신용 전화설비를 시설할 경우에는 한전과 협의후 고객부담으로 시설·소유해야 합니다.

⑥ 고객이 고객소유의 차단기를 설치할 경우에는 고장전류를 안전하고 신속하게 차단할 수 있는 충분한 차단용량의 차단기를 설치하여야 하며, 차단기 설치 이후에 고장전류가 증가하여 차단용량을 초과할 경우에는 고객부담으로 교체하여야 합니다.

전기공급약관 시행세칙 제36조

① 약관 제53조(전기안전을 위한 고객의 협력) 제2항의 "공급설비에 직접 영향을 미칠"이란 고객의 물건이 한전의 공급설비에 근접 또는 접촉하거나 공급설비를 손괴하는 경우 등을 말하고, "물건"이란 고객소유의 발전설비·변압기설비 등의 전기설비와 건물·굴뚝·간판·안테나 등의 건조물 및 수목 등을 말한다.

② (2006. 8. 11 삭제)

Ⅲ. 전기설비 점검

구 전기공급약관 시행세칙 제35조 (전기설비 점검)
(2017. 8. 28. 본 조항은 전부 삭제되었다 그러나 전기설비 점검에 관한 내용은 전기공급약관에만 없을 뿐, 전기사업법령에서 자세히 규정하고 있다)

① 일반용 전기설비에 대하여는 관련 법령에서 정하는 바에 따라 기술기준에 적합한지 여부를 점검한다.

　1. 점검의 종류는 다음과 같다.

　　가. 새로이 전기를 사용하거나 계약전력 증가에 따른 사용전 점검

　　나. 정기점검

　　다. 기타 고객의 요청에 따른 점검

　2. 전 1호의 "가" 및 "나"의 경우에는 전력산업기반기금으로, "다"의 경우에는 고객 부담으로 점검한다.

　3. 전 1호 "가"의 점검은 관련 법령에서 정한 바에 따라 한전 또는 한국전기안전공사가 시행하며, "나" 및 "다"의 점검은 한국전기안전공사가 시행한다.

　4. 점검기관은 전 1호 "가"의 사용전 점검을 완료한 후 사용전 점검필증을 소유자나 점유자에게 교부한다. 다만, 사용전 점검결과 부적합인 경우에는 그 내용 및 사유를 통지한다.

　5. (2002. 10. 22 삭제)

　6. (2002. 10. 22 삭제)

② 고객이 일반용전기설비의 변경공사(개수공사를 포함한다)를 하였을 경우에는 그 공사가 완성된 때에 지체없이 그 내용을 한전이나 한국전기안전공사에 통지해야 한다.

③ 한전은 점검업무를 수행함에 있어서 필요한 경우에는 전기설비에 대한 배선도(配線圖)의 제시를 요구할 수 있다.

④ 제2항 및 제3항의 경우 고객의 협력이 없는 경우에는 가능한 범위내에서만 점검한다.

1. 개설(概說)

전기설비는 자가용전기설비, 일반용전기설비, 전기사업용전기설비로 구분된다. ① 전기사업용전기설비란 전기설비 중 전기사업자가 전기사업에 사용하는 전기설비를 말하고, ② 일반용전기설비란 산업통상자원부령으로 정하는 소규모의 전기설비로서 한정된 구역에서 전기를 사용하기 위하여 설치하는 전기설비를 말하며, ③ 자가용전기설비란 전기사업용전기설비 및 일반용전기설비 외의 전기설비를 말한다.**(전기사업법 제2조 제17호 내지 제19호)** 자가용전기설비와 일반용전기설비의 구체적 구분기준은 아래와 같다.**(전기사업법 시행규칙 제3조)**

일반용 전기설비	○전압 600V 이하이고 용량 75KW(제조업 또는 심야전력을 이용하는 전기설비는 용량 100KW) 미만의 전기설비 ○전압 600V 이하이고 용량 10KW이하의 발전기
자가용 전기설비	○전압 600V 초과이거나 용량 75KW(제조업 또는 심야전력을 이용하는 전기설비는 용량 100KW) 이상인 전기설비 ○자가용전기설비를 설치하는 자가 그 자가용전기설비의 설치장소와 동일한 수전장소에 설치하는 전기설비 ○위험시설에 설치하는 용량 20KW이상의 전기설비(화약류 제조사업장, 갑종탄광, 도시가스사업장, 액화석유가스의 저장·충전 및 판매사업장 또는 고압가스 제조소·저장소, 위험물 제조소 또는 취급소) ○여러사람이 이용하는 시설에 설치하는 용량 20KW이상의 전기설비(공연장, 영화상영관, 유흥주점·단란주점, 체력단련장, 대규모점포 및 상점가, 의료기관, 호텔, 집회장)

나아가 산업통상자원부 훈령 제130호(일반용 전기설비 점검업무 처리규정)에서도 일반용전기설비와 자가용전기설비의 상세한 구분기준을 정하고 있다.

[별표4]

일반용전기설비와 자가용전기설비 구분기준

□ 적용기준

동일구내 또는 동일 건물 내에 있는 전기설비 계약 전력은 각 공급단위 전기설비의 용량을 합산하는 것을 원칙으로 한다. 다만, 소유권이 다른 2개 이상의 전기설비가 있을 경우에는 다음 각 호에 정하는 바에 의한다.

[제1형태]

전기판매사업자와 계약된 동일 공급단위 내에 소유권이 다른 2개 이상의 연접된 전기설비가 있을 경우에는 공급단위를 기준으로 동일 공급단위 내에 있는 각 소유자의 전기설비의 용량을 합산 적용한다.

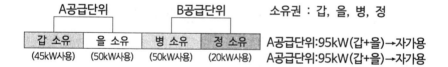

[제2형태]

통일소유의 연접된 설비에 전기판매사업자와 계약된 공급단위가 2개 이상있을 경우에는 소유자를 기준으로 동일 된 소유의 연접된 각 공급단위의 전기설비의 용량은 합산한다.

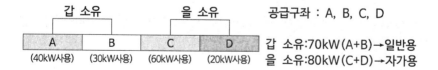

[제3형태]

연접된 각 공급단위별로 소유권이 서로 다른 경우의 전기설비의 용량은 소유자별로 별개로 구분하여 합산하지 아니한다.

A	B	C	D
갑 소유	을 소유	병 소유	정 소유
(40kW사용)	(35kW사용)	(60kW사용)	(20kW사용)

공급구좌 : A, B, C, D
소유권 : 갑, 을, 병, 정
* 자가용 전기설비가 아님

※ 공급단위별, 소유권별로 합산 75kW이상이면 자가용 전기설비임.

[제4형태]

동일건물, 동일구내에 설치되어 있으나 동일소유자가 연접되어 있지 아니한 전기 설비를 가지고 있을 경우 → 각각 별개로 구분함

※ 예) 4층 건물을 김씨와 이씨가 소유하고 있는 경우(공급단위 4개)

(한전)		
➡	70kw	4층 김씨소유(일반용)
➡	80kw	3층 이씨소유(자가용)
➡	60kw	2층 김씨소유(일반용)
➡	60kw	1층 이씨소유(일반용)

□ 심야전력 및 제조업 적용구분

한전과 수급 계약된 상시전력과 심야전력(제조업) 전기설비가 있는 겨우 → 개개 설비별 계약용량 구분 적용

[제1형태] 상시전력 75kW 미만, 심야전력(제조업) 100kW 미만인 경우

75kW 미만 ↓ (저압)	100kW 미만 ↓ (저압)
상 시 전 력	심 야(제조업) 전 력

공급단위별 합산용량은 자가용이나 심야(제조업)전력 100kW미만은 적용대상에서 제외되므로 일반용전기설비임

[제2형태] 상시전력 75kW 이상, 심야전력(제조업) 100kW 미만인 경우

75kW 이상 ↓ (저압)	100kW 미만 ↓ (저압)
상 시 전 력	심 야(제조업) 전 력

상시전력이 자가용설비이므로 용량 합산하여 자가용설비임

[제3형태] 상시전력 75kW 미만, 심야전력(제조업) 100kW 이상인 경우

75kW 미만 ↓ (저압)	100kW 이상 ↓ (저압)
상 시 전 력	심 야(제조업) 전 력

상시전력은 일반용설비이나 심야전력(제조업)이 자가용설비이므로 용량합산하여 자가용설비임

한편, 전기설비는 반드시 안전점검 등을 받아야 한다. 일반용전기설비의 경우 '사용전점검'(전기설비의 설치공사 또는 변경공사가 완료된 후 전기를 공급하기 전 실시하는 점검), '정기점검'(사용전점검 또는 정기점검 이후 정기적으로 실시하는 점검)을 반드시 받아야 한다.(전기사업법 제66조) 일반용전기설비의 '사용전점검'은 전기판매사업자(한전) 또는 한국전기안전공사가 수행하고 있으나, '정기점검'은 한국전기안전공사가 수행하고 있다.(전기사업법 시행규칙 제35조의 2 제1항) 따라서, 한전은 전기설비 중 일반용전기설비의 '사용전점검'만을 수행하고 있다.

한전이 '사용전점검'을 수행하는 일반용전기설비는 ① 건축법상의 단독·공동주택, ② 건축법상의 가설건축물, ③ 건축법 시행령상의 근린생활시설, ④ 민간임대주택 및 공공임대주택, ⑤ 농지법상의 농지이다.(전기사업법 시행령 제42조의 2 제1항) 한편, 전기사용자가 한전의 사용전점검 대상인 일반용전기설비에 대해 한국전기안전공사에 사용전점검을 신청을 하였다면, 한국전기안전공사가 해당 전기설비에 대한 사용전점검을 할 수 있다.(전기사업법 시행령 제42조의 2 제2항)

Ⅳ. 고객소유의 전기설비에 대한 공사

전기공급약관 제54조 (고객소유의 전기설비에 대한 공사)

① 고객소유 전기설비에 대한 공사는 고객이 시공하는 것을 원칙으로 합니다. 다만, 고객의 요청이 있고 전기안전을 위하여 특히 필요할 경우에는 한전이 고객 소유의 전기설비에 대하여 공사를 할 수 있습니다.

② 한전이 제1항 단서에 따라 공사를 할 경우에는 실비용을 받습니다. 다만, 세칙에서 정하는 공사는 무료로 할 수 있습니다.

전기공급약관 시행세칙 제37조 (고객소유의 전기설비에 대한 공사)

① 약관 제54조(고객소유의 전기설비에 대한 공사) 제1항의 "전기안전을 위하여 특히 필요할 경우"란 다음 중의 하나에 해당하는 것을 말합니다.

  1. 고객의 요청이 있고 한전이 공급설비 관리상 한전에서 수탁 시공하는 것이 타당하다고 인정하는 경우

  2. 저압 고장수리시 당해 고객의 요청이 있고 수리와 동시에 시공할 수 있는 경미한 공사

② 약관 제54조(고객소유의 전기설비에 대한 공사) 제2항 단서의 "세칙에서 정하는 공사"란 테이프감기, 바인드설치, 나사풀기 및 나사조이기 등의 공사를 말한다.

제6장

계약종별

제6장 계약종별

Ⅰ. 계약종별의 구분

전기공급약관 제55조 (계약종별의 구분)
계약종별은 전기사용계약단위의 전기사용 용도에 따라 주택용전력,
일반용전력, 교육용전력, 산업용전력, 농사용전력, 가로등, 예비전
력, 임시전력으로 구분합니다.

1. 개설(槪說)

계약종별은 그 전기사용계약단위가 영위하는 주된 경제활동에 따라
구분 적용한다.**(전기공급약관 시행세칙 제38조 제1항 본문) (쉽게 말하면 전
기사용계약자가 어떤 경제활동을 하느냐에 따라 계약종별이 정해진다는 것이
다. 계약종별에 따라 전기요금이 다르기 때문에 계약종별의 선택은 전기사용자
에게 중요한 의미를 지니고 있다)** 계약종별에는 주택용전력, 일반용전력,
교육용전력, 산업용전력, 농사용전력, 가로등, 예비전력, 임시전력이
있다. 한편, 아파트 공장 내에서 동일사용자가 고정된 벽으로 구분
된 다수의 구획을 각각 전기사용계약단위로 하는 경우에는 전체를
하나의 전기사용계약단위로 간주하여 계약종별을 적용할 수 있다.
(전기공급약관 시행세칙 제38조 제1항 단서)

계약종별은 원칙적으로 '한국표준산업분류'를 근거로 구분한다. 개
략적으로 보면 한국표준산업분류표의 대분류 A는 농사용 전력, 대
분류 B~C는 산업용 전력, 대분류 D~U는 일반용 전력이 적용된다.
(전기공급약관 시행세칙 제38조 제2항 제2호)
한국표준산업분류 기준상 농업, 임업 및 어업, 광업, 제조업에 해

당하는 사업체의 본사건물 등과 같이 재화생산활동을 하는 장소와 구분하여 별개 전기사용계약단위로 공급하는 전기사용자의 계약종별은 동 사업체의 산업분류에 관계없이 해당 계약단위의 경제활동에 따라 결정된다.**(전기공급약관 시행세칙 제38조 제2항 제3호)**

휴업 중인 전기사용자는 휴업 전의, 청산중인 전기사용자는 청산 개시 전의 경제활동에 따라 계약종별을 결정한다.**(전기공급약관 시행세칙 제38조 제2항 제4호)**

동일 전기사용장소에서 2가지 이상의 계약종별에 해당하는 경제활동을 영위하는 경우 별개 전기사용계약단위로 전기사용계약을 체결하지 않는 한, 전기공급약관 제65조**(전기공급약관 제65조는 쉽게 말해 주택용전력을 제외하고 계약종별이 2이상인 경우 좀더 비싼 전기요금에 해당하는 계약종별 하나만을 적용하되, 특별한 사정이 있는 경우(좀더 저렴한 계약종별의 사용설비용량이 전체의 90%이상인 경우 등)에는 좀더 저렴한 전기요금에 해당하는 계약종별을 적용할 수 있다는 것이다.)**에서 정한 바에 따른다.**(전기공급약관 시행세칙 제38조 제2항 제1호)**

2. 법적쟁점(法的爭點)

착오로 다른 계약종별이 적용된 경우, 당사자간 전기공급약관을 배제하기로 한 사정이 없는 한, 계약성립시부터 전기공급약관에 따라 원래 적용되어야 할 계약종별로 전기사용계약은 성립된 것이며, 이때 당사자들은 계약종별간의 전기요금 차액을 정산해야 한다.**(아래 판례 참조)**

광주고등법원(전주) 2012. 5. 17.선고 2011나1083판결(상고기각 확정)

원고(한전)가 국립식량과학원의 용도와 현황을 알면서 전기공급규정에서 정하는 바와 다르게 산업용 요금을 적용하기로 약정한 것이라고 볼 증거도 없으므로, 국립식량과학원에서 사용하는 전력에 관한 계약종별은 이 사건 계약에서 정한 계약종별이 아니라 전기공급약관 및 시행세칙에 의해 정해진다고 할 것이다.....(중략).....전기공급약관에 의하면 국립식량과학원에서 사용하는 전력에 관한 계약종별은 산업용 전력이 아닌 일반용 전력임은 앞서 본 바와 같고 전기공급약관 제76조 제1항은 '요금을 잘못 계산하였을 경우에는 재계산한 요금과 잘못 계산한 요금과의 차액을 당월분 요금에서 가감하는 것을 원칙으로 한다'라고 규정하고 있는바, 전력사용량에 따른 요금을 계산함에 있어서 계약종별에 따른 요율도 계산의 요소가 되므로, 계약종별의 결정이 잘못되어 요금이 잘못 계산되는 경우에도 위 약관이 적용된다 할 것이어서(피고(대한민국)는 위 규정이 계산상의 오기 등 단순한 계산상의 잘못에만 적용된다고 주장하나, 위 규정을 위와 같이 제한하여 적용해야 할 아무런 근거가 없으므로, 피고(대한민국)의 이 부분 주장은 받아들이지 않는다), 피고(대한민국)의 위 주장은 이유 없다.....(중략).....한편, 피고(대한민국)는 이 사건 계약 중 계약종별에 관한 부분은 사전에 원고(한전)와 피고(대한민국) 사이에 충분한 협의를 거쳐 정하였으므로 원고(한전)에게 착오가 있다고 볼 수 없고, 설령 착오가 있다고 하더라도 이는 원고(한전)의 중대한 과실에 기한 것이므로 원고(한전)로서는 착오를 이유로 이 부분 약정을 취소할 수 없다고 주장하나, 앞서 본 바와 같이 전기공급약관 제76조 제1항에 기한 전기요금의 차액 지급의무는 이 사건 계약 중 계약종별에 관한 부분이 취소되는지 여부와 상관없이 인정되는 것이라고 할 것이므로, 피고(대한민국)의 이 부분 주장은 받아들이지 않는다.

※ 한전은 민법 제109조(착오 취소)의 일정 요건을 충족한 경우에만 계약종별의 착오를 이유로 전기사용계약을 취소할 수 있다. 또한 취소 이후, 한전은 민법 제741조의 부당이득반환청구를 통해 전기요금 차액을 지급받아야 한다. 그런데 본 판례는 계약종별의 착오에도 불구하고 처음부터 원래 적용되어야 할 계약종별로 전기사용계약이 성립되었다고 보았으며, 나아가 전기사용자는 전기사용계약의 취소 여부와 상관없이 전기공급약관 제76조 제1항상의 전기요금 차액 지급의무가 있다고 판시하였다.

Ⅱ. 주택용 전력

전기공급약관 제56조 (주택용전력)

① 주택용전력은 다음 중 하나에 해당하는 고객에게 적용합니다.

    1. 주거용 고객. 다만, 신에너지및재생에너지개발·이용·보급촉진법 제13조(신·재생에너지설비의 인증 등)에 의해 인증된 지열설비는 별도 분리하여 일반용전력을 적용합니다.

    2. 계약전력 3kW 이하의 고객. 다만, 농사용전력, 가로등, 임시전력은 해당 계약종별을 적용합니다.

    3. 독신자합숙소(기숙사 포함)나 집단주거용 사회복지시설로서 고객이 주택용전력의 적용을 희망할 경우

    4. 주거용 오피스텔 고객. 이때 주거용 오피스텔이란 주택은 아니면서 실제 주거용도로 이용되는 오피스텔을 말합니다.

② 주택용전력은 공급전압에 따라 다음과 같이 구분합니다. 다만, 아파트고객이 공동설비에 대해 일반용전력(갑)의 적용을 희망하는 경우에는 각 호별 사용량은 주택용전력 저압전력요금을 적용합니다.

    1. 저압전력 : 표준전압 110V, 220V, 380V 고객

    2. 고압전력 : 표준전압 3,300V이상 고객

1. 개설(槪說)

주택용 전력 적용대상은 ① 주거용 전기사용자, ② 계약전력 3KW 이하의 전기사용자(농사용전력, 가로등, 임시전력 제외), ③ 독신자합숙소(기숙사 포함)나 집단주거용 사회복지시설로 주택용 전력 적용을 희망하는 전기사용자, ④ 주거용 오피스텔 전기사용자이다.

외교관이 임차한 주택의 경우 전기사용계약명의자가 외교관이며 외교기관에서 직접 전기요금을 납부하는 경우 희망에 따라 주택용 또는 일반용전력을 적용하며, 1년 이내에는 계약종별을 변경할 수 없다.**(전기공급약관 시행세칙 제39조 제1항)**

주거용 오피스텔은 주민등록 전입여부·사업자등록 여부·내부구조·바닥난방 설치여부 등을 고려하여 주거용으로 판단되는 경우에만 주택용전력을 적용하며, 주거용도와 업무용도가 혼재된 경우에는 전기공급약관 제65조**(이 경우 주택용 전력이 적용된다(전기공급약관 제65조 단서 제호))**에 따른다.**(전기공급약관 시행세칙 제39조 제3항)** 주거용 오피스텔의 경우 한전은 업무용도 사실 확인을 위해 증빙서류 또는 현장확인을 전기사용자에게 요청할 수 있으며, 전기사용자는 정당한 사유가 없는 한 이에 응해야 한다.**(전기공급약관 시행세칙 제40조 제1항 제3호)**

한편, 상점부 단독주택**(상점부 단독주택은 독립된 주택부분과 상점부분이 있고 그 사이가 고정된 벽으로 구분되지 않은 건축물을 말한다(전기공급약관 시행세칙 제10조의 2 제1항 제3호 나목) 쉽게 말해 시골 구멍가게를 말한다)**의 경우 주택부분의 계약전력과 상점부분의 계약전력 중 큰 부분의 것을 계약종별의 기준으로 하되, 사용설비 조사가 어려운 경우 용도별 건물면적이 큰 것을 기준으로 결정한다.**(전기공급약관 제65조 단서 제3호)**

케이블TV 및 유선방송 등의 전원공급기의 경우 실무상 설비용량에 따라 주택용(설비용량 3KW 이하) 또는 일반용 전력(설비용량 4KW 이상)을 적용하고 있다.

비주거용 전기사용자의 경우에도 주택용전력이 적용될 수 있다.**(통신 및 기계장비, 사무실, 소형점포, 복지시설, 교육 및 학업시설, 종교시설, 산업시설, 창고, 경비실 등의 경우 비주거용임에도 주택용전력이 적용된다(전기공급약관 시행세칙 제48조 제10항))** 단, 비주거용 주택용 전력의 경우 주택용 필수사용량 보장공제, 주택용 절전 할인은 적용되지 않는다.**(전기공급약관 별표4, '기본공급약관 특례' 제18조 내지 제19조)**

Ⅲ. 일반용 전력

전기공급약관 제57조 (일반용전력)
① 일반용전력은 다음 중 하나에 해당하는 고객에게 적용합니다.

　　1.　주택용전력·교육용전력·산업용전력·농사용전력·가로등·예비전
　　　　력·임시전력이외의 고객

　　2. 업무용 오피스텔 고객. 이때 업무용 오피스텔이란 업무를 주
　　　　로 하고 구획 중 일부구획에서 숙식하는 용도로 이용되는
　　　　오피스텔을 말합니다.

　　가. 기존 오피스텔 고객

　　　　일반용 전력을 적용받고 있는 기존 오피스텔 고객이 계속하
　　　　여 일반용전력 계약종별을 적용받고자 하는 경우에는 세칙
　　　　에서 정하는 바에 따라 일반용전력 계약종별 해당여부에 대
　　　　한 확인을 받은 경우에 한하여 일반용전력을 적용합니다.

　　나. 신규 오피스텔 고객

　　　　전기사용계약 성립당시부터 일반용전력 계약종별 해당여부
　　　　에 대한 확인을 거쳐 일반용전력을 적용합니다.

② 일반용전력은 공급전압에 따라 다음과 같이 구분합니다.

　　1. 일반용전력(갑)

　　　　계약전력 4kW 이상 300kW 미만의 고객에게 적용하며, 공
　　　　급전압에 따라 다음과 같이 구분합니다.

　　　가.　저압전력
　　　　　표준전압 110V·220V·380V 고객

　　　나.　고압전력(A)
　　　　　표준전압 3,300V 이상 66,000V 이하 고객

　　　다.　고압전력(B)
　　　　　표준전압 154,000V이상 고객

2. 일반용전력(을)

   계약전력 300kW 이상의 고객에게 적용하며, 공급전압에 따라 다음과 같이 구분합니다.

   가. 고압전력(A)

   　표준전압 3,300V이상 66,000V 이하 고객

   나. 고압전력(B)

   　표준전압 154,000V이상 고객

③ 제2항에도 불구하고 계약전력 300kW 이상 500kW 미만 고객이 저압으로 공급받는 경우에는 일반용전력(갑) 저압전력을 적용합니다.

④ 일반용전력(갑) 고압 고객은 별표1(월간 전기요금표)의 일반용전력(갑)Ⅱ를 적용하며 일반용전력(갑) 고압 고객 중 저압계량하는 고객에 대한 요금적용 등은 세칙에서 정하는 바에 따릅니다.

1. 개설(槪說)

일반용전력은 계약종별 중 주택용전력·교육용전력·산업용전력·농사용전력·가로등·예비전력·임시전력에 속하지 않은 경우에 적용된다.
일반용전력(갑)은 계약전력 4KW이상 300KW미만의 전기사용자에게 적용되며, 계약전력 300KW이상의 전기사용자에게는 일반용전력(을)이 적용된다. 단, 계약전력 300kW 이상 500kW 미만의 '저압'으로 전기를 공급받는 전기사용자에게는 '일반용전력(갑) 저압전력'이 적용된다.

업무용 오피스텔(업무를 주로 하고 구획 중 일부 구획에서 숙식하는 용도로 사용되는 오피스텔) 전기사용자의 경우 일반용전력이 적용된다. 이 때 일반용전력 적용여부는 다음의 기준을 따른다. ① 주민등록 전입여부, 사업자등록 여부, 내부구조, 바닥난방 설치여부 등을 고려하여 업무용이라고 판단되는 경우에는 일반용 전력이 적용된다. ② 주거용도와 업무용도가 혼재된 경우에는 각 부분별로 별도의 전기사용계약이 체결되지 않은 이상, 전기공급약관 제65조에 따라 전부에 대해 주택용전력이 적용된다. 아울러 업무용도 확인을 위해 한전은 전기사용자에게 증빙서류 제출요구 또는 현장확인 요청을 할 수 있으며 전기사용자는 특별한 사정이 없는 한 이에 협조해야 한다.(전기공급약관 시행세칙 제40조 제1항)

한편, 실무는 한국표준산업분류를 반영하여 하숙업과 펜션업에 주택용전력이 아닌 일반용전력을 적용하고 있다.

2. 법적쟁점(法的爭點)

오피스텔에 일반용전력이 적용되는 경우 주택용전력의 전기요금 누진제가 적용되지 않는 이점이 있다. 따라서 일반용전력을 적용받고 있는 기존의 오피스텔 전기사용자가 계속하여 일반용전력을 공급받기 위해서는 주거용이 아닌 업무용도사실을 입증해야 한다. 그런데 구 전기공급약관에서는 업무용도사실을 입증하지 못한 경우 주거용 오피스텔로 의제하여 주택용전력을 적용하였는데, 하급심은 이러한 약관조항이 약관규제법 제6조에 위반되는 것은 아니라고 판시하였다.(아래 판례 참조)

> **서울중앙지방법원 2013. 7. 24. 선고 2011가합104302판결(확정)**
>
> 제1약관조항 중 개정약관 제56조 제1항 제4호, 제57조 제1항 제2호 가목에 의하면, 이 사건 각 오피스텔과 같이 기존에 일반용 전력을 적용받고자 하는 경우에는 해당 오피스텔이 업무용도로 사용되는 사실을 입증하여야 하고 그 입증이 없는 경우에는 주거용 오피스텔로 보아 주택용 전력을 적용하도록 되어

있다. 그리고 개정세칙 제39조 제3항 제1호 및 제40조 제1항 제1호, 제2항에 의하면, 기존 오피스텔의 용도가 주거용인지 아니면 업무용인지는 주민등록 여부, 사업자등록 여부, 내부구조, 바닥난방설치여부 등을 고려하여 판단하도록 되어 있다. 이와 같이 제1약관조항은 기존 오피스텔의 용도를 판단하는 기준을 제시하면서 기존 오피스텔에게 업무용 사용 사실에 대한 입증책임을 부과하고 그 입증이 없을 경우 이를 주거용으로 의제하고 있는바, 아래의 여러 사정을 종합적으로 고려해 보면, 이러한 제1약관조항이 전기사용자에게 부당하게 불리하여 불공정하다고는 할 수 없다. ① 을 제6,7,23,24호증의 각 기재와 변론 전체의 취지에 의하면.....(중략).....2010. 4. 5. 주택법의 개정으로 오피스텔이 준주택의 범위에 포함됨에 따라 주거용 오피스텔에 대한 가스요금과 난방요금을 주택용으로 부과하게 된 점, 이러한 변화는 오피스텔을 주거용으로 사용하는 경향이 보편화된 사정을 반영한 것으로, 피고(한전)가 2010년 상반기에 전국의 오피스텔 330,000여개 호실 가운데 143,000개 호실을 대상으로 현장조사한 결과 그 중 약 51%가 주거용인 것으로 파악되었던 점, 이러한 주거용 오피스텔의 증가 및 보편화 추세에도 불구하고 오피스텔에 대하여는 개별 건물 전체에 대하여 단일 계약종별인 일반용 전력만이 적용되어 옴으로써 주택용 전력이 누진제로 적용되는 아파트 등 주거용 주택과의 형평성 문제가 제기되었고, 이에 따라 제1약관조항을 포함하는 약관의 개정이 이루어지게 되었던 점을 알 수 있다. 이러한 현실적 변화를 감안하면, 건축법상 오피스텔의 본래 용도가 업무용으로 규정되어 있다고 하여 그 실제 용도가 업무용이라고 일반적으로 추정하기는 어려운 상황이 되었다고 할 수 있다.....(중략).....④ 또 주거용 오피스텔이라고 하여 항상 업무용 전기요금보다 높은 주택용 전기 요금을 적용받게 되는 것은 아니고, 전용면적이 99.15㎡ 미만인 소형 오피스텔의 경우는 일반용 전력보다 주택용 전력을 적용받으면 전기요금이 덜 나오게 되어 있어 오피스텔 사용자에게 유리하다.

Ⅳ. 교육용 전력

전기공급약관 제58조 (교육용전력)

① 교육용전력은 계약전력 4kW 이상으로 다음 중 하나에 해당하는 고객에게 적용합니다.

1. 유아교육법·초중등교육법·고등교육법에 따른 학교(부속 병원 제외), 평생교육법에 따른 학력인정 평생교육시설

2. 한국과학기술원법에 따른 한국과학기술원, 광주과학기술원법에 따른 광주과학기술원, 대구경북과학기술원법에 따른 대구경북과학기술원, 경찰대학설치법에 따른 경찰대학, 사관학교설치법에 따른 육군·해군·공군사관학교, 육군3사관학교 설치법에 따른 육군3사관학교, 국군간호사관학교설치법에 따른 국군간호사관학교, 국방대학교설치법에 따른 국방대학교, 공군항공과학고등학교 설치법에 따른 공군항공과학고등학교, 근로자직업능력개발법에 따른 기능대학, 한국농수산대학 설치법에 따른 한국농수산대학, 경제자유구역및제주국제자유도시의 외국교육기관설립·운영에 관한 특별법에 따른 학력인정 외국교육기관

3. 〈삭 제〉

1. 개설(槪說)

교육용전력은 법률에 의해 설치된 교육시설로서 다른 용도의 시설과 명확히 구분되어야 적용될 수 있다. 아울러 교육시설주체가 전기사용계약당사자이어야 하고, 교육기본시설·지원시설·연구시설(**교육기본시설은 학습에 직접 필요한 강의실, 도서실, 실험실습실, 학생회관 등을 말하고, 지원시설은 교육 본연의 목적 달성과 관련된 수영장, 체육관, 강당 등을 말하며, 연구시설은 부설연구소 등을 말한다(전기공급약관 시행세칙 제41조 제2항))**이어야 하며, 원칙적으로 학교(전기사용장소) 구내에 해당시설이 위치해야 한다. 그러나 학교법인이 직접 운영하며 교육과정상 필수시설로서 사정상 구외에

위치할 수밖에 없는 농대 부속림 등 부속시설에 대해서는 교육용 전력을 적용할 수 있다.**(전기공급약관 시행세칙 제41조 제1항 내지 제2항)**

부대시설은 후생시설 및 교육목적 수행과 관련된 부속시설로서 식당, 목욕탕, 의무실, 매점, 미용실, 사무실, 보안용 외등 및 독신자 합숙소(기숙사 포함) 등을 말하며, 영리목적의 상업 임대시설은 제외된다.**(전기공급약관 시행세칙 제38조 제4항 및 제41조 제4항 제1호)** 교육용전력은 동일 전기사용계약단위 내의 부대시설에도 적용되나, 사택에는 적용되지 않는다. 이 때 부대시설은 주된 시설의 전기설비 용량을 초과하지 않아야 한다.**(전기공급약관 시행세칙 제38조 제4항)**

후생시설 중 학교급식법에 의해 초·중·고교 구내에서 위탁급식업체 명의로 급식을 위해 사용되는 전력 또는 학교구내 학생기숙사에서 사용되는 전력의 경우, 주된 전기사용계약에 포함되지 않고 별도의 전기사용계약이 체결되었더라도 교육용전력이 적용될 수 있다.**(전기공급약관 시행세칙 제41조 제4항 제2호)**

교육용전력 적용대상은 ① 초·중등교육법, 고등교육법에 따른 학교(부속병원제외), ② 평생교육법에 의한 평생교육시설 중 학력인정학교 및 지자체 조례에 따라 운영하며 도서관 기능을 수행하는 평생학습관, ③ 유아교육법에 따른 유치원, ④ 도서관법에 따른 도서관, 국립중앙도서관, 국가 또는 지자체에서 운영하거나 시장·군수·구청장에게 등록된 공공도서관, 대학도서관, 학교도서관, 전문도서관, 특수도서관(단, 학원의 설립·운영 및 과외교습에 관한 법률에 따라 인가 또는 등록된 독서실은 제외), ⑤ 박물관 및 미술관진흥법에 따른 박물관 및 미술관, ⑥ 과학관의 설립·운영 및 육성에 관한 법률에 따른 과학관(종합과학관, 전문과학관), ⑦ 교육감이 설치·운영하는 교육감 직속기관인 학생교육원, 학생수련원 등(단, 체육시설 운영 또는 외국어 교육기관, 학생들에게 직접적 교육을 실시하지 않는 교육지원 및 연구기관, 학생 단체 급식시설을 갖추지 못한 경우, 개별 호실에 독립취사시설을 갖추고 휴양 콘도미니엄과 유사하게 운영되는 경우는 제외)이다.**(전기공급약관 시행세칙 제41조 제3항)**

교육용전력(갑)은 계약전력 4KW이상 1,000KW 미만의 전기사용자에게 적용되고, 교육용전력(을)은 계약전력 1,000KW이상의 전기사용자에게 적용된다. 단, 계약전력 300KW이상 500KW미만의 저압 전기사용자는 교육용전력(갑) 저압전력이 적용되며, 교육용전력(을) 전기사용자 중 초·중등교육법에 따른 학교는 교육용전력(갑) 고압전력이 적용될 수 있다.

2. 법적쟁점(法的爭點)

판례는 학교 부설 평생교육시설**(평생교육법 제30조)**은 교육용 전력의 대상이 아닌 일반용전력의 대상으로 보고 있으며, 학교형태의 평생교육시설**(평생교육법 제31조)**은 교육용전력의 대상으로 보고 있다.**(아래 판례 참조)**

전주지방법원 2012. 7. 13.선고 2012나2692판결(상고기각 확정)

원고(한전)가 피고(대한민국) 산하 A대학교와 사이에 위 교육용 전력공급계약을 체결할 당시 위 수용장소는 피고(대한민국)가 설립한 A대학교 치과대학 교사로 사용되었으나, 위 치과대학은 1996년경 전주시 덕진구 덕진동 664-14로 이전하게 되었고, 그 후 1999. 12. 28. A대학교 부설 사회교육원이 위 수용자오에 입주하면서 원고(한전)에게 이에 대한 고지나 계약변경 등의 절차 없이 기존 교육용 전력을 그대로 공급받아 왔다(OO대학교 사회교육원은 2001. 9. 1. 그 명칭이 '평생교육원'으로 변경됨, 이하 '이 사건 평생교육원'이라 한다). 이 사건 평생교육원은 평생교육법에 의하여 설립된 시설로 학점은행제 강좌, 자격증 강좌, 직업 및 기술 강좌, 교양 강좌, 특별 강좌 등 120여개의 평생교육강좌를 개설하여 연간 1만여 명의 지역주민들이 수강하는 시설이다.....

(중략).....① 이 사건 평생교육원은 평생교육법 제30조에 의거하여 설립된 학교 부설 평생교육시설로서, 같은 법 제31조에 따라 학력인정이 되는 시설로 지정된 사실이 전혀 없는 점, ② 이 사건 평생교육원은 학점 취득에 필요한 학습과정을 교육과학기술부장관으로부터 평가인정받아 운영하는 평생교육시설에 해당하여 학점인정 등에 관한 법률 제8조에 따라 이 사건 평생교육원의 교육과정을 마친 자에 대하여 일정 수준 이상의 학력이 있는 것으로 인정되기는 하나, 이는 평생교육시설의 교육과정을 마친 사람들 중 일정 기준을 충족하는 개개인에 대하여 학력을 인정하는 것에 불과하고 이 사건 평생교육원 자체가 학력인정이 되는 시설로 지정된 것으로 보기는 어려운 점, ③ 더욱이 평생교육법에 의하여 학력인정시설로 지정받기 위해서는 평생교육법시행령 제27조 제1항에 따라 초등학교, 중학교 또는 고등학교에 준하는 각종학교의 설립·운영 기준과 같은 수준 이상이 되는 기준과 학습 시설·설비, 자료실, 관리실 등의 시설과 설비를 갖추어 교육감에게 등록하여야 하는 등 엄격한 기준과 절차를 갖추어야 하는 반면, 학점인정 등에 관한 법률에 따라 학력을 인정받기 위해서는 각급 학교의 장이 평생교육을 실시하기에 편리한 형태의 구조와 설비를 갖추어 관할청에 보고함으로써 평생교육시설을 설치한 후, 학점 취득에 필요한 학습과정을 교육과학기술부장관으로부터 평가인정받는 것으로 족하여 학력인정을 받기 위한 기준과 절차가 평생교육법과 전혀 다른 점 등에 비추어 보면, 원고(한전)의 약관에 규정된 "학력인정 평생교육시설"은 평생교육법 제31조에서 규정한 학력인정 평생교육시설을 말하는 것으로 봄이 상당하므로, 이 사건 평생교육원은 위 평생교육법에 의한 학력인정 평생교육시설에 해당하지 않는다.....(중략).....또한 원고(한전)의 전기공급약관 제58조 제3항, 시행세칙 제41조 제4항에 의하면 "부대시설이라 함은 후생시설 및 교육목적 수행과 관련된 부속시설"을 의미하는데, 앞서 본 바와 같이 이 사건 평생교육원의 교육내용이 학점은행제 강좌, 자격증 강좌, 직업 및 기술 강좌, 교양 강좌, 특별 강좌 등의 평생교육강좌로 주로 지역주민들을 위한 것으로, A대학교 학생들을 위한 후생시설이라거나 A대학교의 교육목적 수행과 관련된 시설이라고 보기 어려우므로, 이 사건 평생교육원은 부대시설에 해당하지도 않는다(가사 이 사건 평생교육원은 A대학교 본교로부터 분리되어져 나와 별도의 장소에 소재하고 있는 이상 동일 전기사용계약단위 내의 부대시설이라고 할 수 없으므로, 교육용 전력이 적용될 수 없음은 마찬가지다).

한편, 초·중·고등학교의 부속 수영장을 일반인이 주로 사용하는 경우 교육용전력이 아닌 일반용전력이 적용된다.(아래 **판례 참조**)

전기공급약관 시행세칙 제41조 제2항은 전기공급약관 제58조보다 교육용전력의 대상을 구체적으로 열거하고 있지만 이를 이유로 동 시행세칙 규정이 위법하다고 볼 수는 없다.**(아래 판례 참조)**

대학교 구내의 문화회관은 교육용전력이 아닌 일반용전력이 적용된다. (아래 판례 참조)

광주고등법원 2015. 11. 12.선고 (전주)2014나2988판결(확정)

이 사건 문화회관 내 주요시설인 대공연장, 상설전시장, 제1·2 전시장, 소공연장은 2008년부터 2010년까지 A대학교의 직접적인 교수·학습활동 등의 교육목적 외에 일반인을 상대로 한 대관설치 및 공연 횟수에 따른 대관비율이 2008년 77%, 2009년 71%, 2010년 82%로 평균 77%이고, 2008년부터 2012년까지 실제 사용일수는 A대학교의 직접적인 교수·학습활동 등의 교육목적으로 593일, 그 외에 공연이나 전시 등의 일반 행사의 목적으로 1,782일 사용되어 교육목적보다 일반 행사 목적의 사용비율이 약 75%에 이른다.....(중략).....교육 본연의 목적보다 영리목적의 경제활동이 상대적으로 훨씬 더 많다고 인정되므로, 이 사건 문화회관은 공급약관 제58조, 공급약관 시행세칙 제41조에 의하여 교육용 전력이 적용되는 교육시설 내지 교육 본연의 목적 달성과 관련된 부대시설에 해당한다고 보기 어렵다.

국립국제교육원은 교육용전력이 아닌 일반용전력이 적용된다.(아래 판례 참조)

서울중앙지방법원 2013. 6. 13.선고 2011가단345557판결(항소기각 확정)

이 법원의 교육과학기술부 교육통계과장에 대한 사실조회결과에 변론 전체의 취지를 종합하면, 2012. 4. 1. 현재 설치된 초·중등교육법 및 고등교육법에 따른 각종학교에는 초등학교과정의 지구촌학교, 고등학교과정의 서울산업정보학교, 한국삼육학교, 서울실용음악학교, 선화예술학교, 예원학교, 국악학교, 서울다솜학교, 인천해밀학교, 대학 또는 전문대학과정의 한국예술종합학교, 한국전통문화대학교 등이 있는 사실을 인정할 수 있는바, 위 인정사실에 의하면, 현재 설치·운영되고 있는 각종 학교는 대부분 초·중등교육법, 고등교육법상의 각 학교와 유사한 교육기관으로서 각 그에 준하는 수업연한 및 수업일수로 운영되고 있는 것으로 보인다. 그런데 앞서 본 바와 같이 국립국제교육원이 실시하고 있는 교육과정의 수업기간은 단기3개월, 장기8개월에 불과하고, 교육과정도 국어·국사 및 우리나라의 전통문화 등 모국을 이해할 수 있는 교과목이 주를 이루고 있으므로, 국립국제교육원을 일반 정규 교육기관과 유사한 교육기관으로 보기 어렵다(피고(대한민국)는 책임운영기관의 설치·운영에 관한 법률 제

2조 제3항 제2호 및 위 법률 시행령 제1조의2 제1항 별표1에 국립국제교육원이 교육훈련형 책임기관으로 규정되어 있으므로 국립국제교육원은 각종 학교에 해당한다고 주장하나, 책임운영기관의 설치·운영에 관한 법률상 교육훈련형 책임기관으로 규정되어 있는 것만으로는 약관시행세칙상의 각종 학교에 해당한다고 보기 어려우므로, 피고(대한민국)의 위 주장은 받아들이지 아니한다).

대학교 내 기술연구소는 교육용전력이 적용된다.(아래 판례 참조)

수원지방법원 2016. 10. 13.선고 2015가합63018판결(확정)

1) 이 사건 연구소는 A공과대학의 학칙에 따라 A공과대학 캠퍼스 내에 설치된 A공과대학의 부속기관에 해당하고, 원고(한전)는 이 사건 연구소를 포함하여 A공과대학이라는 하나의 장소를 전기사용계약 단위로 하여 피고(학교법인 A학원)와 전기사용계약을 체결하였다. 2) 피고(학교법인 A학원)는 이 사건 연구소 건물을 신축하면서 주된 용도를 교육연구시설(학교)로 건축허가를 받았다. 3) 이 사건 연구소에서는 2009년에 12명, 2010년도에 13명, 2011년도에 21명, 2012년도에 24명, 2013년도에 22명, 2014년도에 16명이 각 근무하였는데, 이들은 모두 A공과대학 소속의 교수 및 교직원이었다.....(중략).....5) 이 사건 연구소가 신축된 이래 별지 수업현황 기재와 같이 매 학기마다 A공과대학 학생을 대상으로 하는 강의가 개설되었다. 6) 피고(학교법인 A학원)가 이 사건 연구소를 운영하는 것은 산업교육진흥 및 산학연력촉진에 관한 법률(이하 '산학협력법'이라 한다)에 따라 설치된 A공과대학의 산학협력단의 설치 및 운영을 위한 것으로 보이는데, 산학협력단은 교육과 연구의 연계를 기반으로 설치된 산업체와 대학의 협력조직으로서 그 설립과 운영에 있어 대학 본연의 교육적 목적이 존재한다(산학협력법 제1조).....(중략).....8) 국내 다수의 대학에서는 학칙과 산학협력법에 따라 기술연구소, 산학협력단, 학교기업 및 기타 부설연구소를 두고 있는데, 원고(한전)가 이와 같은 시설 중 일반용 전력을 공급하는 곳은 포항공과대학교 내의 기술연구소, 호서대학교 내의 산학협력연구소, 한경대학교 내의 산학협력관, 한국산업기술대 내 보건환경연구원 뿐이다. 위 인정사실에 의하면 이 사건 연구소가 이 사건 전기사용계약에 포함되어 있는 점, 이 사건 연구소의 주된 용도가 교육연구시설로서 학생들과 교직원들이 강의, 실험 등에 실제로 사용하고 있는 점에 비추어, 피고(학교법인 A학원)는 이 사건 연구소를 교수 및 학생들을 위한 교육본연의 목적을 위한 용도로도 널리 사용하고 있음을 알 수 있으므로, 이와 배치되는 듯한 앞서 본 사실만으로는 피고(학교법인 A학원)가 이 사건 전기사용계약을 위반하였음을 인정하기에 부족하고, 달리 이를 인정할 만한 증거가 없다.

Ⅴ. 산업용 전력

전기공급약관 제59조 (산업용전력)

① 산업용전력은 별표 2(산업용전력 적용대상 기준표)에서 정한고 객에게 적용합니다.

② 산업용전력은 다음과 같이 구분합니다.

  1. 산업용전력(갑)

  광업, 제조업 및 기타사업에 전력을 사용하는 계약전력 4kW 이상 300kW 미만의 고객에게 적용하며, 공급전압에 따라 다음과 같이 구분합니다.

   가. 저압전력

   표준전압 110V·220V·380V 고객

   나. 고압전력(A)

   표준전압 3,300V 이상 66,000V 이하 고객

   다. 고압전력(B)

   표준전압 154,000V 이상 고객

  2. 산업용전력(을)

  광업, 제조업 및 기타사업에 전력을 사용하는 계약전력 300kW 이상의 고객에게 적용하며, 공급전압에 따라 다음과 같이 구분합니다.

   가. 고압전력(A)

   표준전압 3,300V 이상 66,000V 이하 고객

   나. 고압전력(B)

   표준전압 154,000V 고객

   다. 고압전력(C)

   표준전압 345,000V 이상 고객

③ 제2항에도 불구하고 계약전력 300kW 이상 500kW 미만 고객이 저압으로 공급받는 경우에는 산업용전력(갑) 저압전력을 적용합니다.

④ 산업용전력은 동일 전기사용계약단위 내의 부대시설을 포함하여 적용합니다. 다만, 사택은 부대시설로 보지 않습니다.
⑤ 산업용전력(갑) 고압 고객은 별표1(월간 전기요금표)의 산업용전력(갑)Ⅱ를 적용하며 산업용전력(갑) 고압 고객 중 저압계량하는 고객에 대한 요금적용 등은 세칙에서 정하는 바에 따릅니다.

1. 개설(槪說)

산업용전력은 아래의 전기공급약관 별표2에서 정한 산업에 적용되며 사업자등록증 기준이 아닌 실제 전기사용용도를 기준으로 적용 여부가 결정된다.**(전기공급약관 시행세칙 제42조 제1항 제2호)** 따라서 일반용전력이 적용되는 관공서·군부대 등에서, 광업·제조업 활동을 위해 전기가 사용되었다면 산업용전력이 적용되어야 한다.**(전기공급약관 시행세칙 제42조 제1항 제3호)** 전기사용용도 확인을 위해 산업용전력의 전기사용자는 사업자등록증을 제출해야 하나, 부득이하게 제출할 수 없는 경우, 사업자등록증 미제출에 의해 한전이 부담해야 하는 가산세 등을 전기사용자가 부담한다는 별도의 약정을 해야 한다.**(전기공급약관 시행세칙 제42조 제1항 제4호)**

◆ 산업용전력 전용대상 기준표

[별표4]

산업용전력 전용대상 기준표

중분류	세분류
석탄, 원유, 및 천연가스 광업 (05)	석탄광업 및 천연가스 채굴업
금속광업 (06)	철광업, 비철금속 광업
비금속광물광업 (연료용제외) (07)	석회석 및 점토 광업, 석재·쇄석 및 모래자갈 채취업, 화학용 및 비료원료용 광물 광업, 천일염 생산 dlc 암염 채취업, 그 외 기타 비금속광물 광업
광업지원 서비스업 (08)	광업지원 서비스업
식료품 제조업 (10)	도축업, 육류 가공 및 저장처리업, 수산동물 가공 및 저장처리업, 수산식물 가공 및 저장처리업, 과실·채소가공 및 저장처리업, 동물성 및 식물성 유지 제조업, 낙농제품 및 식용빙과류 제조업, 곡물가공품 제조업, 전분제품 및 당류 제조업, 떡·빵 및 과자류 제조업, 설탕제조업, 면류·마카로니 및 유사식품 제조업, 조미료 및 식물 첨가물 제조업, 도시락 및 식사용 조리식품 제조업, 기타 식료품 제조업, 동물용 사료 및 조제 식품 제조업
음료 제조업 (11)	발효주 제조업, 증류주 및 합성주 제조업, 비알코올음료 및 얼음 제조업
담배제조업 (12)	방적 및 가공사 제조업, 직물 직조업, 직물제품 제조업, 편조 원단 제조업, 편조제품 제조업, 섬유제품 염색·정리 및 마무리 가공업, 카펫·마루덮개 및 유사 제품제조업, 끈·로프·망 및 끈 가공품 제조업. 그 외 기타 섬유제품 제조업
의복, 의복액세서리 및 모피제품 제조업 (14)	겉옷 제조업, 속옷 및 잠옷 제조업, 한복 제조업, 기타 봉제의복 제조업, 모피제품 제조업, 편조의복 제조업, 편조의복 액세서리 제조업, 기타 의복액세서리 제조업
가죽, 가방 및 신발 제조업 (15)	모피 및 가죽 제조업, 핸드백·가박 및 기타 보호용케이스 제조업, 기타 가죽제품 제조업, 신발제조업, 신발부분품 제조업

(제조업 spans rows 식료품 제조업 through 가죽, 가방 및 신발 제조업)

중분류	세분류
목재 및 나무 제품 제조업 (가구제외) (16)	제재 및 목재가공업, 박판·합판 및 강화목제품 제조업, 건축용 나무제품 제조업, 목재상자드럼 및 적재판 제조업, 기타 나무제품 제조업, 코르크 및 조물제품 제조업
펄프, 종이 및 종이제품 제조업 (17)	펄프 제조업, 종이 및 판지 제조업, 골판지 및 골판지 가공제품 제조업, 종이포대·판지상자 및 종이용기 제조업, 기타 종이 및 판지제품 제조업
인쇄 및 기록 매체 복제업 (18)	인쇄업, 인쇄관련 산업, 기록매체 복제업
코크스, 연탄 및 석유제품 제조업 (19)	코크스 및 연탄 제조업, 원유정제 처리업, 석유정제물 재처리업
화학물질 및 화학제품 제조업 (의학품 제외) (20)	기초 유기화학물질 제조업, 기초 무기화학물질 제조업, 무기안료·염료·유연제 및 기타 착색제 제조업, 합성고무 및 플라스틱물질 제조업, 비료 및 질소화합물 제조업, 살균·살충제 및 농약 제조업, 잉크·페인트·코팅제 및 유사제품 제조업 세제·화장품 및 광택제 제조업, 그 외 기타 화학제품 제조업, 화학섬유 제조업
의료용 물질 및 의약품 제조업 (21)	기초 의약물질 및 생물학적 제제 제조업, 완제 의약품 제조업, 한의약품 제조업, 동물용 의약품 제조업, 의료용품 및 기타의 약관련제품 제조업
고무제품 및 플라스틱 제품 제조업 (22)	고무타이어 및 튜브생산업, 기타 고무제품 제조업, 제1차 플라스틱제품 제조업, 건축용 플라스틱 제품 제조업, 포장용 플라스틱제품 제조업, 기계장비 조립용 플라스틱제품 제조업, 플라스틱 발포성형제품 제조업, 기타 플라스틱제품 제조업
비금속 광물제품 제조업 (23)	판유리 및 판유리 가공품 제조업, 산업용 유리 제조업, 기타 유리 제품 제조업, 일반도자기 제조업, 내화 요업제품 제조업, 비내화 일반 도자기 제조업, 건축용 비내화 요업제품 제조업, 시멘트·석회 및 플라스터 제조업, 콘크리트·레미콘 및 기타 시멘트 및 플라스터 제품 제조업, 석제품 제조업, 그 외 기타 비금속 광물제품 제조업
1차 금속제조업 (24)	제철·제강 및 합금철 제조업, 철강압연·압출 및 연신제품 제조업, 철강관 제조업, 기타 1차 철강 제조업, 비금철 금속 제련·정련 및 합금 제조업, 비철금속 압연·압출 및 연신제품 제조업, 기타 1차 비철금속 제조업, 철강주조업, 비철금속 주조업
금속가공 제품 제조업 (기계 및 가구제외) (25)	구조용 금속제품 제조업, 산업용 난방보일러, 금속탱크 및 유사용기 제조업, 핵 반응기 및 증기 보일러 제조업, 무기 및 총포타나 제조업, 금속단조·입형 및 분말야금 제품 제조업, 금속 열처리·도금 및 기타 금속가공업, 날붙이·수공구 및 일반철물 제조업, 금속파스너·스프링 및 금속선 가공제품 제조업, 그 외 기타 금속가공제품 제조업

제조업 (좌측 세로 라벨)

중분류		세분류
제조업	전자부품·컴퓨터·영상·음향 및 통신장비 제조업 (26)	전자집적회로 제조업, 다이오드·트랜지스터 및 유사 반도체소자 제조업, 표시장치 제조업, 인쇄회로기판 및 전자부품 실장기판 제조업, 기타 전자부품 제조업, 컴퓨터 제조업, 기억장치 및 주변기기 제조업, 유선 통신장비 제조업, 방송 및 무선 통신장비 제조업, 텔레비전·비디오 및 기타 영상기기 제조업, 오디오·스피커 및 기타 음향기기 제조업, 마그네틱 및 광학 매체 제조업
	의료, 정밀, 광학기기 및 시계 제조업 (27)	방사선장치 및 전기식 진단기기 제조업, 기타 의료용 기기 제조업, 측정·시험·항해·제조 및 기타 정밀기기 제조업, 사진장비 및 광학기기 제조업, 시계 및 시계부품 제조업
	전기장비 제조업 (28)	전동기·발전기 및 전기 변환장치 제조업, 전기공급 및 제어장치 제조업, 일차전지 및 축전지 제조업, 절연선 및 케이블 제조업, 전구 및 램프 제조업, 조명장치 제조업, 가정용 전기기기 제조업, 가정용 비전기식 조리 및 난방기구 제조업, 기타 전기장비 제조업
	기타 기계 및 장비 제조업 (29)	내연기관 및 터빈 제조업(항공기용 및 차량용 제외), 유압기기 제조업, 펌프 및 압축기 제조업(탭·밸브 및 유사장치 제조 포함), 베어링·기어 및 동력전달장치 제조업, 산업용 오븐·노 및 노용버너 제조업, 산업용 트럭·승강기 및 물품취급장비 제조업, 냉각·공기조화·여과·증류 및 가스발생기 제조업, 사무용 기계 및 장비 제조업, 기타 일반목적용 기계 제조업, 농업 및 임업용 기계 제조업, 가공공작기계 제조업, 금속주조 및 기타 야금용기계 제조업, 건설 및 광업용 기계장비 제조업, 음·식료품 및 담배 가공기계 제조업, 섬유·의복 및 가죽가공 기계 제조업, 반도체 및 디스플레이 제조용 기계 제조업, 산업용 로봇 제조업, 기타 특수목적용 기계 제조업
	자동차 및 트레일러 제조업 (30)	자동차용 엔진 제조업, 자동차 제조업, 자동차 차체 및 트레일러 제조업, 자동차 엔진용 신품 부품 제조업, 자동차 차체용 신품 부품 제조업, 자동차용 신품 동력전달장치 및 전기 장치 제조업, 자동차용 기타 신품 부품 제조업, 자동차 재제조 부품 제조업
	기타 운송 장비 제조업 (31)	선박 및 수상부유 구조물 건조업, 오락 및 스포츠용 보트 건조업, 철도장비 제조업, 항공기·우주선 및 보조장치 제조업, 항공기용 엔진 및 부품 제조업, 전투용 차량 제조업, 모터사이클 제조업, 그 외 기타 분류 안된 운송장비 제조업
	가구 및 기타 제품 제조업(32)	침대 및 내장가구 제조업, 목재가구 제조업, 기타 가구 제조업
	기타제품 제조업 (33)	귀금속 및 관련제품 제조업, 모조 귀금속 및 모조 장신용품 제조업, 악기 제조업, 운동 및 경기용구 제조업, 인형·장난감 및 오락용품 제조업, 간편 및 광고물 제조업, 사무 및 회화용품 제조업, 가발·장식용품 및 전시용 모형 제조업, 그 외 기타 분류 안된 제품 제조업

중분류	세분류
기 타 사 업	① 농사용전력을 적용하지 아니하는 농업·임업 및 어업과 농·축·수 산물의 건조·냉동 및 저온보관 고객 ② 작물시험장의 시험용 설비에 사용하는 전력(다만, 생산량의 대부 분을 출하할 경우에는 그 설비에 대하여 농사용전력을 적용함) ③ 연료용 가스제조 및 배관공급업 ④ 수도법에 의한 수도사업(주민이 공동관리 유지하는 비영리 간이 상수도 및 학교·군부대·기업체·종교단체 등의 기관이 운영하는 자 가수도시설 및 고객이 희망하는 아파트의 상수도 가압설비포함) ⑤ 전기철도사업 ⑥ 자동양곡 하역 및 저장업 ⑦ 수질 및 수생태계 보전에 관한 법률에 의한 수질오염 방지시설 및 폐수처리시설 ⑧ 하수도법에 의한 하수·오수·분뇨 처리시설 ⑨ 건설폐기물의 재활용촉진에 관한법률에 의한 건설 폐기물처리업 및 폐기물관리법에 의한 폐기물 소각시설 ⑩ 유수지배수펌프장 ⑪ 근로자직업능력개발법에 의한 직업능력개발훈련시설로서 실험 및 공작시설을 갖춘 기관 ⑫ 집단에너지사업법에 의한 열공급 사업자의 집단에너지 공급을 위 한 열의 생산 및 송출용전력 ⑬ 전기사업법에 의한 발전사업 ⑭ 송유관안전관리법에 의한 송유관 설치자 및 관리자의 송유관시설 ⑮ 자동차관리법에 의한 자동차 해체 재활용 사업장 ⑯ 항만법에 의한 무역항의 하역시설(조명시설 포함) 및 컨테이너 냉동·내장시설 ⑰ 산업기술혁신 촉진법에 의한 전문생산기술연구소 ⑱ 전시산업발전법에 의한 전시시설 중 옥내 전시 연면적이 2천제 곱미터 이상인 무역견본품의 전시시설과 50인 이상을 수용할 수 있는 회의실을 모두 갖춘 전시시설 ⑲ 대기환경보전법에 의한 저공해 자동차의 천연가스 연료공급시설 ⑳ 산업기술단지 지원에 관한 특례법에 의하여 산업통상자원부장관 이 지정한 테크노파크 ㉑ 물류정책기본법에 의한 물류터미널 ㉒ 관세법에 의한 보세구역내의 ODCY(Off-Dock Container Yard) ㉓ 산업집적활성화 및 공장설립에 관한법률에 의한 지역산업기반구 축사업으로 설치된 시설 ㉔ 전자문서 및 전자거래기본법에 의하여 미래창조과학부장관이 지 정한 전자상거래지원센터 ㉕ 〈삭제〉 ㉖ 산업기술혁신 촉진법에 의한 설치된 기술 연구시설

전기공급약관 별표2의 '기타사업'에도 산업용 전력이 적용된다. '기타사업'의 자세한 내용은 전기공급약관 시행세칙 제42조 제2항에서 규정하고 있다. 실무상 자동차 정비업자가 각 시설을 구분하여 별도의 전기사용계약을 체결하였다면 자동차 판금·도장시설에는 산업용 전력이, 자동차점검 및 일반수리시설에는 일반용전력이 적용된다.

한편, 산업용전력(갑)은 계약전력 4KW이상 300KW 미만의 전기사용자에게 적용되고, 산업용전력(을)은 계약전력 300KW이상의 전기사용자에게 적용된다. 단, 계약전력 300KW이상 500KW미만의 저압 전기사용자는 산업용전력(갑) 저압전력이 적용된다. 또한 되며, 교육용전력(을) 전기사용자 중 초·중등교육법에 따른 학교는 교육용전력(갑) 고압전력이 적용될 수 있다. 산업용전력은 동일 전기사용계약 단위 내의 부대시설에도 적용되나, 사택에는 적용되지 않는다. 이때 부대시설은 주된 시설의 전기설비 용량을 초과하지 않아야 한다.**(전기공급약관 시행세칙 제38조 제4항)**

2. 법적쟁점(法的爭點)

전기공급약관 별표 2의 '기타사업' 중 '②작물시험장의 시험용 설비에 사용하는 전력(다만, 생산량의 대부분을 출하할 경우에는 그 설비에 대하여 농사용전력을 적용함)'의 의미에 대해 판례는 아래와 같이 판시하였다.**(아래 판례 참조)**

춘천지방법원 강릉지원 2016. 11. 2.선고 015가단21789판결(상고기각 확정)

이 사건 약관 제59조, 별표 2의 규정은 문언상 작물시험장에서 사용하는 전력이라고 하여 모두 산업용 전력인 것은 아니고 '시험용 설비'에 사용하는 전력만을 산업용 전력으로 분류하는 것임이 명백한 것으로 보일 뿐 아니라, 설령 위 규정을 '작물시험장에서 사용하는 전력은 모두 산업용 전력'이라고 해석할 여지가 있다 하더라도 '작성자 불이익 해석의 원칙'에 비추어 전자와 같이 해석하는 것이 타당하다.

'원고(한전)는 국립식량과학원의 연구시설에 전기공급을 시작하면서 현재까지 산업용 전력 요금을 적용해 왔으나, 최근 국립식량과학원의 전기사용실태 현장 확인 결과 연구시설과 부대시설 및 시험재배용 유리온실이 혼재되어 있어, 2010. 3.분 요금부터 전기사용 계약종별을 일반용 전력(갑)으로 변경하고 아울러 지난 3년간 잘못 청구된 전기요금 정산금 112,514,320원을 청구합니다' 라고 통지하였다.....(중략).....국립식량과학원의 모든 설비가 약관 제59조의 별표2[산업용전력 적용대상 기준표 중 기타사업]의 '작물시험장의 시험용설비'에 해당된다는 피고(대한민국)의 주장에 관하여 살펴본다.....(중략).....표준산업분류상 대분류 M(전문, 과학 및 기술 서비스업) 중 '농학연구개발업(70112)'에 해당하는 사실이 인정된다. 이에 의하면 국립식량과학원은 계약종별상 일반용 전력의 적용대상으로 원칙적으로는 그 설비에 사용되는 전기에는 일반용 전력이 적용되어야 할 것인데 원고(한전)가 약관 제59조의 별표2[산업용전력 적용대상 기준표 중 기타사업]으로 분류하여 '작물시험장의 시험용설비'에 산업용 전력을 적용하도록 한 취지는 국립식량과학원의 전기사용의 주용도 및 주된 경제활동이 산업용 전력에 해당하는 것은 아니지만 정책적 필요에 따라 관련업종의 육성발전을 도모하고자 원가 이하의 값싼 전기 요금을 적용하도록 하는 것이다. 그러므로 약관 제59조의 별표2[산업용전력 적용대상 기준표 중 기타사업]의 해석과 적용은 예외적·한정적으로 하여야 하고 확대해석하여서는 안 된다고 할 것이다. 산업용 전력은 광업, 제조업 분야와 특별히 정한 사업 분야의 생산원가 절감을 통하여 공산품가격을 안정시킴으로써 경제발전에 기여할 목적으로 정책적 필요에 따라 타 종별의 단가보다 싼 값으로 공급하는 전력으로서 특정목적에만 사용하도록 제한된 특례전기이고, 전기요금에 있어서도 산업용 전력은 일반용 전력의 75%에 불과하며, 약관 및 시행세칙의 계약종별에 관한 규정을 보면 산업용이나 농사용 전력처럼 원가 이하로 공급되는 전력은 적용대상을 명시하여 예외적으로 특례 적용하도록 하고 있기 때문이다. 따라서 산업용 전력의 적용사업을 규정한 별표2 중 '작물시험장의 시험용 설비'는 작물을 시험재배하는데 제공되는 설비에 한정된다고 보는 것이 타당하므로 국립식량과학원의 작물시험장의 시험용설비 외에 '연구용설비'나 '시험재배 외의 설비' 등 모든 설비가 위 '작물시험장의 시험용설비'에 해당한다고 보기는 어렵다.

소각시설 부지에 건립된 레포츠센터의 경우 산업용이 아닌 일반용 전력이 적용된다.(아래 판례 참조)

A레포츠센터는 폐기물처리시설 설치촉진 및 주변지역지원 등에 관한 법률 제

20조 및 같은 법 시행령 제24조에 이 사건 소각시설의 부지에 건립된 주민편익시설로서.....(중략).....원고(한전)로부터 산업용 전력을 송전받아 A레포츠센터에 필요한 전기를 사용하고 있다.....(중략).....피고(B공단)는, A레포츠센터는 이 사건 소각시설 설치주변지역 주민들의 복지증진 등을 위하여 폐기물처리시설 설치촉진 및 주변지역지원 등에 관한 법률 및 시행령에 따라 이 사건 소각시설에 부수하여 설치가 강제된 필요불가결한 부대시설이고, 폐기물시설과 일체를 이뤄 함께 관리되고 있는 사정 등에 비추어 A레포츠센터는 폐기물처리시설의 부대시설로서 산업용 전력요금의 적용대상이라는 취지로 주장한다. 살피건대, 이 사건 약관과 시행세칙에 의하면, 전력의 사용주체보다는 전기사용용도를 기준으로 계약종별이 구분되고, 산업용 전력은 광업, 제조업에 사용되는 경우에 적용되는 것으로 이 사건 소각시설은 건설폐기물의 재활용촉진에 관한 법률에 의한 건설폐기물처리업 및 폐기물관리법에 의한 폐기물 소각시설에 해당하여 산업용 전력요금의 적용을 받을 수 있는 것이고, 이 사건 시행세칙 제42조 제2항 제1호 마항에서 정한 '폐기물 소각시설과 동일 구내의 사무실 등 부대설비'란 그 입법취지에 비추어 폐기물 소각시설을 관리하거나 사용·수익에 필요한 범위 내에서의 시설을 의미하는 것으로 보임에 반하여 A레포츠센터는 이 사건 소각시설을 건설하는 과정에서 주민들의 민원해소를 위하여 건립된 주민들을 위한 교육·복시시설인데다가, 실제로도 주민들을 위한 용도로 사용되고 있는 점 등에 비추어 보면, 실제 용도를 기준으로 A레포츠센터에서 사용되어야 할 전력의 계약종별은 일반용 전력에 해당하는 것으로 봄이 상당하고, A레포츠센터가 주민들의 이 사건 소각시설 반대를 무마하기 위하여 건립되었다는 사정만으로 이 사건 시행세칙 제42조 제2항 제1호 마항에서 정한 '폐기물 소각시설과 동일 구내의 사무실 등 부대설비'에 해당한다고 보기는 어렵다. 따라서 피고(B공단)의 위 주장은 이유 없다.

전기공급약관 별표2의 '기타사업' 중 '⑤전기철도사업'에 철도고객센터가 포함되는지 문제된다. 이에 대하여 판례는 전기철도사업의 일부이므로 산업용 전력이 적용된다고 판시하였다. 한편, 실무상 전기철도 사업자가 직접 운영하는 점포에는 산업용전력이, 일반인이 운영하는 점포에는 일반용전력이 적용되고 있다. 또한 실무상 자판기는 산업용 부대시설로서 산업용전력이 적용되고 있다.**(아래 판례 참조)**

대전고등법원 2013. 3. 20.선고 2012나1250판결(확정)

원고(한전)는, 코레일네트웍스의 업무는 표준산업분류상 콜센터 내지 텔레마케팅 서비스업에 해당하는 것으로서 전기철도사업에 속한다고 볼 수 없는 점, 철도이용정보제공 및 승차권예약 등의 업무 중 디젤기관차를 이용하는 승객들을 위한 업무는 전기철도사업에 해당한다고 볼 수 없는 점, 설령 위 업무가 전기철도사업에 해당한다 하더라도 코레일네트웍스가 그 밖에 주로 여행정보 제공, 텔레마케팅 등의 서비스업 운영 및 직원들의 교육을 위한 장소로 이 사건 건물을 사용하고 있는 점 등에 비추어 보면, 코레일네트웍스의 업무는 전기철도사업에 해당하지 아니한다고 주장한다. 살피건대, 코레일네트웍스의 철도고객센터 업무가 전기철도사업과는 무관한 콜센터 내지 텔레마케팅서비스업에 불과하다거나 코레일네트웍스가 여행정보 제공, 텔레마케팅 등의 서비스업 운영 및 직원들의 교육을 주된 용도로 하여 이 사건 건물을 사용하여 왔다는 점은 이를 인정할 증거가 없다. 오히려 피고(A공사)가 비용절감 등을 위해, 피고(A공사)의 직원을 통하여 전국적으로 운영하여 오던 철도고객센터 업무 중 철도이용정보제공 및 승차권예약 등의 업무를 코레일네트웍스에 위탁하였던 점, 코레일네트웍스의 교육장, 상담실, 전산실, 휴게실 등은 이 사건 건물 내 철도고객센터의 필수적 구비시설로서 직접적으로 철도이용정보제공 및 승차권예약 등의 업무를 위한 것이거나 그 부대시설에 해당하는 점, 원고(한전)가 전기사용자와 사이에 전력사용계약을 체결함에 있어 전기사용자의 주된 경제활동에 따라 계약종별을 구분하여 적용하고 있는 점, 원고(한전)가 2004. 12. 27.자로 '전기철도사업고객 전기사용관련지침'을 개정한 주된 취지는, 전기철도역사와 부대시설도 전기철도사업에 사용되는 것으로 보아 산업용 전력을 공급하되, 다만 광고나 임대점포 등 전기철도사업과 무관한 수익사업 부분에 대하여는 일반용 전력을 적용하기 위한 것으로 보이는 점, 전기철도사업구간의 운행정보제공 및 승차권 예약·발권 등의 업무는 그 자체로 전기철도사업의 운영을 위한 것으로서 전기철도사업의 업무에 속한다고 봄이 상당한 점, 전국에 산재한 역사에서 피고(A공사)의 직원에 의해 철도이용정보제공 및 승차권예약 등의 업무가 이루어지는 경우와는 달리, 관계법령에 의해 설립된 별개의 법인이 위와 같은 업무를 위탁받아 수행하는 경우만을 전기철도사업과 무관한 것으로 보아 계약종별을 달리 적용하여야 한다고 볼 근거도 찾기 어려운 점, 코레일네트웍스의 위와 같은 업무 중 전기철도사업구간이 아닌 일부 구간에 대한 철도이용정보제공 등의 업무가 포함되어 있다 하더라도, 위 '전기철도사업고객 전기사용관련지침' 및 이 사건 제2차 산업용 전력 사용계약의 내용, 시행세칙 제42조 제2항 제5호의 규정[(전기기관차는 물론 디젤기관차도 포함한) 철도차량을 전문으로 수선하는 시설에 대하여 산업용 전력의 계약종별을 적용한다는 내용] 등에 비추어 볼 때, 전기기관차가 아닌 기관차에 대한 이용정보제공 및 승차권 예약 등 업무만을 구분하여 일반용 전력 적용대상으로 삼아야 한다고 볼 수도 없는 점 등 앞서 본 인정사실에 의하여 알 수 있는 여러 사정들을 종합하면, 코레일네트웍스가 이 사건 건물에서 수행하는 위탁업무는 전기철도사업에 해당하는 것으로서 원고(한전)의 약관 및 시행세칙에 의하더라도 산업용 전력의 적용대상에 포함된다고 봄이 상당하므로, 원고(한전)의 이 부분 주장 역시 이유 없다.

한국산업인력공단의 직업훈련시설은 전기공급약관 별표2의 '기타사업' 중 '⑪근로자직업능력개발법에 의한 직업능력개발훈련시설로서 실험 및 공작시설을 갖춘 기관'에 해당하지 않으므로, 일반용전력이 적용된다.(아래 판례 참조)

부산지방법원 2017. 5. 25.선고 2016나54220판결(상고기각 확정)

구 한국산업인력공단법(2005. 12. 30. 법률 제7824호로 개정되기 전의 것) 제6조는, 피고(한국산업인력공단)의 사업으로 '직업능력개발훈련시설의 설치·운영 및 직업능력개발훈련의 실시·지도'(제1호)를 규정하고 있었으나, 2008. 12. 31. 법률 제9320호로 개정되어 같은 날 시행된 한국산업인력공단법 제6조는, 위 '직업능력개발훈련시설의 설치·운영 및 직업능력개발훈련의 실시·지도'를 피고(한국산업인력공단)의 사업에서 제외하고, 다만 '직업능력개발훈련 실시를 위한 [기능대학법]에 따른 기능대학의 설립·운영'(제2호), '[근로자직업능력개발법] 제2조 제2호에 따른 직업능력개발사업(직업능력개발훈련은 제외한다)'(제3호)을 피고(한국산업인력공단)의 사업으로 규정하였다(기능대학법 제21조 제3항은 '직업훈련관계법령을 적용함에 있어서 기능대학은 [근로자직업능력개발법] 제2조 제3호의 규정에 의한 직업능력개발훈련시설로 본다'라고 규정하고 있다). 이에 원고(한전)는 2015. 7. 22.경 피고(한국산업인력공단)에게, 최초 전기사용신청 후 사업종류 변경이 있을 경우에는 원고(한전)의 전기공급약관 제51조 제1항 및 전기공급약관 시행세칙 제34조 제5호에 따라 고객은 변경일로부터 1개월 내에 그 내용을 원고(한전)에게 통지해야 하는데도 피고(한국산업인력공단)는 사업종류 변경 이후에도 기존 계약종별로 계속 적용받고 있어 면탈요금 및 기타요금이 발생되고 있으므로 2015. 7. 31.까지 산업용전력(을) 고압A에서 일반용전력(을) 고압A로 계약종별을 변경신청할 것을 요청함과 동시에 면탈요금 등 기타요금에 대하여는 추후 협의 후 산정할 예정임을 고지하였다.....(중략).....피고(한국산업인력공단)는, 근로자직업능력개발법 제2조 제3호 가목의 "대통령령으로 정하는 공공단체"에 해당하기는 하나(같은 법 시행령 제2조), 앞서 본 바와 같이, 한국산업인력공단법의 개정에 따라 2008. 12. 31.부터 '직업능력개발훈련시설의 설치·운영'이 피고(한국산업인력공단)의 사업에서 제외된 이상, 전기공급약관 제59조 제1항, 별표2(산업용전력 적용대상 기준표)의 '기타사업의 세분류' 중 '⑪ 근로자직업능력개발법에 의한 직업능력개발훈련시설로서 실험 및 공작시설을 갖춘 기관'에 해당한다고 볼 수 없어 산업용 전력 적용대상이 되지 않는다 할 것이므로, 2008. 12. 31. 이후의 피고(한국산업인력공단)의 전기사용행위는 전기공급약관위반(계약종별위반)에 해당한다.

구 전기공급약관(2013. 11. 21. 시행) 별표 2의 '기타사업' 중 '⑯ 항만법에 의한 무역항의 하역시설 및 컨테이너 냉동·냉장시설'은 현재 '⑯ 항만법에 의한 무역항의 하역시설(조명시설 포함) 및 컨테이너 냉동·냉장시설'으로 개정되었다. 그러나 하급심은 구 전기공급약관(2013. 11. 21. 시행) 별표 2의 '무역항의 하역시설'에 조명시설은 포함되지 않는다고 판시하였다.(아래 판례 참조)

서울중앙지방법원 2013. 9. 12.선고 2013가단5030946판결(확정)

국토해양부로부터 야간 하역작업을 위한 조명시설도 하역시설에 포함된다는 유권해석을 받은 사실을 인정할 수 있으나.....(중략).....① 전기공급약관 제57조는 계약종별에 관하여 주택용전력·교육용전력·산업용전력·농사용전력·가로등·예비전력·임시전력의 적용 요건을 열거하면서 그에 해당하지 아니하는 경우 일반용전력을 적용하도록 규정하고 있으므로, 산업용전력을 적용하기 위해서는 공급된 전력이 약관에 열거된 용도로 사용되는 경우여야 할 것인 점, ② 전기공급약관 제59조 제1항 별표2 기타사업 (16)에는 '항만법에 의한 무역항의 하역시설'을 산업용전력 공급대상으로 규정하고 있고, 항만법 제2조 5. 나의 (2)항은 하역시설을 '고정식 또는 이동식 하역장비, 화물이송시설, 배관시설 등'으로 규정하고 있는데, 위 (2)항에는 같은 조 5. 나의 (1)항과 달리 조명시설이 명시적으로 기재되어 있지 아니한 점, ③ 원고(H공사)의 하역장비인 크레인은 전기를 사용하지 않는 유압식이어서 이 사건 전력시설에 포함되지 아니하고, 이 사건 전력시설에는 675개의 조명탑과 휴게소, 초소 등이 포함되어 있는데, 위 조명탑은 모두 감포항의 부두 옆 도로가에 설치되어 야간에 부두의 하역시설과 물류시설 등을 모두 비추고 있는 점, ④ 위 조명탑이 야간 하역작업에 이용된다고 하더라도 이 사건 전력시설에서 사용된 전력의 대부분이 위 조명탑에 공급되었음을 인정할 자료가 없는 점 등을 더하여 보면, 앞서 인정한 사실만으로는 이 사건 전력시설이 전기공급약관상의 항만법에 의한 무역항의 하역시설에 포함되어 산업용전력 공급대상이 된다고 보기 어렵고, 달리 이를 인정할 증거가 없다. 따라서 이와 다른 전제에 선 원고(H공사)의 주장은 이유 없다.

전기공급약관 별표 2의 '기타사업' 중 '㉚소프트웨어산업진흥법에 의한 소프트웨어진흥시설 및 단지' 내의 구내식당 등에는 산업용전력이 적용된다.(아래 판례 참조)

첫째, 피고(한전)는 법 제24조에 따른 신고를 마친 소프트웨어사업자에 한정되어 산업용 전력요금이 적용된다고 주장한다. 그러나 법 제2조 제7호 및 제5조, 시행령 제3조 제2항이 규정하는 소프트웨어진흥시설의 지정을 위한 전제가 되는 '소프트웨어사업자'는 법 제2조 제4호의 '소프트웨어사업을 영위하는 자'이고, 법 제24조의 신고를 요건으로 하지 않으므로, 피고(한전)의 주장은 이유 없다. 둘째, 피고(한전)는 산업용 전력요금이 '소프트웨어사업자'에게만 적용되고 '지원시설'에는 적용될 수 없다고 주장한다. 그러나 원·피고 사이의 전기사용계약에 '전기사용용도: 소프트웨어진흥시설'이 명시되어 있고, 피고(한전)의 전기공급약관 제59조 제1항 별표2 기타사업 제33호도 산업용 전력요금 적용대상자로 '법에 의한 소프트웨어진흥시설'을 명시하고 있는데, 법 제5조 및 시행령 제3조 제2항 제3호가 소프트웨어진흥시설에 소프트웨어사업자와 그 지원시설이 포함됨을 전제로 하고 있으므로 피고(한전)의 위 주장도 이유 없다. 셋째, 피고(한전)는 산업용 전력요금이 적어도 '적법한 지원시설'에만 적용되고, '법적 근거가 없는 지원시설'에는 적용될 수 없다고 주장한다. 시행령 제3조 제2항 제3·4호, 고시 제3·4조 , 특조법 시행규칙 제4조, 특조법 시행령 1·2의 각 제2조에 따르면, 소프트웨어진흥시설에는 일정한 범위 내에서 지원시설·공용이용시설·편의시설이 존재할 수 있으므로, '지원시설'을 제외한 공용이용시설·편의시설은 산업용 전력요금을 적용받을 수 없다는 취지의 피고(한전)의 주장은 이유 없다. 이 사건 시설 중 적법한 지원시설 여부가 문제되는 ① 지하 1층 구내식당 355m²는 전기공급약관 시행세칙 제10조의2 제3항, 제38조 제4항에서 정한 '부대시설'로 이 사건 시설의 주된 전기사용계약단위에 포함되거나 정보통신부장관으로부터 이 사건 시설이 소프트웨어진흥시설로 지정될 당시부터 이미 '지원시설'로 인정되었고, ② 2층 재단법인 한국승강기안전기술원 164m² 및 4층 한국무역협회 183m²는 이 사건 시설이 소프트웨어진흥시설로 지정될 당시부터는 물론 2009. 12. 16. 소프트웨어진흥시설의 사후관리 실태조사에서도 여전히 '지원시설'로 인정되었으며, ③ 7층 원로과학기술자라운지 80m² 및 사단법인 한국기술사업화진흥협회 50m²는 2009. 12. 16. 소프트웨어진흥시설의 사후관리 실태조사에서 '지원시설'로 인정되었기에 이 사건 시설에는 부적법한 지원시설이 존재하지 않으므로, 피고(한전)의 위 주장은 이러한 점에서도 이유 없다. 넷째, 피고(한전)는 원고(재단법인00)가 전기사용계약상 순수하게 소프트웨어진흥시설로 사용하기로 하였으나 이를 위반하여 지원시설 명목의 은행 등으로 사용하였다고 주장한다. 피고(한전)의 주장은 전기사용계약상 이 사건 시설을 '소프트웨어사업자'만 사용해야 한다는 취지로 보이나, 앞서 본 바와 같이 소프트웨어진흥시설이 소프트웨어사업자와 지원시설·공용이용시설·편의시설을 포함하고 있는 이상, 피고(한전)의 위 주장도 이유 없다.

전기사용자가 포장재 세정 사업을 하는 경우, 일반용전력이 적용된
다.(아래 판례 참조)

대구지방법원 2002. 1. 16.선고 2001나14359판결(항소기각 확정)

피고(한전)의 자체감사결과, 원고(A주식회사)는 N주식회사(이하 N)와 사이에
위 회사의 TV브라운관 플라스틱 포장재를 세정, 납품하기로 하는 포장재 세정
위탁계약을 체결하고, N이 TV브라운관의 포장재로 사용한 후 수거한 플라스틱
포장재를 N으로부터 교부받아 원고(A주식회사)의 위 공장에서 이를 분해아혀
세착하고 건조한 후, 이를 다시 재조립하여 비닐포장한 다음, N에 납품하여 N
이 재활용할 수 있도록 하는 사업을 하고 있다는 사실이 밝혀졌고, 이에 피고
(한전)가 통계청에 원고(A주식회사)가 하는 사업의 한국표준산업분류표상 산
업유형을 질의하여 통계청으로부터 원고(A주식회사)가 영위하는 산업유형이
통계청의 한국표준산업분류표상 '75923 산업설비청소업'에 해당한다는 답변을
듣고......(중략).....원고(A주식회사)의 사업이 피고(한전)의 전기공급규정상 산
업용 전력의 공급대상이 되는 제조업에 해당하는가의 점에 관하여 보건대, 갑
제8호증, 갑 제9호증의 1,2, 갑제11,12호증, 을 제7,8,9호증의 각 1,2의 기
재와 원심의 통계청에 대한 사실조회결과에 변론의 전취지를 더하여 보면, 통
계청에서 고시한 한국표준산업분류표에 의하면, 원고(A주식회사)가 자신의 사
업이 그에 해당하는 제조업체라고 주장하는 '25232 포장용 플라스틱 성형용
기제조업'은 '플라스틱 물질을 성형하여 병,통,상자 등의 플라스틱 포장용 또는
운반용의 용기, 마개 및 관련 제품을 제조하는 산업활동'을 '2529 기타 플라
스틱 제조업'은 '플라스틱 발포성형제품, 표면도표제품 등의 기타 성형제품 및
1차 형재의 가공품을 제조하는 산업활동'을, '37200 재생용 비금속가공원료
생산업'이란 '가죽 및 섬유제품, 고무, 플라스틱, 종이 및 기타 비금속의 웨이
스트, 스크랩 및 기타 재생용 비금속 물질을 기계적 또는 화학적으로 처리하여
특정제품의 제조공정에 직접 투입하기에 적합한 일정형태의 새로운 원료 상태
로 전환하는 산업 활동'을 말한다고 규정하고 있고, 원고(A주식회사)의 법인등
기부와 사업자등록증상의 사업목적인 플라스틱 성형제품 제조업과 관련해서는
'25232 산업용 강화 플라스틱 성형제품 제조업'은 '원료 상태의 플라스틱 물
질을 강화 성형하여 각종 기계 및 장비 또는 각종 제품의 조립용 구성품 및
부분품으로 사용되는 산업용 강화플라스틱 제품을 제조하는 산업활동'으로,
'25239 달리 분류되지 않은 강화 플라스틱 성형제품 제조업'은 '원료상태의
플라스틱 물질을 강화 성형하여 별게 이외의 강화플라스틱 성형제품을 제조하
는 산업활동'을 말한다고 규정하고 있는 사실, 그에 비하여 피고(한전)가 원고
(A주식회사)의 사업유형이라고 주장하는 '75923 산업설비 청소업'이란 '산업
용 설비 및 기계, 배관 및 저장탱크, 상하수도관 등을 기계적, 화학적 방법에
의하여 세척 및 청소하는 산업활동을 말한다고 규정하고 있는 사실을 인정할
수 있고, 반증이 없으며, 한편, 실제로는 원고(A주식회사)가 N주식회사와 사이
에 위 회사의 TV브라운관 플라스틱 포장재를 세정, 납품하기로 하는 포장재

세정위탁계약을 체결하고, N이 TV브라운관의 포장재로 사용한 후 수거한 플라스틱 포장재를 N으로부터 교부받아 원고(A주식회사)의 위 공장에서 이를 분해하여 세척하고 건조한 후, 이를 다시 재조립하여 비닐포장한 다음, N에 납품하여 N이 재활용할 수 있도록 하는 사업을 한 사실 및 피고(한전)의 전기공급규정상 산업용 전력의 공급대상이 되는 광업, 제조업 등의 산업분류는 통계청에서 작성 고시한 한국표준산업분류를 기준으로 작성되었고, 그 광업, 제조업 및 기타 사업의 내용이 불분명한 경우에는 피고(한전)가 정하는 방에 따르기로 정하여 진 사실은 앞에서 본 바와 같은바, 위 인정에 나타난 바와 같이 피고(한전)의 전기공급규정상 산업용 전력의 공급대상이 되기 위하여는 원고(A주식회사)의 경우 위 규정 별표 2의 '제조업'에 해당하여야 하는데, 원고(A주식회사)의 사업내용은 TV포장재로 사용된 플라스틱 제품을 재활용하기 위하여 세척하여 포장하고 납품하는 것으로, 그 세척을 하기 위하여 분해하고, 세척을 한 후 조립하며, 그 과정에서 일부 파손된 물품을 보충하여 조립한다고 하더라도 이는 부수적인 것에 지나지 아니하므로 그러한 일련의 과정이 피고(한전)의 전기공급규정상 산업용 전력의 공급대상이 되는 '플라스틱제품의 제조행위'에 해당한다고 보기 어려울 뿐만 아니라.....(중략).....원고(A주식회사)의 위 주장도 이유 없다.

전기공급약관 시행세칙 제42조 제2항 제7호는 제빙·냉동업을 하는 전기사용자가 '타인의 제품'만을 위탁보관하는 경우 산업용 전력을 적용할 수 없다고 규정하고 있는데, 여기서 '타인의 제품'은 제빙·냉동업과 관련없는 제품도 포함한다.**(아래 판례 참조)**

서울중앙지방법원 2013. 10. 2.선고 2012가합79434판결(항소기각 확정)

원고 주식회사 A냉장(이하 '원고 A냉장'이라 한다)은 1991. 8.경 이천시 신둔면 수남리 90소재 사업장(이하 '제1사업장'이라 한다)에서 제빙업·농축수산물 냉동업을 영위하는 것으로 사업자등록을 한 다음.....(중략).....산업용 전력의 계약종별을 적용받기로 하는 전기공급계약을 체결하고 그에 따라 전기를 공급받아 왔다.....(중략).....제1,2사업장의 냉장실에 농수축산물 외에 일반제품도 함께 보관되어 있는 것을 확인하였다.....(중략).....전기공급약관 시행세칙 제42조는 산업용 전력의 적용기준에 관한 규정으로, 제1항에서 그 일반적 적용기준을 전기공급약관의 [별표2] 산업용 전력 적용대상 기준표(이하 '이 사건 적용기준표'라 한다)에 따르도록 하는 한편, 제2항 각 호에서는 산업의 특성에 따른 개별적·예외적 적용기준을 정하고 있는데, 그 중 제7호가 이 사건 세칙 조항이다. 이러한 관련 규정의 체계와 내용에 비추어 이 사건 세칙조항의 '제빙업'이나 '냉동업'은 산업용 전력의 적용대상이어야 하는데, 이 사건 적용기준표상 '제빙업'은 제조업(대분류) 중 음료제조업(중분류)의 세분류 가운데 '얼음 제조업'으로 포함되어 있으나, '냉동업'은 별도의 산업으로 분류되어 있지 않고, 다만 기타사업(대분류)의 세분류 ①항(농사용 전력을 적용하지 아니하는 농업·임업 및 어업과 농축수산물의 건조·냉동 및 저온보관 고객)에 '농축수산물의 냉동업'이 포함되어 있을 뿐이므로, 이러한 '농축수산물의 냉동업'만이 이 사건 세칙조항의 '냉동업'에 해당한다고 보아야 한다.....(중략).....원고 A냉장은 제1사업장의 동결실과 냉장실을 이용하여 2009. 1.경부터 2010. 12.경까지 주식회사 B에게 얼음을 제조·공급한 바 있고, 2008. 1.경부터 2012. 12.경까지는 농산물을 동결·보관하면서 이를 C주식회사, D주식회사, 주식회사E, 주식회사F 등에게 공급하여 온 사실이 인정되는바.....(중략).....제1사업장에서 얼음 제조업 내지 농산물 냉동업을 하여 왔던 것이므로, 이 사건 세칙조항의 '제빙업 또는 냉동업을 하는 고객'에 해당한다.....(중략)..... 그러나 위 세분류 ①항이 '농축수산물 냉동업'의 범위에 대하여 명문으로 위와 같은 제한을 두고 있는 것도 아니고, 농축수산물의 냉동업자가 이를 생산자로부터 위탁받는 경우와 그렇지 아니한 경우를 구별하여 전자의 경우만 위 세분류 ①항의 '농축수산물 냉동업'에 해당한다고 보아야 할 합리적 근거도 없다.....(중략)..... 피고(한전)는 이 사건 세칙조항의 '타인제품'을 당해 제빙업 또는 냉동업의 운영과 관련된 제품으로 제한하여 해석하여야 한다고 주장하나, 그와 같이 '타인제품'의 범위가 제한된다고 보아야 할지는 명백하지 않다. 즉, ① 이 사건 세칙조항의 제빙업이나 냉동업이 산업용 전력의 적용대상인 점을 고려하면, 그와 같이 제한적으로 해석할 여지가 없는 것은 아니나, ② 이 사건 적용기준표에서 정한 일반적 기준에 대한 예외로서 이 사건 세칙조항이 마련된 것이고, 이 사건 세칙조항의 문언상으로도 그러한 제한이 명시되어 있지 아니한 점을 감안하면, 이 사건 세칙조항의 '타인제품'에는 당해 제빙업 또는 냉동업의 운영과 관련되지 아니한 제품도 포함된다고 해석할 여지가 충분히 있기 때문이다(이 사건 세칙조항의 '타인제품'을 그 냉장보관에 대하여 산업용 전력이 적용되는 제품만으로 한정되는 것으로 해석한다면, 이 사건 세칙조항이 '타인제품'의 냉장보관 부분에 대하여도 산업용 전력이 적용된다고 규정한 것은 종국적으로 별다른 의미를 가지지 못한다고 할 수 있다. 이러한 점을 고려하면, '타인제품'에는 산업용 전력의 적용대상이 아닌 제품도 포함된다고 해석할 여지도 있다). 이처럼 이 사건 세칙조항에서 말하는 '타인제품'의 범위가 명백하지 아니한 이상 약관규제법 제5조 제2항에 따라 고객에게 유리하게 위 ②항과 같이 해석되어야 할 것이다.

Ⅵ. 농사용 전력

전기공급약관 제60조 (농사용전력)

① 농사용전력은 전기의 사용 용도에 따라 다음과 같이 구분하여 적용합니다.

　1. 농사용전력(갑)

　　양곡생산을 위한 양수, 배수(排水)펌프 및 수문조작에 사용하는 전력

　2. 농사용전력(을)

　　다음 중 하나에 해당하는 계약전력 1,000kW 미만의 고객으로서 농사용전력(갑) 이외의 고객

　가. 농사용 육묘(育苗) 또는 전조(電照)재배에 사용하는 전력

　나. 농작물재배 . 축산 . 양잠 . 수산물양식업, 농작물 저온보관시설, 수산업협동조합 또는 어촌계가 단독 소유하여 운영하는 저온보관시설에 전력을 사용하는 고객으로서 농사용전력(갑) 이외의 고객

　다. 농수산물 생산자의 농수산물 건조시설, 수산업협동조합 또는 어촌계가 단독 소유하여 운영하는 수산물 제빙·냉동시설

　라. 농작물재배·축산·양잠·수산물양식업 고객의 해충 구제(驅除) 및 유인용 전등

　마. 아래 시설 중 판매 및 유통시설을 제외한 주시설

　　(1) 국가 또는 지자체의 지원금을 받고 농작물(양곡 제외) 또는 임산물 생산자단체가 직접 운영하는 농산물산지유통센터(APC)

　　(2) 처리대상 물질 중 가축분뇨가 90%이상이며, 축산물 생산자 또는 축산물 생산자 단체가 직접 운영하는 가축분뇨(공동)처리장

　　(3) 굴생산자 또는 수산물 생산자단체가 직접 운영하는 굴껍질처리장

　　(4) 국가 또는 지자체의 지원금을 받고 수산물 생산자 단체가 직접 운영하는 수산물 산지 거점유통센터(FPC)

　바. 농사용전력(을)은 공급전압에 따라 다음과 같이 구분합니다.

(1) 저압전력

표준전압 110V · 220V · 380V 고객

(2) 고압전력(A)

표준전압 3,300V 이상 66,000V 이하 고객

(3) 고압전력(B)

표준전압 154,000V 이상 고객

② 제1항 제2호에도 불구하고 계약전력 1,000kW이상으로서 다음 중 하나에 해당하는 고객에게 농사용전력(을)을 적용합니다.

1. 제1항 제2호 "나"목의 수산업협동조합 또는 어촌계가 단독 소유하여 운영하는 수산물 저온보관시설 및 제1항 제2호 "마"목에 해당하는 고객

2. 농·축·수산물 생산자단체 또는 어촌계가 제1항 제2호의 농사용전력(을) 용도로 전기를 사용하는 경우. 다만, 제1항 제2호 다목 중 수산업협동조합 또는 어촌계가 단독 소유하여 운영하는 제빙·냉동시설 고객은 제외합니다.

③ <삭 제>

1. 개설(概說)

농사용전력은 전기요금이 가장 저렴하기 때문에 사용용도가 엄격하게 제한된다. 농사용전력(갑)은 양곡생산을 위한 양수, 배수펌프 및 수문 조작에 사용하는 전력을 말한다. 여기서 양곡이란 사람이 양식으로 사용하는 곡식류의 총칭으로 쌀, 보리, 밀, 콩, 조, 수수, 옥수수, 메밀, 기장류 등을 말하며 한국표준산업분류 세세분류 01110의 '곡물 및 기타 식량작물 재배업'에 해당하는 경우에 농사용전력(갑)이 적용된다.**(전기공급약관 시행세칙 제43조 제1항 제1호)** 농업 및 생활용수를 혼용 저장·공급하는 방조제시설은 주된 기능을 기준으로 아래 표와 같이 계약종별이 정해진다.

[전기공급약관 시행세칙 제43조 제1항 제2호]

시설목적 및 용도		계약종별
주기능	**부수기능**	
관개용 수문조작	생활용수공급	농사용전력(갑)
생활용수확보 수문조작	농업용수공급	산업용전력
발전용수확보 수문조작	다목적용도	일반용전력

농사용전력(을)은 아래에 해당하는 경우에 적용된다.

농사용 육묘 또는 전조(電照)재배에 사용하는 전력으로서 계약전력 1,000KW 미만의 경우 농사용전력(을)이 적용된다.

여기서 육묘란 노지 또는 시설에서 농작물의 싹(種子)을 심어 다른 장소로 옮겨심기 전까지 재배하는 것(씨를 심어 이를 발아시켜 모종을 만들어 내는 것을 포함)을 말하며 버섯종균생산을 포함한다. 즉, 한국표준산업분류 세세분류 '01123'에 해당하는 '종자 및 묘목 생산업'에 농사용 전력(을)이 적용된다. 단, 임업용 종묘생산업은 한국표준산업분류 세세분류 '02011' 해당산업으로서 임업으로 분류되므로 제외한다.**(전기공급약관 시행세칙 제43조 제2항 제1호)** 전조(電照)재배란 전기의 빛을 이용하여 인공적으로 농작물을 재배하는 것을 말한다. **(전기공급약관 시행세칙 제43조 제2항 제2호)**

농작물 재배·축산·양잠·수산물양식업, 농작물 저온보관시설, 수산업협동조합 또는 어촌계가 단독 소유하여 운영하는 저온보관시설에 전력을 사용하는 경우로서 농사용 전력(갑)에 해당되지 않는 계약전력 1,000KW 미만의 전기사용자는 농사용전력(을)이 적용된다.

여기서 '농작물 재배'라 함은 한국표준산업분류 소분류 '011'에 해당하는 작물 재배업을, '축산'이라 함은 한국표준산업분류 소분류 '012'에 해당하는 축산업을 말하고, '수산물양식업'이라 함은 한국표준산업분류 세세분류 '03211(해면 양식 어업)' '03212(내수면 양식 어업)' '03213(수산물 부화 및 종묘 생산업)'을 말하며, '임산물'이란 한국표준산업분류 세세분류 '02030(임산물 채취업)'에 해당하는 산업을 말한다.**(전기공급약관 시행세칙 제43조 제2항 제3호)**

'농작물**(작물 재배업으로 생산된 것을 말한다(전기공급약관 시행세칙 제43조 제2항 제3호).)** 저온보관시설'과 관련하여, 실무는 '단순 보관' 뿐만 아니라 '단순 가공**(껍질을 벗기는 정도의 경미한 단순 가공작업을 말한다.)** 후 보관하는 것'까지도 '농작물 저온보관'으로 보아 농사용전력(을)을 적용한다. 또한 농작물 생산자가 직접 농작물을 저온보관하는 경우 뿐만 아니라, 생산자로부터 농작물을 매수한 후 저온보관을 위탁하여 보관한 경우에도 농사용전력(을)이 적용된다.**(전기공급약관 시행세칙 제43조 제2항 제5호)**

'수산업협동조합 또는 어촌계가 단독 소유하여 운영하는 저온보관시설'의 경우 생산자가 생산물을 직접 저온보관하거나 생산자로부터 생산물을 매수한 후 보관을 위탁하여 저온보관하였다면 농사용전력(을)이 적용되나, 기타의 경우**(기타의 경우란 소유권자와 운영권자 중 어느 한편이라도 수산업협동조합 또는 어촌계가 아닌 경우, 수산업협동조합 또는 어촌계로서 단위조합별 또는 단위 어촌계가 공동소유 운영하는 경우 등을 말한다(전기공급약관 시행세칙 제43조 제2항 제5호).)**에는 산업용전력이 적용된다.

'수산물양식업'을 하거나 '해상양식장'을 운영하는 전기사용자가 해상에 인접한 장소에 설치한 '육상사료저장고'는 농사용전력(을)이 적용된다. 다만, ① 사업목적상 양식업으로 분류되지 않는 유료 낚시터, 판매보관소, 수산동식물의 가공 및 유통과정의 설비와 ② 시설형태상 타용도의 보조시설은 음식점 수조시설, 관상용 연못 등에는 농사용전력(을)이 적용되지 않는다.**(전기공급약관 시행세칙 제43조 제2항 제4호)**

농수산물 생산자의 농수산물 건조시설, 수산업협동조합 또는 어촌계가 단독 소유하여 운영하는 수산물 제빙·냉동시설로서 계약전력 1,000KW 미만인 경우에는 농사용전력(을)이 적용된다.

농수산물**(임산물과 축산물은 해당되지 않는다)** 생산자의 농수산물 건조시설은 농수산물 생산자가 직접 건조하는 경우 농사용전력(을)이 적용되나, 농수산물 생산자로부터 농수산물을 매수한 후 건조를 위탁하여 건조하는 경우에는 산업용전력이 적용된다. 수산업협동조합 또는 어촌계 단독소유 운영하는 수산물 냉동·제빙시설은 수산물 생산자가 직접 냉동·제빙하는 경우 뿐만 아니라 수산물 생산자로부터 수산물을 매수한 후 냉동·제빙을 위탁하여 냉동·제빙을 하는 경우에도 농사용전력(을)이 적용된다. 그러나, ① 소유권자와 운영권자 중 어느 한편이라도 수산업협동조합 또는 어촌계가 아닌 경우 ② 수산업협동조합 또는 어촌계로서 단위조합별 또는 단위 어촌계가 공동소유 운영하는 경우 ③ 수산업협동조합 또는 어촌계가 다른 고객(기관, 협회, 조합 등)과 합동소유 운영하거나 일부 출자한 제빙냉동의 경우에는 산업용전력이 적용된다.**(전기공급약관 시행세칙 제43조 제2항 제5호)** 다만, 수산업협동조합법에 따라 설립된 수산업협동조합 또는 어촌계가 수산물 제빙·냉동 시설 및 저온보관시설을 건축하고 어촌·항만법 등 관련 법률에 따라 소유권을 국가나 지방자치단체로 귀속시킨 후 수산업협동조합 또는 어촌계가 단독 운영하는 수산물 제빙·냉동시설 및 저온보관시설에는 농사용전력(을)이 적용된다.**(전기공급약관 시행세칙 제43조 제2항 제6호)** 자세한 적용기준은 아래 표와 같다. **(전기공급약관 시행세칙 제43조 제2항 제5호)**

※ 농수산물 관리고객에 대한 적용 계약종별

구분		생산자	매수·수탁자
농작물	저온보관	농사용전력(을)	농사용전력(을)
농산물	건조	농사용전력(을) (생산자가 회원으로 가입된 조합대행 및 공동건조 포함)	산업용전력
수산물	저온보관	수협, 어촌계:농사용전력(을)	수협, 어촌계:농사용전력(을)
		기타:산업용전력	기타:산업용전력
	건조	농사용전력(을) (생산자가 회원으로 가입된 조합대행 및 공동건조 포함)	산업용전력
	제빙·냉동	수협, 어촌계:농사용전력(을)	수협, 어촌계:농사용전력(을)
		기타:산업용전력	기타:산업용전력

농작물재배·축산·양잠·수산물양식업의 해충 구제(驅除) 및 유인용 전등으로 계약전력 1,000KW 미만인 경우에는 농사용전력(을)이 적용된다. 계약전력 1,000KW 미만이면서 판매 및 유통시설을 제외한 다음의 주시설의 경우에는 농사용전력(을)이 적용된다.

국가 또는 지자체의 지원금을 받고 농작물(양곡 제외) 또는 임산물 생산자단체('생산자단체'는 농업 · 농촌 및 식품산업 기본법 시행령 제4조 및 수산업 어촌 발전기본법 시행령 제4조의 단체를 말하며, 해당 법령의 전문생산자 조직은 '동일업종'에 종사하는 농 · 어업인으로 구성된 단체로 한정된다(전기공급약관 시행세칙 제43조 제2항 제12호). 이하에서 '생산자단체'의 의미는 위와 동일하다.)가 직접 운영하는 농산물 산지유통센터(APC)의 주시설은 농사용전력(을)이 적용된다. 위 주시설은 집하시설, 선별시설, 세척시설, 절단 등 단순가공시설, 품질검사시설, 포장시설 등 농작물(양곡 제외) 및 임산물을 상품화하는데 필요한 주요 공정상의 시설을 말하며, 사무실, 식당, 신선 편이시설, 폐기물처리장, 가공시설 등은 제외된다.(전기공급약관 시행세칙 제43조 제2항 9호)

굴생산자 또는 수산물 생산자 단체가 직접 운영하는 굴껍질처리장의 주시설은 농사용전력(을)이 적용된다. 굴껍질처리장의 주시설은 세척시설, 탈각시설, 굴껍질 분쇄시설 등 굴껍질을 처리하는 주요 공정상의 시설을 말하며, 사무실, 식당, 제빙·냉동시설 및 저온보관시설, 오폐수처리시설, 가공시설 등은 제외된다. 다만, 수협 또는 어촌계가 단독소유 운영하는 굴껍질처리장의 제빙·냉동시설 및 저온보관시설은 주시설에 포함된다.**(전기공급약관 시행세칙 제43조 제2항 제10호)**

국가 또는 지자체의 지원금을 받고 수산물 생산자단체가 직접 운영하는 수산물 산지거점유통센터(FPC)의 주시설에는 농사용전력(을)이 적용된다. 수산물 산지거점유통센터(FPC)의 주시설은 집하시설, 선별시설, 세척시설, 절단 등 단순가공, 품질검사시설, 포장시설 등 수산물을 상품화 하는데 필요한 주요 공정상의 시설을 말하며, 사무실, 식당, 위판장, 오폐수처리시설, 가공시설, 제빙·냉동시설 및 저온보관시설 등은 제외된다. 다만, 수협 또는 어촌계가 단독소유 운영하는 수산물 산지거점유통센터(FPC)의 제빙·냉동시설 및 저온보관시설은 주시설에 포함된다. **(전기공급약관 시행세칙 제43조 제2항 제11호)**

처리대상 물질 중 가축분뇨가 90%이상이며, 축산물 생산자 또는 축산물 생산자 단체가 직접 운영하는 가축분뇨(공동)처리장은 농사용전력(을)이 적용된다. 가축분뇨(공동)처리장의 주시설은 가축분뇨저장시설, 소독시설, 발효시설, 가공시설, 원료분쇄기, 포장시설, 정화방류시설 등 가축분뇨를 처리하는데 필요한 주요공정상의 시설을 말하며, 사무실, 식당, 샤워실 등은 제외된다.**(전기공급약관 시행세칙 제43조 제2항 제8호)** 축산업 운영에 직접 필요한 축산분뇨(공동)처리시설을 동일 구내에서 별개의 전기사용계약 단위로 분리하거나 입지조건상 축사와 인접하여 설치하고 별개의 전기사용 계약단위로 하여 전기를 공급받을 경우에도 농사용전력(을)이 적용될 수 있다.**(전기공급약관 시행세칙 제43조 제2항 제7호)**

한편, 축사와 인접하여 설치된 축산농가 또는 2인 이상의 축산농가가 공동으로 운영하는 배합사료(TMR) 제조시설로 생산량 전부를 해당 축산농가가 자가소비하는 경우 농사용 전력(을)이 적용될 수 있다.**(전기공급약관 시행세칙 제43조 제2항 제14호)**

계약전력 1,000KW 미만인 농업 및 어업 교육기관의 실험실습설비가 교육기관과 다른 독립된 법인 또는 별개의 회계단위로 구분·운영되고 있다면 별개의 전기사용계약단위로 취급되어 농사용전력(을)이 적용된다. 그러나, 실험실습설비가 교육기관(동일한 회계주체)에 의해 운영되고 있고 주된 목적이 실험실습인 경우에는 교육기관과 동일한 계약종별이 적용된다. 또한 실험실습설비가 교육기관(동일한 회계주체)에 의해 운영되고 있으면서 그 생산물의 일부나 전부를 외부에 주기적으로 판매하고 그 수입의 전부를 교육재정에 사용하고 있다면 별개 전기사용계약단위로 구분시 농사용전력(을)이 적용될 수 있다.**(전기공급약관 시행세칙 제43조 제2항 13호)**

계약전력이 1,000KW 이상이어도 다음의 경우에는 농사용전력(을)이 적용된다. 즉, ① 수산업협동조합 또는 어촌계가 단독 소유하여 운영하는 수산물 저온보관시설, ② 국가 또는 지자체의 지원금을 받고 농작물(양곡 제외) 또는 임산물 생산자단체(**'생산자단체'는 농업·농촌 및 식품산업 기본법 시행령 제4조 및 수산업 어촌 발전기본법 시행령 제4조의 단체를 말하며, 해당 법령의 전문생산자 조직은 '동일업종'에 종사하는 농·어업인으로 구성된 단체로 한정된다(전기공급약관 시행세칙 제43조 제2항 제12호).)**가 직접 운영하는 농산물 산지유통센터(APC), ③ 처리대상 물질 중 가축분뇨가 90%이상이며, 축산물 생산자 또는 축산물 생산자단체가 직접 운영하는 가축분뇨(공동)처리장, ④ 굴생산자 또는 수산물 생산자단체가 직접 운영하는 굴껍질처리장, ⑤ 국가 또는 지자체의 지원금을 받고 수산물 생산자단체가 직접 운영하는 수산물 산지거점유통센터(FPC), ⑥ 농·축·수산물 생산자단체 또는 어촌계가 전기공급약관 제60조 제1항 제2호의 농사용전력(을) 용도로 전기를 사용하는 경우(수산업협동조합 또는 어촌계가 단독 소유하여 운영하는 제빙·냉동시설은 제외)에는 계약전력과 무관하게 농사용전력(을)이 적용된다.

한편, 산업용전력·교육용전력과 달리 농사용전력의 부대시설은 주된 전기사용계약단위에 포함되지 않는다.**(전기공급약관 시행세칙 제10조의 2 제3항)** 농사용전력(을)은 공급전압에 따라 저압전력(표준전압 110V·220V·380V), 고압전력(A)(표준전압 3,300V이상 66,000V이하), 고압전력(B)(표준전압 154,000V이상)으로 구분된다.

2. 법적쟁점(法的爭點)

배수갑문의 주기능이 관개용인 이상, 일반용전력(갑)이 아닌 농사용전력(갑)이 적용된다.**(아래 판례 참조)**

수원지방법원 2013. 6. 12.선고 2012나39964판결(상고기각 확정)

원고(한전)는 2002. 11. 25. 피고(A공사)와 사이에, 피고(A공사)가 안산시 단원구 선감동 160번지 소재 탄도호에 설치되는 방조제 배수갑문의 운영을 위한 전기사용계약을 계약종별 농사용으로 하고, 계약전력은 30KW로 하는 전기사용계약을 체결하였다. 그 후 피고(A공사)는 이 사건 계약에 기하여 원고(한전)로부터 전기를 공급받아 위 각 배수갑문을 운영하여 왔다. 그런데 원고(한전)는 2011. 7.경 피고(A공사)에게, 위 각 배수갑문은 담수화 및 농경지 침수방지에 사용되는 시설에 해당할 뿐이므로, 2011. 8.분 전기요금부터 계약종별이 일반용 전력(갑)으로 변경되어야 하고.....(중략).....다음과 같은 사정들, 즉, 위 각 방조제 배수갑문은 해수차단을 통하여 매립지를 조성하는 기능을 하고 있고, 그와 같이 공유수면매립을 하는 것은 농지조성을 주목적으로 시작되었으며 위 목적이 현재까지 변경된 바 없는 점, 위 각 배수갑문을 포함한 방조제는 농업기반시설로 등록된 점, 화성호(화옹지구) 및 탄도호(시화지구) 매립으로 사용되는 농지비율이 별표와 같이 15,87%, 24.68%에 이르고 있는 점, 위 매립지가 주로 농지 외에 다른 용도로 사용되고 있다는 점에 관하여 원고(한전)로부터 아무런 자료도 제출된 바 없는 점 등을 종합하면 위 각 방

조제 배수갑문은 주기능이 관개용이라 할 것이어서 이를 위한 전기사용은 위 전기공급약관 및 그 시행세칙에 따라 농사용이라고 할 것이다. 원고(한전)는 위 매립지가 농지로 조성되었더라도 후에 산업용 등 다른 용도로 전환될 가능성이 있기 때문에 위 각 방조제 배수갑문의 주기능은 관개용이 아니라는 취지로도 주장하나, 이 사건에서 관개용인지 여부는 원고(한전)가 구하는 2011. 11. 17.까지의 현황으로 판단할 문제이지 그 후의 변경가능성을 고려하여 판단할 문제가 아니다(후에 매립지가 주로 농지가 아닌 다른 용지로 사용된다면 그때 가서 일반용으로 변경하면 된다).

※ 유사 하급심 판례 참조(서울중앙지방법원 2015나36715- 확정)

이 사건 약관 제60조 제1호는 '양곡생산을 위한 양수, 배수(排水)펌프 및 수문조작'에 사용하는 전력은 농사용 전력(갑)을 적용한다고 정하고 있는바, 위 조항에서 양수, 배수 및 수문조작을 병렬적으로 규정하고 있는 점에 비추어 볼 때 양곡생산을 위한 수문조작에 사용하는 전력은 수문조작의 목적이 양수이냐 배수이냐를 구분하지 않고 모두 농사용 전력(갑)이 적용된다고 해석함이 상당하다. 한편 이 사건 시행세칙 제43조 제1항 제2호는 농업 및 생활용수를 혼용 저장·공급하는 방조제시설에 농사용 전력(갑)이 적용되기 위해서는 주된 기능이 '관개용'일 것을 요구하고 있으나, 상위규범인 이 사건 약관 제60조 제1호의 해석과 이 사건 시행세칙에서 배수를 위한 수문조작에 대하여 아무런 정함이 없는 점에 비추어 볼 때 위 관개용 수문조작은 양수와 배수를 위한 수문조작 모두를 포함하는 것으로 해석할 것이고, 단지 위 조항의 '관개용'이라는 문언만으로 배수를 위한 수문조작에 농사용 전력(갑)이 적용될 수 없다고 해석할 수는 없다.....(중략).....한편 피고(한전)는, 농사나 배수와 상관없는 동절기에 원고(B공사)가 사용한 전력량이 여름철보다 훨씬 많은 점에 비추어 볼 때 원고(B공사)가 이 사건 배수갑문과 관련하여 사용하는 전기는 수문조작과 무관하므로 농사용 전력(갑)이 적용될 수 없다고 주장한다. 그러나 이 사건 배수갑문 관리를 위한 관리사무소와 그에 부속되는 전기, 통신 및 냉난방 설비는 이 사건 배수갑문 조작을 위한 필수시설이라 할 것이고, 비상시에 배수갑문을 작동하기 위한 비상발전기 예열용 히터 역시 배수갑문 운영에 필수적인 부속시설이라 할 것인바, 위와 같은 필수시설을 위한 전열기 사용으로 인하여 동절기 전력사용량이 많은 것으로 보이고, 달리 원고(B공사)가 이 사건 배수갑문과 무관한 용도로 전기를 사용하였다고 인정할 증거는 없다. 피고(한전)의 위 주장은 받아들이지 아니한다.

※ 반대 하급심 판례 참조(광주고등법원 (전주)2010나3136 판결- 확정)

전기공급약관과 시행세칙의 규정에 따르면 이 사건 배수갑문에 사용되는 전기에 농업용 전력(갑)이 적용되기 위해서는 이 사건 배수갑문의 주된 용도가 양곡 생산을 위한 배수용으로 이용되거나 농업 및 생활용수를 혼용 저장·공급하는 방조제시설에 포함되어 관개용을 주기능으로 이용되어야 하고, 주택용 전력을 제외한 2이상의 계약종별을 적용할 수 있는 경우에도 농사용 전력(갑)에 해당하는 계약전력이 전체 계약전력의 90%이상이 되어야 한다고 할 것이다.....(중략).....① 새만금간척종합개발사업은 현재 진행중인 사업으로서 농업이나 농지 조성에 국한하지 않고 상당히 여러 가지 목적을 지향하고 있는 점, ② 이 사건 배수갑문이 홍수기에 수위 조절을 통하여 일부 농경지의 홍수 피해를 예방하거나 축소시킴으로써 양곡 생산에 간접적으로 기여하는 측면이 있다고 할지라도 그러한 사정만으로 이 사건 배수갑문의 주된 목적이 양곡 생산이라고 보기는 어려운 점, ③ 위 개발사업이 완료되어 농지가 개발되고 향후에 새만금호가 담수호로 조성되어 농업용수를 공급하는데 활용될 수 있을지라도 현재로서는 아직 농지 자체가 개발되어 있지 않은 상태이고 그 수질도 해수 상태이므로 이 사건 배수갑문이 설치된 방조제를 가리켜 농업용수를 저장하여 공급하는 시설이라고 보기도 어려운 점 등이 인정되는바, 이러한 여러 사정에 비추어 볼 때 이 사건 배수갑문이 양곡 생산을 위한 배수용 시설이라거나 농업용수를 저장·공급하는 방조제에 딸린 관개용 시설이라고 보기 어렵다. 특히 이 사건 배수갑문 내지 위 개발사업이 여러 가지 목적으로 설치되거나 추진되고 있으므로 2 이상의 계약종별을 적용할 수 있다고도 보이는데, 2 이상의 계약종별이 있을 경우에 농사용 전력(갑)이 적용되기 위해서는 앞서 본 약관 규정에 의하면 이 사건 배수갑문에 사용되는 전체 계약전력의 90%이상이 농사용 전력(갑)으로 이용되어야 하는데, 이 사건에서는 이 점을 인정할 만한 증거도 없다.

생활용 용수를 공급하기도 하는 취수설비시설에는 농사용전력이 적용되지 않는다.(아래 판례 참조)

대구지방법원 의성지원 2014. 12. 16.선고 2014가합283판결(대구고등법원 2015나20200 화해권고결정 확정)

이 사건 취수설비시설은 심정용 수중펌프 2대(취수시설 용량 10,000㎥/일)를 이용하여 1사갱에서 영천댐 도수로와 연결한 지하 관로시설을 통해 물을 퍼 올려서 지상수로를 거쳐 길안천으로 방류하는 시설이다. 피고(A공사)는 원고(한전)으로부터 전력을 공급받고 2009. 7. 1.경부터 현재까지 농사용 전력(을)으로 산정한 전기요금을 납부하고 있다. 그런데 원고(한전)는 2014. 4. 1.경 피고(A공사)에게 다음과 같은 이유로 피고(A공사)가 농사용 전력을 산업용 용도로 사용함으로써 전기사용용도(계약종별)을 위반하였다고 주장하면서 그 달 30.까지 위약금 115,278,710원을 납부하라고 통지하였다. [전기공급약관 시행세칙 제7장(계약종별) 제42조에 의거 생활용수 공급은 수도사업에 해당되고, 부수적 기능으로 생활용수 공급을 할 수 있는 농사용 전력(갑)은 양곡 생산을 위한 용도에만 한정되므로 적용할 수 없고, 청송군의 요청에 따라 하천에 방류하는 용수는 생활용수와 농업용수가 혼재되어 있어 농사용 전력(을)을 적용할 수 없다].....(중략).....1사갱에서부터 길안천과 보현천의 합류지점까지의 주변지역(청송군 현서면 두현1리, 안덕면 감은 1리·2리, 명당 3리)에서는 247가구가 농지 199ha(전 30ha, 답 27ha, 과수원 142ha)를 경작하고 있는데, 사과를 재배하는 과수원이 거의 대부분을 차지하지만, 그 하류지역에는 벼농사와 콩, 채소 등을 재배하는 논밭도 더러 있다. 위 주변지역에서는 겨울철에 농작물 저온보관시설을 사용하거나 농사용 육묘 또는 전조재배, 비닐하우스 등에 의한 농작물 시설재배를 하지 않고 있다.....(중략).....피고(A공사)는 청송군의 요청에 따라 원고(한전)에게 농업용수가 반드시 필요하거나 생활용수를 상대적으로 많이 쓰는 농번기(5월~9월)에 주로 강우로 인한 하천수 발생시(가뭄 해소시)까지 이 사건 취수설비시설에 대한 전력공급을 요청하였고, 농한기에도 수시로 요청하였다. 위 인정사실을 종합하면, 이 사건 취수설비시설은 길안천 주변에서 과수원과 논·밭을 경작하고 있는 농가에게 농업용수를 공급하기 위한 주목적으로 사용될 뿐만 아니라, 길안천의 수질개선과 수생태계보전 등을 위한 하천수 및 동절기 또는 갈수기에 주민들의 생활용수를 공급하기 위한 부수적 목적으로도 사용된다고 할 것이므로, 피고(A공사)의 전기사용용도에는 농사용과 일반용이 혼합되어 있다. 이러한 경우 피고(A공사)는 약관 제65조에 따라 일반용 전력으로 전기사용계약을 하고 전력을 사용하여야 함에도 농사용으로 공급받는 전력을 농사용 이외의 용도로도 사용하였으므로, 피고(A공사)는 계약종별을 위반하였다 할 것이다.

타인으로부터 보리를 구매하여 보리를 발아·건조시켜 엿기름(맥아)를 생산하는 행위는 작물재배업에 해당하지 않기 때문에 농사용전력(을)이 적용될 수 없다.(아래 판례 참조)

대구지방법원 2016. 10. 16.선고 2015나310856판결(상고기각 확정)

원고(김00)은 엿기름(맥아)을 생산·포장·판매하는 자이다. 원고(甲)는 영천시 북안면 효동길 108-139(이하 '이 사건 장소'라 한다)에서 보리 종자를 물을 이용하여 발아시킨 후 건조과정(노지 건조 후 건조기 건조)을 거쳐 엿기름을 생산하였다.....(중략).....① 한국표준산업분류를 발간한 통계청은 타인의 겉보리를 구매하여 물을 줘서 뿌리를 키우고, 발아해서 싹이 자라면 널어서 햇볕에 건조하다 그대로 건조기에 넣어서 건조하여 엿기름(맥아)를 생산하는 경우, 표준산업분류 세세분류 '10309'의 기타 과실, 채소 가공 및 저장 처리업(대부분 'C 제조업')으로 분류된다고 판단하고 있는 점, ② 한국표준산업분류 '011 작물 재배업'이란 노지 또는 특정 시설 내에서 작물 및 종자를 재배, 생산하는 산업활동을 말하므로 원고(甲)가 이 사건 장소에서 타인으로부터 보리를 구매하여 보리를 발아 및 건조시켜 엿기름(맥아)를 생산하고 있는 행위는 위 작물재배업에 포함된다고 보기 어려운 점 등에 비추어 보면 원고(甲)가 이 사건 장소에서 하는 사업이 표준산업 대분류상 'A(농업, 임업 및 어업)'에 해당한다고 볼 수 없으므로 원고(甲)의 주장은 더 나아가 살필 필요 없이 이유 없다.

농작물재배를 하면서 학생들에게 학습의 기회를 제공하는 경우 농사용전력(을)이 적용된다.(아래 판례 참조)

춘천지방법원 2016. 11. 2.선고 2015가단21789판결(상고기각 확정)

삼척시 근덕면 교가리 427에서는 자연학습장이 개설되어 있으나, 농작물을 재배하면서 학생들에게 학습의 기회를 제공하는 것에 불과하다면 여기에 사용한 전력도 농사용 전력으로 평가하여야 할 것이고, 농작물 재배와 무관하게 오로지 자연학습을 위해서만 전력을 사용하였다면 이 사건 계약을 위반하였다고 평가할 수 있을 것인데, 후자에 해당한다는 사실을 증명할 증거가 없다(오히려 갑 제22호증의 기재에 의하면, 자연학습장에 사용하는 전기설비와 농작물재배에 사용하는 전기설비가 구분되지 않고 있는바, 농작물재배를 하면서 이를 그대로 자연학습장을 활용하고 있을 가능성이 있다).

어류실험실습장이 주된 용도로 된 대학연구시설의 경우 농사용전력의 대상이 아니다.(아래 판례 참조)

부산고등법원 2016. 9. 22.선고 2016나50825판결(상고중-위약금 범위에 관한 다툼)

전기공급약관 및 위 약관 시행세칙상 수산물 양식업에 사용하는 전력이어야 농사용 전력이 될 수 있고, 농업교육기관의 실험실습설비의 경우 독립법인 또는 별개 회계단위를 구성하거나 또는 생산물의 일부나 전부를 외부에 주기적으로 판매하는 경우에 농사용 전력을 적용할 수 있는 사실이 인정된다. 그런데 이 사건 양어장의 용도가 전기공급약관에서 정한 농사용 전력 공급대상인 수산물 양식업에 해당하지 않는다는 사실, 그럼에도 이 사건 학교는 원고(한전)가 구하는 이 사건 위약금 청구 기간인 2010. 3.부터 2015. 1.까지 원고(한전)로부터 이 사건 양어장에 대하여 농사용 전력을 공급받은 사실은 당사자 사이에 다툼이 없다. 그리고 을 제3 내지 제6호증, 을 제23호증의 1 내지 5, 을 제24호증의 1 내지 7의 각 기재만으로는 이 사건 양어장이 독립법인 또는 별개 회계단위를 구성하거나 또는 원고(한전)가 위약금을 구하는 기간 동안 생산물의 일부나 전부를 외부에 주기적으로 판매하는 경우에 해당한다고 인정하기에 부족하고 달리 이를 인정할 증거가 없다.

※ 1심 판결 참조(부산지방법원 2015가단209374)

이 사건 양어장은 옥외 사육동(12개동), 관리동(지하1층, 지상1층)으로 구성되어 있는 사실, 관리동의 지하층은 부화 및 어린 치어의 사육을 위한 사육실로 사용되고, 1층은 양어장 전체를 관리하는 관리실로서, 회의실, 준비실, 교수실, 이미지분석실, 재료보관실, 시약제조실로 구성된 사실.....(중략).....위 인정사실에 의하면 피고(대한민국)는 양식연구개발, 양식교육 및 실험실습어류 지원을 위한 어류실험실습장이 주된 용도로 된 대학연구시설에 대하여 양어장이란 형식적 명칭을 붙여 농사용 전력으로 전기사용신청을 하였다 볼 것이고.....(중략).....피고(대한민국)는 원고(한전)에게 전기공급약관에 의한 위약금을 지급할 의무가 있다.

농업학교 등의 실험실습설비는 원칙적으로 교육용전력이 적용된다. 그러나, 전기공급약관 시행세칙 제43조 제2항 제13호의 사유가 있는 경우에는 농사용전력이 적용된다.(아래 판례 참조)

서울고등법원 2013. 5. 2.선고 2012나104283판결(확정)

"농업생명과학관"은 조리실습실, 식품기초실, 자동제어실, 제과제빵실, 식품가공실, 농업유통정보실, 조경설계실습실, 농업영어교과실, 농업환경보존실, 농업과학실험실, 농업교육시청각실, 농업정보처리실, 농업전자상거래실, 농업네트워크실, 농업CAD실습실, 산업미생물실, 동물기초실험실, 조직배양실 등으로 구성되어 있는 사실을 인정할 수 있는바, 위 사실에 의하면, 농업생명과학관 내의 위 각 공간은 대부분 농작물재배·축산·양잠·수산물양식업에 사용되는 공간이 아니라 농업교과에 관한 실험실습, 농작물의 가공에 관한 실험실습, 정보교육이나 시청각교육 및 영어교육 등에 관련된 시설로서 농업생명과학관에서의 전력사용은 이 사건 약관 제60조에 정해진 농사용전력(병)의 사용 대상인 '농작물재배·축산·양잠·수산물양식업에 전력을 사용하는' 경우에 해당하지 않는다 할 것이다. 또한 을 제3,4,8,9호증의 각 기재만으로 농업생명과학관에서의 각종 실습이나 교육이 농작물재배 등에 직접적으로 이용되고 그에 따라 생산된 생산물의 전부나 일부를 외부에 판매하고 그 수입을 교육 재정으로 사용하고 있다고 인정하기에 부족하고, 달리 이를 인정할 증거가 없다. 따라서 농업생명과학관은 이 사건 약관에 의한 농사용전력을 사용할 수 있는 시설이 아니라 할 것이다. "농업기계실, 농업공작실"은 농산물을 직접 생산하는 실포장에서 사용하는 농작업기계의 관리 보관과 점검 및 고장 수리를 주목적으로 하는 시설이고, "목공창고"는 각종 목공도구, 실포장 삽, 괭이, 손수레 등 농기구의 보관과 고장 수리, 실포장 실습 자재를 보관하는 시설인 사실을 인정할 수 있고, 위 사실에 더하여 이 사건 학교의 분재 온실, 버섯재배실, 관엽 온실, 육종 온실, 국화 온실, 유리 온실 등에서 농작물 재배를 위하여 사용하는 기계와 도구 등의 보관, 점검 및 수리 등을 위한 시설은 농작물 재배를 위한 시설로 봄이 상당한 점을 종합적으로 고려하면, 농업기계실, 농업공작실 및 목공창고는 농사용전력 대상인 '농작물 재배에 전력을 사용하는' 경우에 해당한다 할 것이다. 따라서 위 각 시설이 농사용전력 사용 대상에 해당하지 아니함을 전제로 한 원고(한전)의 이 부분 주장은 이유 없다.

※ 농사용 전력(병)은 약관개정(2012. 8. 6. 개정, 2012. 11. 1.시행)으로 농사용 전력(을)로 편입되었다.

농작물 세척을 위한 전기사용은 농사용전력이 적용될 수 없다는 것이 하급심 판례이다.(아래 판례 참조)

의정부지방법원 2013. 4. 16.선고 2012가단41656판결(항소기각 확정)

피고(농업회사법인A)는 농산물 세척을 위한 전기 사용 역시 농사에 필수적인 것이고, 또 인접토지인 구리시 토평동 725에 있는 '농산물저온유통시설'에서 농산물세척을 위하여 사용한 것이어서 농사용 전력(병)에 해당하며 계약을 위반한 것이 아니라는 취지의 주장을 한다. 그러나 전기공급약관 및 위 약관 시행세칙에서는 농사용 전력의 적용범위에 대하여 열거하여 구체적으로 규정하고 있는데 저온보관과 건조에 대하여서도 규정하였으나 농작물 세척에 대하여는 언급하고 있지 않으므로 농작물 세척용으로 사용하는 것이 당연히 농상용 전력의 적용범위에 해당한다고 할 수 없고, 또 피고(농업회사법인A)가 주장하는 농산물저온유통시설은 인접해 있기는 하나 이 사건 전기사용장소와는 다른 장소인 구리시 토평동 725 지상에 '토평동 벌말마을 농우회'에서 2001. 2.경 별도로 설치한 시설을 의미하는 것으로서(그 후 피고가 이를 인수한 것으로 보인다), 이 사건의 경우 그와는 다른 곳에서 작물재배용으로 신청한 전기를 농작물 세척에 사용한 것이므로 마찬가지로 농산물저온유통시설의 예에 준하여 판단할 수는 없다.

외국에서 재배되어 도정작업까지 마쳐진 쌀을 수입하여 보관하는 저온창고는 '농작물 저온보관시설'에 해당되지 않는다. 따라서 농사용전력(을)은 적용되지 않는다.(아래 판례 참조)

수원지방법원 2012. 7. 12.선고 2011가합25537판결(확정)

① 전기공급약관 제60조에 의하면, 농사용 전력(갑)은 양곡 생산을 위한 양수, 배수펌프 및 수문 조작에 사용하는 전력을 의미하고(제1호), 농사용 전력(을)은 농사용 육묘 또는 전조 재배에 사용하는 전력을 의미하며(제2호), 농사용 전력(병)은 ㉮ 농작물 재배·축산·양잠·수산물 양식업에 전력을 사용하는 고객으로서 농사용 전력(갑) 및 농사용 전력(을) 이외의 고객, ㉯ 농수산물 생산자의 농수산물 건조시설, 농작물 저온보관시설, 수산업협동조합 또는 어촌계가 단독 소유하여 운영하는 수산물 제빙·냉동시설 또는 ㉰ 농작물 재배·축산·양잠·수산물 양식업 고객의 해충 구제 및 유인용 전등에 각 사용되는 전력을 의미하는바(제3호), 위 각 조항은 직접 농수산물을 생산하거나 생산된 농수산물을 건조, 저온보과, 냉동하는 등 생산과 밀접한 관련이 있는 분야에서 전기를 사용하는 경우를 상정하고 있는 점, ② 전기공급약관 별표2 '산업용 전력 공급대상 기준표'는 산업용 전력의 적용대상으로 '기타사업' 중 '농사용 전력을 적용하지 아니하는 농·축·수산물의 건조·냉동 및 저온보관 고객'을 규정하고 있어, 농작물을 저온보관하는 모든 경우에 농사용 전력이 적용되는 것은 아닌 것으로 예정하고 있는 점, ③ 시행세칙 제43조 제3항 제1호에 의하면 전기공급약관 제60조 제3호에서 정한 '농작물'이란 한국표준산업분류 소분류 '011'에 해당하는 산업의 산물을 말하고, 한국표준산업분류 소분류 '011'에 해당하는 산업은 '작물 재배업'으로서 곡물 및 기타 식량작물, 채소, 화훼작물 및 종묘, 과실, 음료용 및 향신용 작물, 기타 작물, 시설작물의 각 재배업 자체를 의미하며, 한편 농작물의 재배 이후의 과정 중 곡물 도정업은 한국표준산업분류 소분류 중 '106(곡물가공품, 전분 및 전분제품 제조업)'에, 곡물 도매업은 위 소분류 중 '46(도매 및 상품중개업)'에 냉장 및 냉동 창고업, 농산물 창고업은 위 소분류 중 '52(창고 및 운송 관련 서비스업)'에 각 속하는 점, ④ 전기공급약관 제60조 제3호 나목은 농사용 전력(병)의 적용대상으로 '농수산물 생산자의 농수산물 건조시설, 농작물 저온보관시설'을 규정하고 있고, 시행세칙 제43조 제3항 '※ 농수산물 관리고객에 대한 적용 계약종별'은 농산물 생산자(자기)의 농산물 저온보관시설과 농산물 건조시설의 경우 농사용 전력(병)이 적용되고, 수탁자(타인의 물품)의 농산물 저온보관시설의 경우에도 농사용 전력(병)이 적용되나, 수탁자의 농산물 건조시설의 경우에는 산업용 전력이 적용된다고 규정하고 있는바, 위 각 조항을 체계적으로 해석하면, 원칙적으로 농산물 생산자가 자기의 농산물 저온보관시설과 농산물 건조시설에 대하여 전기를 사용하는 경우 농사용 전력(병)이 적용되고, 수탁자가 타인, 즉 농산물 생산자의 위탁을 받고 농산물을 보관 또는 건조하기 위하여 전기를 사용하는 경우에는 전기공급약관 별표2 '산업용 전력 공급대상 기준표'에 규정된 '농·축·수산물의 건조·냉동 및 저온보관 고객'에 해당되어 산업용 전력이 적용되어야 하나, 예외적으로 수탁자가 농산물 생산자의 위탁을 받고 농산물 저온보관시설에 대하여 전기를 사용하는 경우 시행세칙 제43조 제3항에 의하여 농사용 전력(병)이 적용되는 것인 점, ⑤ 전기공급약관에서 농사용 전력을 별도로 규정하고 요금을 차등 적용하는 주된 취지는 농산물의 생산경비를 경감하여 국내 농업생산력

을 증대하고자 하는 것이고, 이는 정책적 판단에 따라 특례를 부여하는 조항이
므로, 그러한 특례조항을 엄격하게 해석한다고 하여 그 적용범위에 포함되지
아니한 자가 불이익을 받는 것이라고 볼 수 없는 점 등을 종합하여 보면, 전
기공급약관 제60조 제3호 제나목 소정의 '농작물 저온보관시설'이란 원칙적으
로 같은 조항에서 병렬적으로 규정된 '농수산물 건조시설'과 함께 국내 농업생
산력의 주체인 '농수산물 생산자의' 농작물 저온보관시설을 의미하고, 예외적으
로 농수산물 생산자로부터 위탁받은 자의 농작물 저온보관시설을 의미하며, 위
조항의 '농작물'이란 국내에서 작물재배업의 산물로서 생산된 농작물을 의미한
다고 할 것이다. 그런데 앞서 본 바와 같이 피고(A공사)는 외국에서 재배되어
도정작업까지 마쳐진 쌀을 수입하여 이 사건 창고에 이를 보관하여 왔는바, 피
고(A공사)는 위 수입쌀의 생산자 또는 생산자로부터 그 보관을 위탁받은 자가
아니며, 위 수입쌀은 국내에서 작물재배업의 산물로서 생산된 농작물에 해당하
지도 아니하므로, 이 사건 창고가 전기공급약관 제60조 제3호 제나목 소정의
'농작물 저온보관시설'에 해당한다고 볼 수 없다.

※ 농사용 전력(병)은 약관개정(2012. 8. 6. 개정, 2012. 11. 1.시행)으로 농
사용 전력(을)로 편입되었다.

여러 단위 수산업협동조합이 공동 출자하여 소유·운영하는 수산물의
제빙·냉동시설의 경우 농사용전력이 적용되지 않는다.**(아래 판례 참조)**

서울고등법원 2012. 7. 27.선고 2011나96026판결(확정)

1) 경제기획원은 1986. 3. 5. '농어촌 종합대책'을 수립하여 시행하였는데, 위
대책 중에는 어민의 부담경감조치 중 하나로 수산업협동조합이나 어촌계가 소
유·운영하는 제빙, 냉동공장에 농사용 전기료에 적용되는 할인요율을 적용하는
내용이 포함되어 있다. 2) 피고(한전)는 정부의 위 농어촌 종합대책 추진 방침
에 따라 1986. 5. 30. 농수산물 건조 및 농작물 저온보관 수용 전기요금특례
규정에 수산업협동조합법에 의하여 설립된 수산업협동조합과 어촌계가 단독으로
소유, 운영하는 제빙, 냉동 수용에 대하여 농사용 전력(병) 요금제를 적용한다
는 내용의 전기요금특례 조항(이하 '이 사건 전기요금특례'라고 한다)을 신설하
는 개정안을 마련하여 이에 대한 인가를 신청하였고, 동력자원부장관은 1986.
6. 7. 이를 인가하였다. 3) 피고(한전)는 1986. 6. 11. 이 사건 전기요금특례
의 적용 대상은 수산업협동조합법에 의하여 설립된 수산업협동조합 또는 어촌
계가 단독으로 소유, 운영하는 경우에 한정되므로 원고(부산공동어시장)와 같이
수산업협동조합 또는 어촌계로서 단위 조합별 또는 단위 어촌계끼리 공동으로
소유, 운영하는 제빙, 냉동 수용은 위 특례 대상에서 제외된다는 내용의 '수협
제빙, 냉동 시설 전기요금특례 시행' 문건을 작성하여 이를 시행하였다. 4) 이
사건 전기요금특례는 1년 단위로 특례적용기간이 연장되어 오다가 2003. 1.

1. 이 사건 약관 및 시행세칙의 내용으로 편입되어 현재까지 유지되고 있다.....(중략)..... ① 비록 농어촌 종합대책을 시행하는 과정에서 이 사건 전기요금특례가 신설되기는 하였지만, 전기요금에 관한 특례 부여 조치가 농어촌 종합대책에 포함되어 있었다고 하더라도 피고(한전)가 이를 그대로 시행해야 할 법률상 의무를 부담한다고는 볼 수 없는 점, ② 이 사건 전기요금특례는 피고(한전)가 임의로 정하여 시행한 것이 아니라 동력자원부장관의 심사를 거쳐 인가받은 것으로, 농어촌 종합대책의 시행에 따른 동력자원부, 수산청 등 당시 정부의 관계 부처간 협의와 종전부터 전기요금특례를 요구하여 왔던 수산업협동조합 및 피고(한전) 등의 종합적인 이해관계를 반영하여 그 적용 범위를 정하게 된 것인 점, ③ 피고(한전)는 산업용 전력이 적용되는 민영 제빙·냉동업체와의 형평과 함께 수산업협동조합이 소유하고 운영하는 각 냉동·제빙시설의 규모 등을 함께 고려하여 그 적용 대상을 제한하는 내용의 이 사건 전기요금특례를 만든 것으로 보이는데, 단위 수산업협동조합이 단독으로 소유하여 운영하는 냉동·제빙시설과 원고(부산공동어시장)의 이 사건 냉동·제빙시설은 그 규모에 차이가 있어 위 특례의 적용 대상 범위를 정하는데 있어 이를 달리 취급할 만한 합리적인 사정이 있다고 판단되는 점, ④ 그에 따라 피고(한전)는 이 사건 전기요금특례에 대한 인가를 신청하면서 위 특례의 적용 대상이 수산업협동조합 또는 어촌계가 '단독'으로 소유,운영하는 제빙, 냉동시설에 한정되는 것임을 명시하고 그 현황 자료를 첨부하였는데, 이는 수산업협동조합이 운영하는 제빙, 냉동시설에는 단독이 아닌 소유 및 운영형태가 있음을 전제로 한 것으로, 당시 피고(한전)가 이 사건 제빙·냉동시설의 존재를 일부러 숨긴 채 위 특례의 인가를 신청한 것으로 보기는 어려운 점, ⑤ 당심 변론 종결일을 기준으로 수산업협동조합 또는 어촌계가 소유하여 운영하는 수산물의 제빙·냉동시설은 원칙적으로 이 사건 약관의 별표2[산업용 전력 공급대상 기준표] 중 "식료품제조업"에 규정된 "수산동물 가공 및 저장처리업, 수산식물 가공 및 저장처리업"이나 "기타사업"에 규정된 "농·축·수산물의 건조·냉동 및 저온보관 고객'에 해당되어 산업용 전력의 적용대상에 해당하고, 다만 수산업협동조합 또는 어촌계가 단독으로 소유하여 운영하는 수산물의 냉동·제빙시설에 대하여는 이 사건 각 조항에 의하여 농사용 전력(병)이 적용되는데, 이 사건 전기요금특례가 만들어진 경위 및 과정과 이후 이 사건 각 조항은 전기사용 용도에 따른 계약 종별의 구분을 전제로 정책적 판단에 따라 예외적으로 일정한 적용 대상에 한하여 해당 계약 종별에도 불구하고 그에 관한 특례를 부여하는 내용의 약관 조항으로 해석되는 점 등에 비추어 보면, 이 사건 각 조항이 원고(부산공동어시장)와 같이 여러 단위 수산업협동조합이 공동으로 출자하여 소유하고 운영하는 수산물의 제빙·냉동시설과 수산업협동조합 또는 어촌계가 단독으로 소유하여 운영하는 수산물의 제빙·냉동시설을 달리 취급하여 원고(부산공동어시장)의 이 사건 제빙·냉동시설에 농사용 전력(병)의 적용을 배제하였다고 하여, 이를 신의성실의 원칙을 위반하여 공정성을 잃은 약관 조항에 해당한다거나, 고객에게 부당하게 불리한 약관 조항에 해당하여 무효라고 보기 어렵다.

절임배추시설은 전기공급약관 제60조 제1항 제2호 마목 (1)에 해당하여 농사용 전력이 적용되어야 한다는 것이 하급심 판례이다.
(아래 판례 참조)

춘천지방법원 영월지원 2016. 11. 2.선고 2015가단12258판결(항소기각 확정)

피고(A조합)는 2003. 7. 28.경 이 사건 토지 일대에 평창군수로부터 시설자금을 지원받아 APC(정부 지원으로 산지에 설치된 시설물로서 집하·선별·포장, 저온저장시설, 예냉시설 등의 건축물 등과 선별기, 포장기, 제한기, 지게차, 냉장탑차 등 유통장비 및 기계시설을 말한다) 전처리시설인 공장(이하 '이 사건 공장'이라 한다)을 건축한 후 이를 양상추 작업장으로 이용하여 왔다. 피고(A조합)는 2009. 2.경 절임배추사업을 하기 위해 이 사건 토지 및 강원 평창군 용평면 이목리 753,754-1,754-2 등 4필지를 1필지로 합필하고, 2009. 6. 이 사건 토지 일대에 농산물 하역 등을 위한 창고시설(이하 '이 사건 창고'라 한다)을 건축하였으며, 2010. 6.경 피고(A조합) 산하에 절임배추사업을 위한 절임사업소를 신설하고, 2010. 8. 19.경 이 사건 공장을 고랭지 배추 염장시설로 사용하기 시작하였다. 이 사건 사업소 중 이 사건 창고에 대하여는 원고(한전)는 피고(A조합)와 사이에 계약종별을 농사용으로 하는 전기공급계약이 체결되어 있었고, 이 사건 공장에 대하여는 제1계약에 따라 산업용 전기에 관한 공급계약이 체결되어 있었으나, 원고(한전)는 2012. 10. 24. 피고와 사이에 위 각 계약을 합병하여 제2계약을 체결하고 피고(A조합)에게 농사용 전기를 공급하였다. 피고(00조합)는 이 사건 공장에서 운반되어 온 배추를 컨베이어벨트를 통하여 이동시키면서 절단, 세척하고 염수에 이를 절이는 것 이외에 다른 가공행위를 하지는 않고 있다. 평창군 및 한국B공사는 이 사건 공장이 국가 또는 지방자치단체의 지원금을 지급받아 설치된 APC에 해당함을 각 확인하고 있다.....(중략).....다음의 사실 내지 사정들에 비추어 보면, 피고(A조합) 소유의 이 사건 공장에 설치된 절임배추시설은 농산물인 고랭지 배추를 세척, 절단한 후 염장하는 시설로서 제2계약에 따라 농사용 전력을 사용할 수 있는 APC 중 주시설에 해당한다고 봄이 상당하고, 달리 원고(한전)의 주장과 같이 이 사건 공장이 APC에 해당하지 않는다거나 절임배추시설이 단순가공을 넘어 농사용 전력의 적용대상이 되지 않는다는 점을 인정할 증거가 없다.....(중략).....3) 식품위생법은 식품의 가공에 관하여 식품의약품안전처의 고시로써 이를 정하도록 규정하고 있는데, 위 법률의 위임을 받아 제정된 식품의약품안전처 고시인 식품의 기준 및 규칙(이하 '식품공전'이라 한다)은 식품의 가공과 관련하여 "가공식품"이라 함은 식품원료(농, 임, 축, 수산물 등)에 식품 또는 식품첨가물을 가하거나, 그 원형을 알아볼 수 없을 정도로 변형(분쇄,절단 등)시키거나 이와 같이 변형시킨 것을 서로 혼합 또는 이 혼합물에 식품 또는 식품첨가물을 사용하여 제조·가공·포장한 식품을 말한다고 규정하는 한편, 식품첨가물이나 다른 원료를 사용하지 아니하고 원형을 알아볼 수 있는 정도로 농,임,축,수산물을 단순히 자르거나 껍질을 벗기거나 소금에 절이거나 숙성하거나 가열(살균의 목적 또는 성분의 현격한 변화를 유발하는 경우를 제외한다)등의 처리 과정 중 위생상 위해 발생의 우려가 없고 식품의 상태를 관능으로 확인할 수 있도록 단순처리한 것은 제외한다고 규정하고 있다. 4) 결국 식품공전은 절임배추시설에서 실시하는 것과 같이 농산물을 소금에 절이는 행위를 원고(한전)가 농사용 전력의 공급대상으로 규정한 APC 내의 세척, 절단과 같은 '단순처리'에 해당한다고 보고 있을 뿐, 이를 넘어선 '가공'에 해당하는 것으로 보고 있지 않다.

Ⅶ. 가로등

전기공급약관 제62조 (가로등)

① 가로등은 다음 중 하나에 해당하는 고객에게 적용합니다.

  1. 일반공중의 편익을 위하여 도로·교량·공원 등에 조명용으로 설치한 전등이나 교통신호등·도로표시등·해공로(海空路)표시 등 및 기타 이에 준하는 전등(소형기기를 포함합니다)

  2. 별도의 전기사용계약에 따라 문화재·기념탑·분수대 등 공공시 설에 설치된 경관조명시설

② 가로등은 공급조건에 따라 다음과 같이 구분합니다.

  1. 가로등(갑)

    가. 사용설비 용량이 1kW 미만이거나 현장여건상 전기계기 설치가 곤란한 고객에게 적용합니다.

    나. 가로등(갑)은 전기계기를 설치하지 않고 정액제로 요금을 계산합니다.

  2. 가로등(을)

    가로등(갑) 이외의 고객에게 적용하며, 전기계기를 설치하여 사용전력량에 따라 요금을 계산합니다.

1. 개설(槪說)

일반공중의 편익을 위해 설치된 조명용 전등, 교통신호등 또는 별도 의 전기사용계약에 따라 공공시설에 설치된 경관조명시설은 계약종 별 중 가로등이 적용된다.

구체적으로 살펴보면, ① 일반공중의 편익을 위한, 도로(일반대중의 자유로운 통행이 가능한 고속도로, 고가도로, 지하차도, 지하보도, 터널, 아파트구내도로 포함)·교량(육교 포함)·공원 등에 조명용으로

설치한 전등, ② 교통신호등·도로표지등·해공로(海空路)표시등, ③ '소형기기'(도로교통 소통원활·안전확보 목적의 총용량 1KW미만의 교통신호제어기, 신호위반단속기 등 도로교통관련설비)를 포함한 '기타 이에 준하는 전등'(뒷골목 보안등, 방향표시등, 터널조명등, 지하차도 및 지하보도 조명등, 고속도로 체인지, 고속도로 진출입로, 휴게소 진출입로의 차량유도등, 점멸등, 상업적 광고기능이 없는 버스·택시 승강장에 설치된 교통안내시설 및 조명등)에는 계약종별 중 가로등이 적용된다.(**전기공급약관 시행세칙 제44조 제1항 및 제2항**)

지하상가의 통로부분에 대한 조명용 전등의 경우 상가부분과 별도로 분리되어 전기사용계약이 체결되었다면 계약종별 중 가로등이 적용될 수 있다.(**전기공급약관 시행세칙 제44조 제3항**) 또한 건널목의 경보장치에 대해서만 별개의 전기사용계약이 체결되었다면 계약종별 중 가로등이 적용될 수 있다.(**전기공급약관 시행세칙 제44조 제5항**)

계약종별 중 가로등은 공급조건에 따라 가로등(갑)과 가로등(을)로 구분된다.
가로등(갑)은 사용설비 용량 1KW미만 또는 전기계기 설치가 곤란한 경우에 적용되며, 정액(定額) 요금제가 적용된다. 가로등(을)은 가로등(갑) 이외의 경우에 적용되며, 사용전력량에 따라 요금이 계산된다.
가로등(갑)의 전기사용자는 자동점멸장치를 설치하여 가로등 공급시간에만 점등해야 하며, 자동점멸장치 설치가 불가능한 경우에는 점멸스위치를 설치하고 점·소등책임자를 정해야 한다.(**전기공급약관 시행세칙 제44조 제4항**)
가로등(갑)의 전기사용자가 사용전력량에 따른 요금계산을 원하고, 또 한전이 전기계기 설치와 검침을 쉽게 할 수 있는 경우에는 전기계기 설치시 가로등(을)이 적용될 수 있다.(**전기공급약관 시행세칙 제44조 제7항**)
계약종별 중 가로등이 적용되기 어려운 설비(도로·터널·교량 등의 통행료 징수목적 설비 또는 광고용 전등·공중전화부스 전등·휴게소 외곽등 등의 가로등 이외 용도설비)에 대해서는 가로등 설비와 분리되어 전기사용계약이 체결되어야 한다. 또한 전기사용용도에 따라 해당 계약종별(**휴게소의 경우 영리목적 시설이므로 실무상 휴게소의 외곽등은 일반용전력이 적용된다.**)이 적용되어야 한다.(**전기공급약관 시행세칙 제44조 제6항**)

가로등(갑)의 정액 요금은 1일 사용시간 12시간을 기준으로 산정되며, 1일 12시간을 초과하여 사용하는 경우 초과 사용 시간에 비례하여 요금이 부과된다.(**전기공급약관 시행세칙 제44조 제8항**)

2. 법적쟁점(法的爭點)

실무는 방범용 CCTV 및 영상감시시스템의 경우, 신호위반단속기 등과 같이 교통관련 시설이라고 판단되는 경우 계약종별 중 가로등을 적용하나 그렇지 않은 경우 주택용 또는 일반용 전력을 적용하고 있다. 그런데 한전이 전기사용계약 체결시, 방범용 CCTV 등에 대하여 주택용 또는 일반용 전력을 적용해야 함에도 계약종별을 가로등으로 적용하였다면 해당 계약종별은 가로등이라는 것이 하급심의 판시내용이다.(**아래 판례 참조**)

대구지방법원 2017. 4. 26.선고 2016나12784판결(확정)

원고(한전)는 2015. 8.경 위 방범용 CCTV 및 영상감시시스템(이하 '이 사건 전력시설'이라고 한다)의 현장 조사 후 피고(청송군)에게, "전기공급약관상의 계약종별을 일반용으로 하여야 하는데 가로등(갑)으로 잘못 적용함으로써......(중략)......이 사건의 경우 아래에서 보는 바와 같이, 이 사건 전력시설이 일반용 전력·주택용 전력·가로등 중에 어디에 해당하는지 다툼의 여지가 있었고, 해당 전력시설 설비의 특성, 총사용량 등을 고려하여 이 사건 전력시설이 가로등에 해당한다고 보는 것이 합당하다는 당사자의 의사합치에 따라 계약을 한 것으로 봄

이 타당하고.....(중략).....① 이 사건 계약이 이 사건 전력시설에서와 같은 용도, 즉 방범용 CCTV 등에 전기를 공급하는 것을 목적으로 한다는 점에 대하여는 계약 당시부터 당사자 사이에 아무런 이견이 없었으므로, 의사와 표시의 불일치, 착오의 문제는 발생하지 않는다.....(중략).....④ 전기공급약관 제62조 제1항 제1호는 '일반공중의 편익을 위하여 도로 등에 조명용으로 설치한 전등 및 기타 이에 준하는 전동(소형기기를 포함합니다)', 제62조 제2항 제1호는 '사용설비 용량이 1KW미만'의 경우 가로등(갑)으로 분류된다고 규정하고 있다. 이 사건 전력시설 소비전력 중 주된 부분을 차지하는 것은 '조명'이고 ② 내지 ⑥의 경우 '조명'을 포함한 전체 전력시설 사용량이 1KW미만으로 상당히 낮다. ⑤ 이 사건 전력시설은 다용도의 목적으로 설치된 것이기는 하나, 위 시설이 피고(청송군)가 사용하는 청사 내이거나, 피고(청송군)가 사적인 용도로 사용하기 위해 설치한 것이 아니라, '도로'에 설치되어 차량에 대한 정보 및 사고예방을 목적으로 설치하였다. 이 사건 전력시설의 위치를 선정하는 과정에서는 사고다발지점, 가로등 미설치 지점, 마을외각도로 등을 기준으로 삼아 운전자나 보행자의 가시 범위를 넓혀 사고예방에 효과가 있을 것이 고려되었는바, 이는 공익목적의 가로 등 설치와 무관하다고 단정하기는 어렵다. ⑥ 전기공급약관에 따라 이 사건 계약에 적용될 수 있는 계약종별로서는, 일반용 전력(갑)·주택용 전력·가로등(갑)이 문제될 수 있다. 먼저, 주택용 전력의 경우, 전기공급약관 제56조 제1항 제2호에서는 '주택용'으로 사용하지 않더라도, '농사용 전력, 가로등, 임시전력'에 해당하지 않는 '계약전력 3KW이하'의 경우 주택용 전력을 적용할 수 있도록 하고 있고, 일반용 전력(갑)의 경우, 전기공급약관 제57조에 의하면 '주택용 전력·교육용 전력·산업용 전력·농사용 전력·가로등·예비전력·임시전력 이외의 고객' 중 '계약전력 4KW이상 300KW미만의 고객'에게 적용한다고 정하고 있어, 결국 약관에 따른 계약종별 중 어디에도 속하지 않는 용도로 사용하는 고객 중 4KW이상 300KW 미만을 사용하는 경우에는 모두 일반용 전력(갑)의 적용을 받도록 규정하고 있다. 만일 이 사건 전력시설에 적용되는 전기요금이 가로등(갑)이 아니라면 위 계약종별 중 주택용 전력이 적용될 수 있을 것으로 보이고 (3KW이하), 을 제4호증에 의하면 실제로 원고(한전)는 청송군 내 다른 지역에서는 이 사건 전력시설과 유사한 시설에 대하여 주택용 전력을 적용하여 전기요금을 부과하고 있다. 그런데 원고(한전)는 이 사건에서 일반용 전력(갑)을 적용하는 것이 피고(청송군)에게 유리하다는 이유로(누진세 등의 문제로 주택용 전력을 적용할 경우에는 전기요금이 더 많이 나온다고 함), 이 사건 전력시설에 대하여 일반용 전력(갑)이 적용되어야 한다고 주장한다. 위와 같은 사정에 비추어 보면, 원고(한전)는 이 사건 전력시설에 대하여 일반용 전력(갑)·주택용 전력·가로등(갑) 중 어떠한 계약종별을 적용할 것인지 임의로 정할 수 있다고 보인다. 그렇다면 결국 이 사건 전력시설과 같은 용도로 사용하는 시설의 경우 어떠한 계약종별이 적용되는지 관하여 전기공급약관에 명확히 규정되어 있다고 보기 어렵고, 그러한 상황이라면, 전기공급약관에 위배되지 않는 범위 내에서 당사자 사이에 그 계약종별을 합의에 의하여 정할 수 있다고 할 것인데, 앞서 본 여러 가지 사정을 고려하여 당사자 사이에 이 사건 계약종별을 가로등(갑)으로 정하였다고 인정할 수 있다.

※ 본 판례는 계약종별이 명확하지 아니하다는 사정을 고려하였기 때문에, 대법원 판례(2012다54836-한전이 계약종별의 착오로 다른 계약종별을 적용하였다면, 계약성립시부터 원래 적용되어야 할 계약종별로 전기사용계약이 성립된 것이므로 전기사용자는 전기공급약관 제76조 제1항에 따라 전기요금 차액을 지급해야 한다)와는 다소 차이가 있다.('계약종별의 구분' 편 참조)

교통신호등은 24시간 사용된다. 따라서 교통신호등의 전기요금은 가로등(갑) 요금(12시간 기준)의 2배로 책정된다.(**전기공급약관 시행세칙 제44조 제8항**) 물론 전기사용자의 별도의 신청이 있다면 가로등(을)이 적용될 수도 있다. 한편, 가로등(갑)을 적용받던 전기사용자가 한전이 가로등(을)을 적용하지 않았다고 하여 한전을 상대로 손해배상을 청구할 수는 없다.(**아래 하급심 참조**)

수원지방법원 안산지원 2009. 12. 30.선고 2008가단29185판결(확정)

피고(한전)가 원고(안산시)가 관리하는 교통신호등과 관련하여 종량제인 가로등(을) 요금제를 적용하여 전기요금을 원고(안산시)에게 청구·수령하였어야 함에도 정액제인 가로등(갑) 요금제를 적용하여 전기요금을 청구·수령하여 1,366,487,000원의 이익을 얻고 원고(안산시)에게 같은 금액 상당의 손해를 가하였으므로 피고(한전)는 원고(안산시)에게 그 일부인 1억 원을 반환할 의무가 있다고 인정하기 어렵고……(중략)……원고(안산시) 관내에 교통신호등이 설치되어 원고(안산시)는 피고(한전)로부터 교통신호등에 대하여 전기를 공급받아 사용하여 왔는데, 원고(안산시)가 계약전력, 사용장소, 요금제를 기재하여 전기사용신청서를 제출함으로 인해 전기사용계약이 체결된 사실, 2007. 7. 27. 인가받아 2008. 1. 1.부터 시행한 피고(한전)의 기본공급약관에 따르면, 사용설비 용량이 1KW미만이거나 현장여건상 전기계기 설치가 곤란한 고객에게 가로등(갑) 요금제를 적용하고 이 경우 전기계기를 설치하지 않고 정액제로 요금을 계산하며 가로등(갑) 이외의 고객에게 전기계기를 설치하여 사용전력량에 따라 요금을 계산하는 가로등(을) 요금제를 적용하는 사실, 월간 전기요금표는 2004. 3. 2., 2006. 1. 23., 2007. 1. 16., 2008. 1. 1. 여러 차례 변경되어 온 사실, 원고(안산시)가 2004. 12.부터 2009. 10.경까지 LED교통신호등 교체작업을 하여 온 사실, 전자계기는 전기사용계약에 따라 고객이 신청하여 지정한 장소에 설치하는 사실을 인정할 수 있는바, 이러한 사실들에 비추어 보면, 피고(한전)는 계약에 따라 원고(안산시)로부터 정액제로 전기요금을 징수하였고 계산상 요금을 과다 청구하였다고 보기 어렵다. 또한 2003년부터 2007년까지의 각 연도별 종량제 전환요금이 원고(안산시)가 청구원인에서 밝힌 바와 같이

173,880,000원 상당이라고 인정하기도 어렵다[원고(안산시)의 이 사건 청구는 별지 청구원인이나 금액 산정 내역에서 보듯이 원고(안산시)가 피고(한전)에게 ① 계약종별을 가로등(갑) 요금제에서 가로등(을) 요금제로 변경요청을 한 후 그 계약변경 조치가 이루어지지 않았다거나 ② 계속 켜져 있는 가로등과 달리 점멸하는 교통신호등의 특성상 계약전력과 달리 요금이 산정되어야 한다는 것을 전제로 부당이득반환청구를 하는 것으로 선해할 수는 없으므로 이에 대한 판단은 하지 않는다.

Ⅷ. 예비전력

전기공급약관 제63조 (예비전력)

① 고객이 희망하고 기술적으로 가능한 경우, 한전은 다음 각호와 같이 상용공급설비의 보수, 사고 등으로 전력이 공급되지 않을 때 상용전력을 대체하여 공급하기 위한 예비전력을 공급할 수 있습니다.

1. 예비전력(갑)

상용전력을 공급하는 변전소에서 상용전력 전압과 같은 전압으로 공급받기 위한 예비전력

2. 예비전력(을)

상용전력을 공급하는 변전소와 다른 변전소에서 공급받기 위한 예비전력 또는 상용전력 전압과 다른 전압으로 공급받기 위한 예비전력

3. 제2호에도 불구하고 공급전압이 22,900V이하로 상용전력과 예비전력의 전압이 동일한 경우 예비전력(갑)을 적용합니다. 다만, 고객이 희망하는 다음의 경우에는 예비전력(을)을 적용합니다.

　가. 상용전력을 공급하는 변전소와 다른 변전소에서 예비전력을 직접 인출하는 경우

　나. 예비전력을 공급하는 배전선로가 상용전력을 공급하는 변전소와 다른 변전소에서 계속하여 공급 받는 경우

② 예비전력을 공급받는 고객은 상용전력과 예비전력을 동시에 사용할 수 없도록 필요한 시설을 설치해야 합니다. 다만, 전력계통의 보호협조, 계약전력의 결정 및 계량방법에 문제가 없는 경우는 그러하지 않습니다.

③ 예비전력의 계약전력은 원칙적으로 상용전력의 계약전력과 동일합니다. 다만, 고객이 희망하는 경우에는 상용전력의 계약전력

이내에서 상용전력과 다르게 결정할 수 있습니다.

④ 예비전력은 상용전력과 동일계량 또는 합성계량하는 것을 원칙으로 하되, 예비전력의 계약전력이나 공급전압이 상용전력과 다른 경우와 세칙에서 정하는 경우에는 별도로 계량합니다.

⑤ 예비전력은 제67조 1항의 요금을 다음 각 호에 따라 적용합니다. 이 경우 예비전력의 공급전압이나 계약전력이 상용전력의 공급전압이나 계약전력과 다른 때에는 예비전력의 공급전압이나 계약전력에 해당하는 계약종별의 요금을 적용합니다.

1. 기본요금

예비전력의 기본요금은 예비전력의 전기사용 유무 및 최대수요전력에 관계없이 예비전력(갑)은 상용전력 기본요금의 5% (고객소유선로로 공급받는 고객은 2%), 예비전력(을)은 10% (고객소유선로로 공급받는 고객은 6%)로 합니다. 다만, 예비전력의 계약전력이 상용전력의 계약전력과 다른 경우에는 상용전력의 요금적용전력을 상용전력과 예비전력의 계약전력 비율로 조정하여 산정한 것과 예비전력의 최대수요전력중 큰 것으로 예비전력의 기본요금을 계산합니다.

2. 전력량요금

상용전력에 대한 해당 계약종별의 전력량요금을 적용합니다. 다만, 예비전력의 공급전압이 상용전력의 공급전압과 다를 경우에는 예비전력의 공급전압에 해당하는 전력량요금을 적용합니다.

⑥ 예비전력의 최대수요전력이 상용전력의 최대수요전력을 초과할 경우에는 예비전력 최대수요전력을 상용전력의 최대수요전력으로 하여 상용전력과 예비전력의 기본요금을 계산합니다.

⑦ 예비전력의 기본요금에는 제43조(역률에 따른 요금의 추가 또는 감액)을 적용하지 않습니다. 이 경우 상용전력의 역률은 예비전력과 상용전력으로 사용한 전력을 합산하여 산정합니다.

⑧ 특별한 사정이 인정되고 기술적으로 공급이 가능한 때에는 세칙에서 정하는 바에 따라 예비전력(갑)과 예비전력(을)을 함께 공급받을 수 있습니다.

1. 개설(槪說)

(1) 의의

예비전력(豫備電力)이란 상용공급설비의 보수, 사고 등으로 전력이 공급되지 않을때 상용전력(常用電力)을 대체하여 공급하기 위한 비상용 전력으로서 고객이 희망하고 기술적으로 가능한 경우 공급하는 것을 말한다.**(전기공급약관 제6조 제21호)** 따라서 예비전력은 ① 상용전력의 대체 가능성, ② 고객의 희망, ③ 기술적 구현 가능성을 요건으로 한다.

(2) 예비전력의 종류

예비전력(갑)은 '상용전력을 공급하는 변전소'에서 상용전력과 '같은 전압'으로 공급받기 위한 예비전력을 말한다. 또한, 예비전력과 상용전력의 전압이 동일하면(단, 22.9KV 이하일 것) 공급 변전소가 다르더라도 예비전력(갑)이 적용된다. 한편, 한전측의 사정으로 예비전력(갑) 전기사용자의 예비전력 공급변전소가 변경되었다면 계속하여 예비전력(갑)이 적용되며, 한전측의 사정으로 사전 협의를 통해 예비전력(을) 전기사용자의 공급변전소가 상용전력 공급변전소로 변경된 경우에는 예비전력(갑)이 적용된다.**(전기공급약관 시행세칙 제45조 제1항)**

예비전력(을)은 ① 상용전력을 공급하는 변전소와 '다른 변전소'에서 공급받기 위한 예비전력 또는 ② 상용전력 전압과 '다른 전압'으로 공급받기 위한 예비전력을 말한다. 즉, 예비전력의 공급전압이 상용전력과 다르거나, 공급 변전소가 다른 경우 예비전력(을)이 적용된다. 한편, ① 상용전력과 예비전력의 전압이 동일하여(단, 22.9KV 이하일 것) 예비전력(갑)이 적용되는 경우라도, ② 상용전력을 공급하는 변전소와 다른 변전소로부터 예비전력이 직접 인출되거나, 상용전력을 공급하는 변전소와 다른 변전소로부터 예비전력을 공급하는 배전선로로 계속하여 예비전력이 공급되고 있다면 ③ 전기사용자는 본인의 선택에 따라 예비전력(갑)이 아닌 예비전력(을)을 적용받을 수 있다.

예비전력의 계약전력은 원칙적으로 상용전력의 계약전력과 동일하다. 다만, 전기사용자가 희망하는 경우 상용전력의 계약전력 범위 내에서 상용전력과 다르게 정할 수 있다. 한편, 예비전력은 원칙적으로 상용전력과 동일 또는 합성계량을 한다. 다만, ① 계약전력 또는 공급전압이 상용전력과 다른 경우, ② 예비전력의 공급전압이 22,900V를 초과하거나 수전설비를 별도로 설치하는 등 기술적으로 부득이한 경우에는 별도 계량을 한다.(**전기공급약관 시행세칙 제45조 제2항**)

(3) 기본요금의 계산

1) 원칙

예비전력의 기본요금(**기본요금은 사용전력량 유무와 관계없이 수급개시일부터 적용된다(전기공급약관 제67조 제1항 제1호).**)은 예비전력의 전기사용 유무 및 최대수요전력에 상관없이 부과된다. 예비전력의 기본요금은 상용전력의 요금적용전력(**요금적용전력은 '최대수요전력량계를 설치한 경우' 검침당월을 포함한 직전 12개월 중 12월분, 1월분, 2월분, 7월분, 8월분, 9월분 및 당월분의 최대수요전력 중 가장 큰 것을 요금적용전력으로 보며, 가장 큰 최**

대수요전력이 계약전력의 30%미만인 경우 계약전력의 30%를 요금적용전력으로 한다(전기공급약관 제68조 제1항). 최대수요전력량계를 설치하지 않은 경우 계약전력이 요금적용전력이다(전기공급약관 제68조 제2항).) 또는 예비전력의 요금적용전력을 기준으로 산정된다. 예비전력의 최대수요전력(요금적용전력)이 상용전력의 최대수요전력(요금적용전력)을 초과하는 경우 예비전력의 최대수요전력을 상용전력과 예비전력의 최대수요전력으로 본다. 또한 예비전력의 기본요금에는 전기공급약관 제43조(역률에 따른 요금의 추가 또는 감액)가 적용되지 않는다.

2) 상용전력과 예비전력의 계약전력이 동일한 경우

예비전력(갑)의 기본요금은 상용전력 기본요금의 5%이고, 예비전력(을)의 기본요금은 상용전력 기본요금의 10%이다. 이때 상용전력의 기본요금은 상용전력의 요금적용전력을 기준으로 산정된다. 한편, 예비전력을 전기사용자 소유선로로 공급받는 경우 예비전력(갑)의 기본요금은 상용전력 기본요금의 2%이고, 예비전력(을)의 기본요금은 상용전력 기본요금의 6%이다.

3) 상용전력과 예비전력의 계약전력이 다른 경우

'상용전력을 재산정한 전력'(상용전력의 요금적용전력 x 예비전력의 계약전력 ÷ 상용전력의 계약전력)과 '예비전력 자체의 요금적용전력' 중 큰 것에 대한 기본요금을 산정하여 이를 기준으로 예비전력(갑)은 위 기본요금의 5%(전기사용자 소유선로로 공급받는 경우 2%), 예비전력(을)은 위 기본요금의 10%(전기사용자 소유선로로 공급받는 경우 6%)를 기본요금으로 한다.

4) 상용전력과 예비전력의 공급전압이 다를 경우

상용전력과 예비전력의 공급전압이 다른 경우, 예비전력의 공급전압에 해당하는 계약종별의 기본요금을 기준으로 한다. 예비전력에 대한 선택요금은 상용전력의 선택요금과 동일하게 적용된다. 그러나 예비전력의 공급전압이나 계약전력이 상용전력과 다른 경우에는 전기사용자가 희망하는 선택요금이 적용된다.**(전기공급약관 시행세칙 제45조 제3항 제1호)**

(4) 전력량요금의 계산

전력량요금은 사용전력량이 있는 경우 사용전력량에 대해 부과되는 요금이다.**(전기공급약관 제67조 제1항 제2호)** 예비전력의 전력량요금은 ① 상용전력과 전압이 동일한 경우 상용전력 해당 계약종별 요금단가가 적용되나, ② 상용전력과 전압이 상이한 경우 예비전력의 해당 계약종별 요금단가가 적용된다.

(5) 예비전력요금 적용제외

변압기설비 공동이용의 경우, 대표 전기사용자가 예비전력을 공급받으면 공동이용 전기사용자에게도 예비전력 요금이 부과된다. 다만, 공동이용 전기사용자가 예비전력을 공급받지 않도록 설비를 구성한 경우에는 예비전력 요금이 부과되지 않는다.**(전기공급약관 시행세칙 제45조 제3항 제2호)** 한편, 미군(美軍)에게도 예비전력 요금은 적용되지 않는다.**(전기공급약관 시행세칙 제45조 제4항)**

(6) 기타

예비전력을 공급받는 전기사용자는 상용전력과 예비전력을 동시에 사용할 수 없도록 조치해야 한다. 다만, 전력계통의 보호협조, 계약전력의 결정 및 계량방법에 문제가 없는 경우에는 동시에 사용할 수 있다.

한전측 사정으로 예비전력이 공급되고 있는 전기사용자 소유설비가 한전에 인수되었다면, 예비전력요금의 적용에 관한 사항은 당사자간 협의를 통해 결정된다.**(전기공급약관 시행세칙 제45조 제6항)**

계약전력 40,000KW이하로서 22,900V로 전기공급을 받는 경우, 예비전력의 기본요금은 '상용전력을 재산정한 전력'(상용전력의 요금적용전력 x 예비전력의 계약전력 ÷ 상용전력의 계약전력)을 기준으로 하여 산정된다.**(전기공급약관 시행세칙 제45조 제3항 제3호)**

기술적으로 공급이 가능하고, 특별한 사정(기존 공급전압보다 상위전압으로 공급받고자 하는 전기사용자가 기존 공급선로를 통해 예비전력을 희망하거나, 기존 예비전력 공급선로의 고장·보수 등의 사유로 별도의 예비전력 공급을 전기사용자가 희망하는 경우)이 있다면 예비전력(갑)과 예비전력(을)은 함께 공급될 수 있다.**(전기공급약관 시행세칙 제45조 제5항)**

2. 법적쟁점(法的爭點)

예비전력의 요건에 대해 하급심은 아래와 같이 판시하였다.

서울중앙지방법원 2015. 3. 25.선고 2014가합555222판결(항소기각 확정)

A전자는 2010. 6.경 선로 이설작업을 마치고 2010. 7. 5. 원고(한전)와 8공장의 전력공급지점을 신탕정변전소로 변경하는 내용의 전기사용계약을 체결하였으며, 그 무렵부터 A전자의 7공장은 탕정변전소로부터, 8공장은 신탕정변전소로부터 상용전력과 예비전력을 각각 공급받게 되었다. 각 전력계통을 그림으로 나타내면 다음과 같다(아래 그림의 '연계선로'는 이 사건 연결선로를 의미한다).

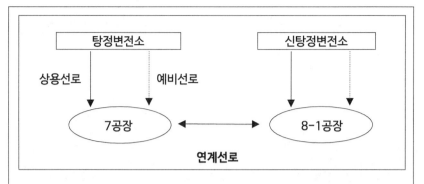

.....(중략).....1) 원고(한전)의 주장: 8공장이 신탕정변전소로부터 상용전력과 예비전력을 모두 공급받을 수 있게 된 2010. 7. 5. 이후에도 피고(B주식회사)는 이 사건 연결선로를 유지함으로써 7공장은 신탕정변전소로부터, 8공장은 탕정변전소로부터 각각 예비전력을 확보하게 되었다. 이는 피고(B주식회사)가 자신의 자유로운 의사에 따라 예비전력의 공급가능성을 확보한 것으로써 전기공급약관 시행세칙 제29조의 전력설비를 개조, 변조, 훼손, 조작하여 부정하게 전력을 사용한 경우 또는 원고(한전)와 계약한 사용설비 이외의 설비로 전기를 사용한 경우에 해당하여 원고와의 전기사용계약을 위반한 것이다.....(중략).....1) 전기공급약관상 예비전력의 요건: 전기공급약관 제6조 제21호에 의하면, 예비전력은 상용공급설비의 보수, 사고 등으로 전력이 공급되지 않을 때 상용전력을 대체하여 공급하기 위한 비상용 전력으로서 고객이 희망하고 기술적으로 가능한 경우 공급하는 것을 말한다. 따라서 예비전력에 해당하려면 ① 상용전력의 대체 가능성, ② 고객의 희망, ③ 기술적 구현가능성이라는 요건을 모두 충족하여야 한다. 2) 상용전력의 대체가능성 및 기술적 구현가능성: 가) 앞서 본 사실관계에 변론 전체의 취지를 종합하여 인정할 수 있는 다음의 사정들 즉, ① 이 사건 연결선로는 당초 탕정변전소로부터 7공장을 거쳐 8공장에 상용전력을 공급하기 위한 목적으로 설치되었고 실제로 이 사건 연결선로를 통하여 8공장에 상용전력이 공급되었던 점, ② 선로가 있으면 어느 방향으로든 흐를 수 있는 전류의 특성상, 이 사건 연결선로를 통하여 탕정변전소에서 생산된 전력이 7공장을 거쳐 8공장으로, 신탕정변전소에서 생성된 전력이 8공장으로 거쳐 7공장으로 공급될 수 있는 점.....(중략).....'상용전력의 대체가능성'과 '기술적 구현가능성'을 충족하고 있다고 할 것이다. 나) 이에 대하여 피고(B주식회사)는 전기공급약관상 '상용전력을 대체하여 공급하기 위한 예비전력'의 의미는 '비상시 상용전력을 대체할 것(또는 대체하였을 것)'으로 해석되어야 하고, 이를 상용전력의 대체가능성으로 확대해석하는 것은 고객에게 불리한 확장해석으로 약관법 제6조에 위반된다고 주장하나, ① '...상용전력을 대체하여 공급하기 위한 비상용 전력...'이라는 전기공급약관상 예비전력 정의가 그 문언상 상용전력을 대체하여 예비전력이 실제 사용되었을 것을 전제로 하고 있다고 보기 어려운 점, ② 전기공급약관 제67조에 의하면, 사용전력량에 대하여 부과하는 전력량요금과 별도로 '기본요금'을 '사용전력량 유무에 관계없이 요금적용

전력에 대하여 수급개시일부터 적용하는 요금'으로 규정하고 있는 점, ③ 비상용 전력의 공급가능성으로 인한 편익에 대응하여 요금을 부과하는 예비전력의 취지를 고려할 때, 상용전력을 실제 대체한 사실이 없더라도 그 가능성이 존재하는 상태를 예비전력의 개념에 포함시키는 약관 조항이 고객에게 부당하게 불리한 것이라고 볼 수 없는 점 등에 비추어 보면, 피고(B주식회사)의 주장은 이유 없다. 3) 고객의 희망: 나아가 원고(한전)가 피고(B주식회사)에 대해 위약금 등을 청구하는 기간에 피고(B주식회사)가 이 사건 연결선로를 통하여 예비전력을 공급받을 것을 희망하였다고 할 수 있는지 본다.....(중략).....전기공급약관상 '고객의 희망'이라는 요건의 판단은 고객의 행위 등을 통하여 객관적으로 드러난 제반 사정들에 비추어 고객의 예비전력 사용의사를 추단할 수 있는가에 달렸다고 할 것인데, 일단 설치된 연결선로는 당초 상용선로로 이용할 목적으로 설치되었다고 하더라도 전력을 차단하지 않는 한 상용선로뿐만 아니라 예비선로로 사용될 가능성도 상존하는 점, 예비전력의 개념 자체가 전력이 실제 사용되었을 것을 전제로 하지 않는 점에 비추어 고객의 희망, 즉, 사용의사의 존부를 판단함에 있었어서는 더욱 엄격한 기준이 필요한 바, 명시적 의사표시의 존재를 인정할 수 없는 경우 묵시적 사용의사가 추단되는지를 판단함에 있어서는 적어도 사용의사가 있었다고 보기 어려운 사정들이 다수 존재한다면 그 사용의사를 쉽사리 추단하여서는 안된다고 할 것이다.....(중략)..... 아래 ① 내지 ⑪과 같은 사정에 비추어 알 수 있는 다음과 같은 점, 즉 이 사건 연결선로는 당초 예비선로가 아닌 상용선로 목적으로 원고(한전)의 허가를 받아 설치된 점, 피고(B주식회사)는 이 사건 연결선로를 상용 또는 예비선로로 사용할 것인지 여부 및 그 기간에 대하여 원고(한전)와의 협의 또는 허가를 받아 사용하여 왔고, 원고(한전)는 이 사건 연결선로가 설치된 이후 이 사건 위약금 등의 청구 전까지 7년 이상이 경과하는 동안 이 사건 연결선로의 존재에 대하여 피고(B주식회사)에게 이의제기한 사실이 없는 점, 2010. 7. 5.경 피고(B주식회사)에게 이 사건 연결선로를 스스로 봉인하는 등의 조치를 하여야 할 특별한 사정변경이 있었다고 볼 수 없는 점, 2010. 7. 5.경 원고(한전)는 이 사건 연결선로의 존재를 잘 알고 있었고 그 사용 여부를 확인하거나 봉인 조치를 직접하는 것이 충분히 가능하였던 점 등.....(중략).....피고(B주식회사)가 2010. 7. 5. 무렵부터 선로 봉인일인 2012. 10. 12.까지 이 사건 연결선로를 통하여 예비전력을 공급받기를 희망하였다고 추단하기는 어렵다고 할 것이다. 원고(한전)는 당심에서 피고(B주식회사)의 2010. 7. 1.자 전기사용신청서(갑 제12호증)에 첨부된 전력계통도에 이 사건 연결선로가 표시되어 있는 점을 들어 피고(B주식회사)가 이 사건 연결선로를 예비전력 설비로 사용할 의사를 희망한 것으로 볼 수 있다고 주장한다. 그러나 이는 이 사건 연결선로가 설치되어 있는 형상을 그대로 표시한 것에 지나지 않아 피고(B주식회사)가 이를 통하여 이 사건 연결선로를 예비전력 설비로 사용할 의사를 표명한 것으로 보기는 어렵다.....(중략).....예비전력을 확보하였음을 전제로 한 원고(한전)의 주장은 나아가 살펴 볼 필요없이 이유 없다.

서울고등법원 2016. 2. 5.선고 2014나2003595판결(상고중)

피고(S주식회사)는 2008. 10.경 화성1공장과 화성2공장 사이에 비상전력을 공급할 수 있는 루프선로(이하 '이 사건 선로'라 한다)를 임의로 설치하였고, 이에 따른 화성1,2공장의 현재 전력계통도는 다음과 같다.

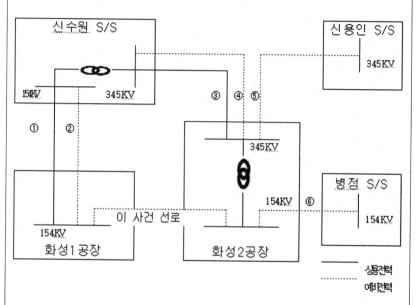

[화성 1공장]	[화성 2공장]
▲ 신수원 변전소 :상용전력 1회선 ①(154KV 320MW) :예비전력 1회선 ②(154KV 320MW)	▲ 신수원 변전소 :상용전력 1회선 ③ [345KV 800MW(400MW에서 증가] :예비전력 1회선 ④ [345KV 800MW(400MW에서 증가] ▲ 신용인 변전소 :예비전력 1회선 ⑤ [345KV 800MW(400MW에서 증가] ▲ 병점 변전소 :예비전력 1회선 ⑥ [154KV 400MW(240MW에서 증가]

이 사건 제1, 2 계약상 ①번과 ②번 선로는 상시 병렬운전하고, ③, ④, ⑤번 선로도 상시 병렬운전하나, ③, ④, ⑤번 선로와 ⑥번 선로는 병렬운전하지 않기로 하였다. 원고(한전)는 2010. 6.경 피고(S주식회사)의 이 사건 선로 설치 사실을 인지하고, 2011. 2. 7. 피고(S주식회사)에게 원고(한전)의 신규업무처리지침 제2장 제3절 라항의 '고객소유선로 고객간 루프 또는 선로 공용에 의한 예비전력 공급'을 근거로 화성1공장이 이 사건 선로를 통해 화성2공장에 예비전력을 공급하는 신용인변전소 및 병점변전소로부터 예비전력을 공급받을 수 있다는 이유로 예비전력 요금 등을 청구하였다.....(중략).....가) 제1공급계통의 경우(이 사건 선로를 통한 화성1공장에서 화성2공장 방향으로의 공급을 말한다.) : (1) 신수원 변전소와 화성1공장 사이의 각 송전선로(위 전력계통도의 ①, ②번 선로)는 상시 병렬운전이 가능한 사실은 앞서 본 바와 같고, 을9-2의 기재에 의하면, 위 ①, ②번 선로의 최대 전송용량이 각 357MW 내지 447MW이고, 이 사건 선로의 최대 전송용량이 298MW 내지 372MW인 사실이 인정된다. 이에 따르면 위 ①, ②번 선로로 화성1공장에 714MW(= 357MW x 2) 또는 894MW(= 447MW x 2)의 송전이 기술적으로 가능하고, 이 사건 제1계약 내용을 고려하더라도 640MW(= 320MW x 2)의 송전이 가능할 것으로 보이는바, 위 공급 전력량에서 화성1공장의 사용분(320MW)을 제외한 나머지 전력 320MW 내지 574MW[3] 894MW(최대전송량)-320MW(화성1공장 사용량)=574MW, 640MW(계약전력량)-320MW(화성1공장 사용량)=320MW] 중 이 사건 선로의 허용용량인 298MW 내지 372MW가 이 사건 선로를 통해 화성2공장으로 흐를 수 있다. 한편 화성2공장은 상용전력으로 354KV 800MW를 신수원 변전소로부터 공급받고 있고(위 전력계통도의 ③번 선로), 예비전력으로 345KV 800MW를 각 신수원 변전소(④번 선로), 신용인 변전소로부터(⑤번 선로), 154KV 400MW를 병점 변전소로부터(⑥번 선로) 각 공급받고 있음은 앞서 본 바와 같은데.....(중략).....iii) ③, ④, ⑤번 선로에 문제가 생기면[위 각 선로와 연결된 화성2공장 내 변압기(345KV의 전기를 154KV로 변압)의 보수 또는 사고 등으로 문제가 발생할 경우 위 ③, ④, ⑤번 선로를 통한 화성2공장으로의 전력 공급이 모두 중단될 수 있다] ⑥번 선로를 통한 예비전력이 확보되어 있다.....(중략).....위 iii)의 경우에는 병점 변전소로부터 400MW의 전력을 공급받을 수 있을 뿐이어서 화성2공장의 사용전력 내지는 계약전력인 800MW의 전력을 충당하지 못하는 문제가 발생하므로(2011. 9. 30.자 계약변경 이전에는 병점 변전소로부터 240MW의 전력을 공급받을 수 있을 뿐이어서 화성2공장의 계약전력인 320MW의 전력을 충당하지 못하는 문제가 발생한다[4) 원고와 피고가 2011. 9. 30. 이 사건 제2계약의 계약전력 용량을 각 345KV 800MW(신수원 변전소, 신용인 변전소), 154KV 400MW(병점 변전소)로 늘리기 전에는 계약전력이 각 345KV 320MW(신수원 변전소, 신용인 변전소), 154KV 240MW(병점 변전소)였다.]), 피고(S주식회사)로서는 이러한 경우를 대비하기 위한 추가 예비전력을 확보할 필요성이 있고 앞서 본 바와 같이 이 사건 선로를 통해 298MW 내지 372MW의 예비전력을 확보할 수 있다. 따라서 제1공급계통은 화성2공장에 상용전력을 대체할 수 있는 예비전력으로 기능한다.....(중략).....

피고(S주식회사)는 또한 제1공급계통을 화성2공장에 대한 예비전력으로 이용하고자 하는 의사가 없었다고 주장한다.....(중략).....그러나 앞서 인정한 사실과 앞서 든 증거 및 변론 전체의 취지를 종합하여 알 수 있는 다음과 같은 사정 즉, ① 이 사건 선로의 양 끝 지점에 피고(S주식회사)가 지배 및 관리하는 차단기가 설치되어 있어 피고(S주식회사)의 의사에 따라 위 'OFF'상태는 언제든지 'ON'으로 변경 가능한 것으로 보이는 점, ② 이 사건 선로에는 제1공급계통으로 전기가 흐르지 않도록 하는 역송방지장치도 설치되어 있지 않은 점.....(중략).....피고(S주식회사)의 위 주장도 받아들이기 어렵다.....(중략).....나) 제2공급계통의 경우(이 사건 선로를 통한 화성2공장에서 화성1공장 방향으로의 공급을 말한다.) : 제2공급계통을 통한 전력은 i) 신수원 변전소 또는 신용인 변전소의 345KV의 전력이 화성2공장 내의 변압기를 통해 154KV로 강압되어 흐르는 경우와, ii) 병점 변전소의 154KV의 전력이 흐르는 경우로 나누어 볼 수 있다. 먼저 i)의 경우에는 화성2공장이 신수원 변전소와 신용인 변전소로부터 상시 병렬운전이 가능한 세 개의 선로를 통하여 각 345KV 800MW(2011. 9. 30.자 계약변경 이전에는 320MW)의 상용전력 및 예비전력을 공급받고 있고, 이 사건 선로의 허용 전력량이 298MW 내지 372MW이며, 화성1공장에 필요한 전력은 154KV 320MW이므로, 화성1공장은 이 사건 선로를 통해 상용전력을 대체할 만한 예비전력을 충분히 확보할 수 있다. 반면 ii)의 경우에는 화성2공장의 345KV 수전계통에 이상이 있는 경우인데, 위 2011. 9. 30.자 계약변경으로 화성2공장의 계약전력 용량을 늘리기 전에는 병점 변전소로부터 수전하는 예비전력 154KV 240MW가 화성2공장의 전력수요인 320MW에 충당하기 어렵고, 마찬가지로 위계약변경으로 화성2공장의 계약전력 용량을 늘린 이후에도 병점 변전소로부터 수전하는 예비전력 154KV 400MW가 화성2공장의 전력수요인 800MW에 충당하기 어려우므로 현실적으로 어느 경우에나 제2공급계통을 통해 화성1공장에 전력을 보낼 여유는 없을 것으로 보인다. 따라서 위 ii)의 경우에는 이 사건선로를 통해 화성1공장이 상용전력을 대체할 만한 예비전력을 확보할 수 있다고 보기 어렵다. 따라서 위 i)의 경우에는 제2공급계통을 통하여 154KV의 전력을 화성1공장의 예비전력으로 확보할 수 있다고 보는 것이 타당하다.

Ⅸ. 임시전력

전기공급약관 제64조 (임시전력)
① 임시전력은 흥행·임시집회·전람회·재해복구·건설공사 및 기타 이
   와 유사한 용도에 2년 미만의 기간을 정하여 전기를 사용하고
   자 할 경우 공급함을 원칙으로 합니다.
② 임시전력은 다음과 같이 구분합니다.
   1. 임시전력(갑)
      계약전력 3kW 이하의 고객
   2. 임시전력(을)
      계약전력 4kW 이상의 고객

1. 개설(槪說)

(1) 의의

임시전력(臨時電力)은 흥행·임시집회·전람회·재해복구·건설공사 및 기
타 이와 유사한 용도로 2년 미만의 기간을 정하여 전기를 사용하고
자 할 때 적용되는 계약종별이다. 즉, 임시전력은 용도와 사용기간이
특정되어 있다. 한편, 계약전력 3KW 이하의 경우 임시전력(갑)이 적
용되고, 계약전력 4KW 이상의 경우 임시전력(을)이 적용된다.

(2) 임시전력의 사용기간

임시전력의 사용기간은 원칙적으로 2년 미만이어야 한다. 따라서 2
년 이상 임시전력을 사용하는 경우 상용전력의 해당 계약종별이 적
용되어야 한다. 그러나 실무상 건설현장의 임시전력 사용기간은 한
전의 판단에 따라 2년 이상으로 연장될 수 있다.

(3) 임시전력 신청

임시전력은 임시전력의 사용자가 신청해야 한다. 다만, 실무상 건설공사 등의 경우 도급인은 건축허가서 등을 첨부하여 자신의 명의로도 신청을 할 수 있다. 상시로 전력공급설비를 갖추어 놓고 일정기간에 한해 계속 반복 사용하는 경우에는 임시전력이 적용될 수 없다. 전기사용자가 계약한 전기사용장소 및 계약전력의 범위 내에서 전기안전에 문제없이 임시전력 용도로 사용하는 경우(건물의 증축 등) 별도의 임시전력 신청을 요하지 않는다.**(전기공급약관 시행세칙 제46조 제2항 및 제3항)**

주택용전력의 전기사용자가 동일 전기사용장소에서 동일 용도의 건물을 '재건축'할 경우 주택용전력은 아래의 기준에 따라 적용된다. ① 공동주택 이외의 주택용전력 전기사용자가 동일 전기사용장소에서 단독주택이나 근린생활시설을 재건축하기 위해 동일 공급방식 및 계약전력으로 기존의 주택용전력을 임시용도로 사용할 경우, 1개 전기사용계약에 한해 주택용전력이 적용된다. ② 주택철거 및 건물준공에 따른 계기 등의 이설은 전기공급약관 제35조에서 정한 바에 따른다.

[전기공급약관 제35조]
① 한전이 필요하다고 인정할 경우에는 인입선이나 전기계기의 설치장소를 변경할 수 있습니다. 이 때 인입구배선의 변경이 필요할 경우에는 한전이 소요비용을 부담하여 시공합니다.
② 고객의 희망에 따라 인입선이나 전기계기 등의 설치장소를 변경할 경우에는 고객이 소요비용을 부담합니다.

다만, 재건축 건물으로의 전기공급은 사용전점검을 한 후 적법한 경우에만 가능하다. ③ 재건축을 위해 주택용전력을 임시용도로 사용할 경우에는 전기사용자는 고정된 배전반시설 및 안전유무 등을 철저히 확인해야 하며, 건물 철거 후 전기계기를 방치하여 전기안전의 위험 등이 있을 경우에는 전력공급이 정지될 수 있다.**(전기공급약관 시행세칙 제46조 제5항)**

(4) 보증 및 전기요금

임시전력의 전기사용자는 전기공급약관 제79조 제1항 제1호에 따라 보증을 설정해야 한다. 구체적인 보증금은 아래와 같이 전기공급약관 시행세칙에서 정하고 있다.

[전기공급약관 시행세칙 제61조 제1항]
임시전력 고객의 보증금은 아래 각호에 따라 계산한 금액으로 하고, 보증기간은 사용예정기간보다 3개월 이상 가산한 기간으로 한다.
1. 건축공사장 등 이와 유사한 용도
   고객유형별로 아래 기준금액으로 산정하되, 고객의 요청이 있는 경우 또는 한전이 필요하다고 인정하는 경우에는 3개월 이상 정상조업기간의 전기사용 실적금액을 기준으로 재산정할 수 있다.
   가. 임시전력(갑) : 호당 100,000원
   나. 임시전력(을) 저압전력 : 계약전력 1kW당 45,000원
   다. 임시전력(을) 고압전력 : 계약전력 1kW당 33,000원
2. 기타 임시전력 현장
   가. 건축공사장 이외의 임시전력 고객에 대한 보증금 산정은 원칙적으로 위의 제1호를 준용한다.
   나. 제1호에 따른 보증금기준 적용이 불합리하다고 인정될 경우에는 별표 1의 "위약유형별 산정기준"에서 정하는 사용설비의 사용시간을 기준으로 산정한 요금에 따라 결정할 수 있다.
   다. 터널, 관로, 지하철공사장 등과 같이 현장설비 상황에 따라 기준보증금이 현저히 부족하다고 인정될 경우에는 다르게 운영할 수 있다.
3. 전기계기를 부설할 수 없거나 전기계기의 부설이 비경제적인 고객은 협정한 사용량에 따른 전기요금을 기준으로 보증금을 산정한다.

임시전력(갑)은 계약전력 3KW이하인 경우에게 적용되고 주택용전력 요금이 적용된다. 반면, 임시전력(을)은 계약전력 4KW이상인 경우에 적용되며 일반용전력 요금이 적용된다. 구체적인 기준은 아래의 전기 공급약관 별표1과 같다.

◆ **전기공급약관 별표1**

6. 임시전력
  가. 임시전력(갑)
    (1) 기본요금 : 주택용전력 요금을 적용합니다.
    (2) 전력량요금 : 주택용전력 요금을 적용합니다.
    (3) 월간 최저요금은 1,000원으로 합니다.
  나. 임시전력(을)
    (1) 계약전력 300kW 미만의 고객
        일반용전력(갑) I, II 요금을 적용합니다.
    (2) 계약전력 300kW 이상의 고객
        일반용전력(을) 요금을 적용합니다.

건설기간이 끝난 후에도 계속 전기를 사용하기 위한 상시설비(변압 기 설비)를 설치하여 건설용도로 전력을 사용하는 경우 상시용도를 기준으로 한 해당 계약종별이 적용될 수 있다. 또한 건설기간 중에 상시설비가 준공되었다면 아래 전기공급약관 시행세칙의 일정한 요 건을 만족한 경우 상시용도를 기준으로 한 해당 계약종별이 적용될 수 있다.

전기공급약관 시행세칙 제46조 제4항

건설기간이 끝난 후에도 계속 전기를 사용하기 위한 변압기설비(이 하 "상시설비"라 한다)를 시설하여 건설 용도로 전력을 사용하거나 건설기간 중에 상시설비가 준공되는 경우에는 다음의 기준에 따라 상시용도를 기준한 해당 계약종별을 적용할 수 있다.

1. 적용대상은 건설 용도로 전력을 사용하는 고압 이상 고객으로서 다음 사항을 모두 충족한 고객으로 한다.

가. 전기사용 신청인이 건축주이어야 한다.

나. 건축설계서 등을 통해 입증할 수 있는 상시 수전설비를 갖추고 한전의 상시공급설비를 통해 전기를 공급받아야 한2. 상시수전설비의 사용전 검사필증 제출에 따라 현장조사 후 송전일부터 상시 계약종별을 적용하고, 임시전력 사용기간 중에 상시 수전설비가 준공된 경우에는 임시전력 해지일을 상시전력 수급개시일로 한다.

3. 건축허가서상의 건물용도를 기준으로 상시계약종별을 적용한다. 다만, 산업용전력 적용대상 고객은 반드시 사업자등록증 사본을 제출해야 하며, 미제출시에는 일반용전력을 적용한다.

4. 건설 용도의 전력을 상시계약종별로 공급받은 고객이 건축물 준공 후 계약종별을 변경하여 요금면탈액이 발생한 경우 건설기간 중 사용한 전력량에 대하여 임시전력요금을 재산정하여 그 차액을 고객이 부담한다.

X. 2이상의 계약종별이 있을 경우의 계약종별 적용

전기공급약관 제65조 (2이상의 계약종별이 있을 경우의 계약종별 적용)
전기사용장소에 2이상의 계약종별을 적용할 수 있을 경우에는 제18조의 2 [전기사용계약단위]에 따라 각각의 설비를 분리하여 전기사용계약을 체결합니다. 다만, 전체에 대하여 1개의 전기사용계약을 체결하는 경우에는 다음 표에서 정한 "다"란의 1계약종별을 적용합니다.

해당 계약종별		적용계약종별
(가)	(나)	(다)
주택용전력	기타계약종별	주택용전력
일반용전력	주택용전력 이외 계약종별	일반용전력
교육용전력	주택용전력 및 일반용전력 이외의 기타 계약종별	교육용전력
산업용전력	농사용전력	산업용전력
농사용전력(을)	농사용전력(갑)	농사용전력(을)

다만, 다음의 경우는 각호에서 정한 바에 의합니다.
1. 주택용전력을 제외한 2이상의 계약종별을 적용할 수 있는 경우 그중 위의 표 "나"란의 계약종별에 해당하는 사용설비 또는 변압기설비용량이 전체 사용설비 또는 변압기설비용량의 90% 이상이고 전기사용자가 1인일 때는 그 전부를 "나"란의 1계약종별로 적용할 수 있습니다.
2. 과수원 등 농사에 전기를 주로 사용하는 장소에 계약전력 3kW 이하이고, 주목적이 농업활동인 관리사가 있을 경우에는 그 전부를 농사용전력으로 적용할 수 있습니다.
3. 상점부분과 주거부분이 별도의 전기사용계약단위로 구분되지 않는 상점부 단독주택의 경우에는 주택부분에 해당하는 사용설비

용량과 상점부분에 해당하는 사용설비용량 중 큰 것을 기준으로 계약종별을 적용하되, 사용설비의 조사가 곤란한 경우에는 용도별 건물면적이 큰 것을 기준으로 계약종별을 적용할 수 있습니다.

4. 개별 호실에서 주거와 업무를 함께 함에 따라 주거부분과 업무부분이 별도의 전기사용계약단위로 구분되지 않는 오피스텔의 경우에는 주거부분에 해당하는 전기사용설비용량과 업무부분에 해당하는 전기사용설비용량 중 큰 것을 기준으로 계약종별을 적용하되, 용도별 전기사용설비의 구분이 어려운 경우에는 용도별 면적이 큰 것을 기준으로 계약종별을 적용할 수 있습니다.

5. 위의 표 "가"와 "나"란에서 정한 계약종별의 요금단가가 서로 동일한 경우에는 각각의 계약종별에 해당하는 전기사용설비용량 중 큰 것을 기준으로 계약종별을 적용하되, 용도별 전기사용설비의 구분이 어려운 경우에는 용도별 면적이 큰 것을 기준으로 계약종별을 적용할 수 있습니다.

1. 개설(槪說)

전기사용장소에 2이상의 계약종별이 있는 경우 각각 설비를 분리하여 각각 계약종별에 따라 전기사용계약이 체결된다. 다만 물리적·경제적 사유로 전기사용계약 단위 분리가 불가능하거나 극히 곤란한 경우 전체에 대해 1개의 전기사용계약이 체결될 수 있다.**(전기공급약관 시행세칙 제46조의2 제1항)** 이 때 적용되는 1개의 계약종별은 아래 표의 (다)란과 같다.

해당 계약종별		적용계약종별
(가)	(나)	(다)
주택용전력	기타계약종별	주택용전력
일반용전력	주택용전력 이외 계약종별	일반용전력
교육용전력	주택용전력 및 일반용전력 이외의 기타 계약종별	교육용전력
산업용전력	농사용전력	산업용전력
농사용전력(을)	농사용전력(갑)	농사용전력(을)

그러나, 위 표의 (다)란이 아닌 (나)란이 적용되는 경우도 있는데 (나)란이 적용되기 위해서는 ① 전기사용자가 1인이고, ② 주택용 전력을 제외한 2이상의 계약종별을 적용할 수 있는 경우이어야 하며, ③ (나)란의 계약종별에 해당하는 사용설비 또는 변압기설비용량이 전체 사용설비 또는 변압기설비용량의 90%이상이어야 한다.

과수원 등 농사에 전기를 주로 사용하는 장소에 계약전력 3kW 이하이고, 주목적이 농업활동인 관리사(농작물 도난방지, 농기계보관, 휴식 등을 위한 공간을 말하며, 상시 주거시설은 제외한다)가 있을 경우에는 그 전부가 농사용전력이 적용될 수 있다.**(전기공급약관 시행세칙 제46조의2 제2항)**

상점부분과 주거부분이 별도의 전기사용계약단위로 구분되지 않는 상점부 단독주택의 경우에는 주택부분에 해당하는 사용설비용량과 상점부분에 해당하는 사용설비용량 중 큰 것을 기준으로 계약종별이 결정된다.**(주택부분의 사용설비용량이 더 크면 주택용전력이, 그렇지 않은 경우에는 일반용전력이 적용된다.)** 그러나 사용설비의 조사가 곤란한 경우에는 용도별 건물면적이 큰 것을 기준으로 계약종별이 정해질 수 있다.

개별 호실에서 주거와 업무를 함께 함에 따라 주거부분과 업무부분이 별도의 전기사용계약단위로 구분되지 않는 오피스텔의 경우에는 주거부분에 해당하는 전기사용설비용량과 업무부분에 해당하는 전기사용설비용량 중 큰 것을 기준으로 계약종별이 정해진다. 다만, 용도별 전기사용설비의 구분이 어려운 경우에는 용도별 면적이 큰 것을 기준으로 계약종별이 정해질 수 있다.

위의 표 (가)와 (나)란에서 정한 계약종별의 요금단가가 서로 동일한 경우에는 각각의 계약종별에 해당하는 전기사용설비용량 중 큰 것을 기준으로 계약종별이 적용된다. 다만, 용도별 전기사용설비의 구분이 어려운 경우에는 용도별 면적이 큰 것을 기준으로 계약종별이 정해질 수 있다.

2. 법적쟁점(法的爭點)

전기공급약관 제65조 단서에 대한 판례는 다음과 같다.

서울서부지방법원 2013. 8. 16.선고 2013나4542판결(파기환송심 확정)

피고(甲)는 위 건물의 각 층을 고시원 또는 주택으로 임대하면서.....(중략)..... 위 전기사용장소에 관한 전력사용 종별을 '일반용'으로 변경신청하여 전기공급계약을 체결하고.....(중략).....한편 원고(한전) 소속 검침원은 2010. 3. 8. 위 전기사용장소를 방문하였다가 피고(甲)에게 현장조사를 요청하였고, 같은 해 3. 중순경 위 전기사용장소에 대한 현장조사를 실시하여 냉장고, 세탁기, TV, 소파 등 통상적인 주거시설만 있음을 확인함에 따라, 원고(한전)는 2010. 4.경부터 위 전기사용장소에 대한 전력사용 종별을 주택용 전력으로 변경하고 그 무렵부터 주택용 전력에 따른 전기요금을 부과하였다.....(중략).....위 인정사실에 의하면, 위 전기사용장소는 주거용과 업무용의 두 가지 목적으로 사용되고 있다 할 것이므로 이는 위 약관 제18조의2, 제65조 본문에서 정한 '1전기사용장소에 2 이상의 계약종별이 있는 경우'에 해당하고, 위 약관 제65조 본문에서는 주택용 전력과 기타 계약종별(이 사건의 경우 업무용 목적에 의한 것이므로 일반용 전력이 된다)이 동시에 해당하는 전기사용장소에 대하여 1개의 전기사용계약을 체결하는 경우 그 계약종별은 주택용 전력을 적용한다고 규정하고 있으므로, 위 전기사용장소에 대한 계약종별은 주택용 전력이라고 봄이 상당하다.

피고(한전)는 2011. 1. 25. 원고(S주식회사)의 산업용전력 적용 수용에 대한 사용실태를 조사하였는데, 2011. 1. 25.을 기준으로 피고(한전) 용인지점 담당자가 계측한 바에 따르면, 이 사건 건물의 전체 전기사용량 2,567,760KWH 중 유틸리티 생산설비의 전기사용량이 862,600KWH로 전체 전기사용량의 33.6%에 이르고, 유틸리티 생산설비의 전기사용량 중 47.3%에 해당하는 407,940KWH는 이 사건 건물이 아닌 기흥사업장 내 다른 본관동, 연구동, 실험동을 위한 용도로 사용되었으며, A주식회사(이하 'A'라 한다)의 리튬이온 배터리 제조설비 전기사용량은 818,225KWH로서 전체 전기사용량의 31.9%이었고, 유틸리티와 리튬이온 배터리 제조설비에 사용된 전력 이외의 전력은 원고(S주식회사)와 A의 사무실, 실험실 등에 사용되었다.....(중략).....피고(한전)는 2011. 5. 27.경 원고(S주식회사)에게 "2011. 2. 현지사용실태 확인결과 자고객 신설당시(2007. 6.)부터 현재까지 제조부분은 1/3에 미치지 못함을 원고(S주식회사)의 실무직원이 기확인하였고, 사용전력의 2/3이상이 원고(S주식회사)와 별도 법인(A)의 사무실, 연구실 용도로 사용되고 있음이 명백하다. 전기공급약관 제65조 단서1에 따라 2이상의 계약종별이 있을 경우의 계약종별은 해당종별의 사용설비 또는 변압기설비용량이 90%이상이고 전기사용자가 1인일때 해당종별을 적용하도록 규정하고 있는바, 원고(S주식회사)의 자고객은 산업용전력을 적용하기 위한 제조설비 90%이상이어야 하는 요건, 전기사용자가 1인이어야 하는 요건을 충족하지 못하므로 일반용 전력으로 적용되어야 함에도, 사실과 다르게 전체설비를 원고(S주식회사)가 제조용도로 사용한다고 신청하여 산업용 전력이 적용되고 있는 것은 전기공급약관 제45조 제3항 제4호의 계약종별을 위반하여 사용한 경우에 해당한다.....(중략).....":는 등 내용의 서면을 보냈다.....(중략).....2007. 7.부터 2010. 12.까지 이 사건 건물의 계약전력 중 90%이상이 원고(S주식회사)의 디스플레이 제조업에 사용되지 아니하여 이 사건 건물이 전기공급약관 제65조 단서의 예외조항 제1호에서 정한 산업용 전력의 적용대상에 해당하지 아니하였던 사실을 인정할 수 있고, 위 1)항에서 인정한 사실과 갑 제2,6,16,17,19호증의 각 기재만으로는 위 인정사실을 뒤집기에 부족하고 달리 반증이 없다.

광주고등법원(전주) 2015. 11. 12.선고 2014나2988판결(확정)

이 사건 전기사용계약에 편입된 공급약관 제55조, 공급약관 시행세칙 제38조 제1항에 의하면 "계약종별은 전기사용계약단위가 영위하는 주된 경제활동에 따라 구분 적용한다."고 정하고 있고, 공급약관 시행세칙 제46조의2는 "공급약관 제65조(2이상의 계약종별이 있을 경우의 계약종별 적용) 본문의 단서 제1호는 1전기사용장소에 2이상의 계약종별이 있고 전기사용자가 1인으로서 물리적·경제적으로 전기사용계약단위 분리가 불가능하거나 분리가 극히 곤란한 경우에 적용한다."고 정하고 있음은 앞서 살펴본 바와 같다. 또한 위 인정사실과 앞서 든 증거들에 변론 전체의 취지를 종합하여 인정할 수 있는 다음과 같은 사정 즉, ① 공급약관 제65조는 주택용 전력 및 일반용 전력이외의 기타 계약종별에 해당하는 사용설비 내지 변압기설비용량이 전체 사용설비 또는 변압기설비용량의 90% 이상에 해당하는 경우 적용된다 할 것인데, 이 사건 문화회관에 대한 2007. 12. 12.부터 2012. 12. 11.까지의 추정 전력사용량이 A대학교 전체 전력사용량 대비 1.49%에 불과하다는 것은 피고(대한민국)의 주장 자체로 분명하고 이러한 이유를 내세워 교육용 전력에 해당하는 A대학교의 사용설비 또는 변압기설비용량이 90%이상이라고 곧바로 단정하기 어려운 점, ② A대학교와 원고(한전) 사이의 이 사건 전기사용계약에 따라 A대학교는 전기사용계약단위에 해당한다 할 것이고, 반면 이 사건 문화회관은 A대학교의 부속시설에 불과하여 독립한 전기사용계약단위에 해당한다고 보기 어려운 점, ③ 이 사건 문화회관은 A대학교 내에 건축된 독립한 구분건물로서 전기사용용도에 따른 계약종별을 구분·적용할 수 없을 정도로 물리적·경제적으로 분리가 불가능하거나 극히 곤란한 경우에 해당한다고 볼 수 없는 점 등의 사정에 비추어 볼 때, 피고(대한민국)가 내세우는 사정만으로는 교육용 전력에 해당하는 A대학교의 사용설비 또는 변압기설비용량이 90% 이상에 해당하여 공급약관 제65조에 따라 이 사건 문화회관에 공급한 전력이 교육용 전력에 해당한다고 보기는 어렵다. 따라서 피고(대한민국)의 이 부분 주장은 받아들이지 아니한다.

※ 위 법원은 대학교 내 문화회관에 대해 일반용 전력을 계약종별로 적용해야 한다고 판시하였다.

◆ 편저 한 상 현 ◆

• 고려대학교 법학과 졸업
• 영남대학교 법학전문대학원 졸업
• 법무법인 문수
• 한국전력공사 근무

전기사용 · 공급 · 변경 · 해지 분쟁시 법률적해법과 판례	정가 24,000원

2019年 1月 5日 인쇄
2019年 1月 10日 발행
편 저 : 한 상 현
발행인 : 김 현 호
발행처 : 법문 북스
공급처 : 법률미디어

서울 구로구 경인로 54길4(우편번호 : 08278)
TEL : 2636-2911~2, FAX : 2636~3012
등록 : 1979년 8월 27일 제5-22호
Home : www.lawb.co.kr

▌ISBN 978-89-7535-702-2 (13360)
▌이 도서의 국립중앙도서관 출판예정도서목록(CIP)은 서지정
보유통지원시스템 홈페이지(http://seoji.nl.go.kr)와 국가자
료종합목록시스템(http://www.nl.go.kr/kolisnet)에서 이용
하실 수 있습니다. (CIP제어번호 : CIP2018039827)